Isaac

14.10.99

Ind.-Julius

1, 2, 2A, 2B, 10 £ 440,-

SCHILLERS WERKE

NATIONALAUSGABE

1940 begründet von
JULIUS PETERSEN

Fortgeführt von
LIESELOTTE BLUMENTHAL
und
BENNO VON WIESE

Herausgegeben im Auftrag der
Stiftung Weimarer Klassik
und des Schiller-Nationalmuseums
Marbach von

NORBERT OELLERS
und
SIEGFRIED SEIDEL†

Redaktor
HORST NAHLER

ERSTER BAND

Gedichte
in der Reihenfolge ihres Erscheinens

1992
VERLAG
HERMANN BÖHLAUS NACHFOLGER
WEIMAR

SCHILLERS WERKE

NATIONALAUSGABE

ERSTER BAND

Gedichte

in der Reihenfolge ihres Erscheinens

1776—1799

Herausgegeben

von

Julius Petersen † und Friedrich Beißner

1992
VERLAG
HERMANN BÖHLAUS NACHFOLGER
WEIMAR

Die Deutsche Bibliothek - CIP-Einheitsaufnahme

Schiller, Friedrich:
[Werke]
Schillers Werke / 1940 begr. von Julius Petersen. Fortgef. von Lieselotte Blumenthal und Benno von Wiese. Hrsg. im Auftr. der Stiftung Weimarer Klassik und des Schiller-Nationalmuseums in Marbach von Norbert Oellers und Siegfried Seidel. -
Nationalausg. - Weimar : Verlag Hermann Böhlaus Nachfolger Weimar
Teilw. hrsg. von Julius Petersen und Hermann Schneider. - Teilw. hrsg. von Lieselotte Blumenthal und Benno von Wiese. -
ISBN 3-7400-0031-7
NE: Blumenthal, Lieselotte [Hrsg.]; Oellers, Norbert [Hrsg.]; Petersen, Julius [Begr.]; Schiller, Friedrich: [Sammlung]

Nationalausg.
Bd. 1. Gedichte in der Reihenfolge ihres Erscheinens: 1776-1799 / hrsg. von Julius Petersen und Friedrich Beissner. -
Unveränd. fotomechanischer Nachdr. [der Ausg.] Weimar, Böhlau, 1943. - 1992
ISBN 3-7400-0810-5

ISBN 3-7400-0031-7
Bd. 1 ISBN 3-7400-0810-5

Erschienen im Verlag Hermann Böhlaus Nachfolger Weimar GmbH & Co.
© 1943 by Hermann Böhlaus Nachfolger Weimar GmbH & Co.

Alle Rechte vorbehalten. Ohne schriftliche Genehmigung des Verlages ist es nicht gestattet, das Werk unter Verwendung mechanischer, elektronischer und anderer Systeme in irgendeiner Weise zu verarbeiten und zu verbreiten. Insbesondere vorbehalten sind die Rechte der Vervielfältigung — auch von Teilen des Werkes — auf photomechanischem oder ähnlichem Wege, der tontechnischen Wiedergabe, des Vortrags, der Funk- und Fernsehsendung, der Speicherung in Datenverarbeitungsanlagen, der Übersetzung und der literarischen oder anderweitigen Bearbeitung.

Dieses Buch ist aus säurefreiem Papier hergestellt und entspricht den Frankfurter Forderungen zur Verwendung alterungsbeständiger Papiere für die Buchherstellung.

Unveränderter fotomechanischer Nachdruck 1992
Printed in Germany
Reproduktion und Druck: Druckhaus Köthen GmbH
Buchbinderische Verarbeitung: Maxim Gorki Druck GmbH, Altenburg
L.-Nr. 766

Vorbemerkung

Schon bei der Begründung der Schiller-Nationalausgabe durch Julius Petersen im Jahre 1940 hatte dieser erhebliche Vorarbeiten für die Herausgabe des ersten Bandes geleistet, so daß mit seinem Erscheinen im folgenden oder übernächsten Jahr gerechnet werden konnte. Der Tod Petersens im August 1941 und die Übernahme des Bandes durch Friedrich Beißner verzögerte die Fertigstellung des Bandes ein wenig, nicht zuletzt deshalb, weil eine von Beißner geschriebene Einleitung, die sich nicht unkritisch mit Schillers Lyrik auseinandersetzte, das Mißfallen Gerhard Frickes, der Petersen als Herausgeber der Ausgabe gefolgt war, hervorrief und eine monatelange Auseinandersetzung über das Für und Wider von Einleitungen im allgemeinen und der Beißnerschen Einleitung im besonderen in Gang setzte. In den schließlich im Sommer 1943 erschienenen Band fand der Text Beißners, der schon gesetzt war (mit der Paginierung VII–XXIV), keinen Eingang. Er ist bis heute nicht veröffentlicht worden, sollte aber spätestens Beachtung und Würdigung finden, wenn einmal die Geschichte der Ausgabe geschrieben wird.

Zur Geschichte der Ausgabe gehört auch das „Geleitwort" Bernhard Rusts, das dem ersten Band vorangestellt wurde. Der Reichsminister für Wissenschaft, Erziehung und Volksbildung sprach darin, einer Vorlage Frickes folgend, etwas mißverständlich von den „bereits erschienenen oder im Erscheinen begriffenen großen Nationalausgaben deutscher Meister" und hob hervor: „Wenn dies Werk [die Schiller-Ausgabe] nunmehr im vierten Jahre des gewaltigsten Krieges, inmitten der stärksten Anspannung der Nation zu erscheinen beginnt, dann liegt darin ein stolzes Bekenntnis unseres Volkes zu seiner edelsten Vergangenheit und ein Zeugnis seines unerschütterlichen Glaubens an seine Zukunft." — Die Sätze Rusts wurden nach dem Zweiten Weltkrieg aus der Ausgabe entfernt.

Beim vorliegenden Nachdruck des Bandes wurde, wie schon bei früheren Nachdrucken, auf die Berichtigung von Fehlern und auf Ergänzungen verzichtet. Mit den Nachträgen wird der zweite Band eröffnet, die wenigen Druckfehler sind in den Lesarten-Verzeichnissen des Anmerkungsbandes 2 II A vermerkt, und die Unkorrektheit auf dem Titelblatt, auf dem „1799" durch „1798" zu ersetzen ist, mag als Schönheitsfehler angesehen werden, der vermutlich in einem halben Jahrhundert keinem Benutzer ein Ärgernis gewesen ist. Im übrigen kann der Band als ein geschichtliches Dokument besonderer Art gelten: Wäre er in finsterer Zeit nicht so, wie er nun wieder vorliegt, erschienen, würde es in unserer Zeit um die Ausgabe vermutlich ganz anders bestellt sein — wenn es sie überhaupt gäbe.

Bonn, im Januar 1992.   *Norbert Oellers.*

GEDICHTE

in der Reihenfolge ihres Erscheinens

1776 — 1799

OS MAGNA SONATURUM
1776—1780

DER ABEND

Die Sonne zeigt, vollendend gleich dem Helden,
Dem tiefen Thal ihr Abendangesicht,
(Für andre, ach! glüksel'gre Welten
Ist das ein Morgenangesicht)
Sie sinkt herab vom blauen Himmel,
Ruft die Geschäftigkeit zur Ruh,
Ihr Abschied stillt das Weltgetümmel,
Und winkt dem Tag sein Ende zu.

Jezt schwillt des Dichters Geist zu göttlichen Gesängen,
Laß strömen sie, o HErr, aus höherem Gefühl,
Laß die Begeisterung die kühnen Flügel schwingen,
Zu dir, zu dir, des hohen Fluges Ziel.
Mich über Sphären, himmelan, gehoben,
Getragen sein vom herrlichen Gefühl,
Den Abend und des Abends Schöpfer loben,
Durchströmt vom paradisischen Gefühl.
Für Könige, für Grosse ists geringe,
Die Niederen besucht es nur —
O GOtt, du gabest mir Natur,
Theil Welten unter sie — nur, Vater, mir Gesänge.

Ha! wie die müden Abschiedsstralen
Das wallende Gewölk bemalen,
Wie dort die Abendwolken sich
Im Schooß der Silberwellen baden;
O Anblik, wie entzükst du mich!
Gold, wie das Gelb gereifter Saaten,
Gold ligt um alle Hügel her,
Vergöldet sind der Eichen Wipfel,
Vergöldet sind der Berge Gipfel,
Das Thal beschwimmt ein Feuermeer,
Der hohe Stern des Abends stralet
Aus Wolken, welche um ihn glühn,
Wie der Rubin am falben Haar, das wallet
Um's Angesicht der Königin.

    Schau, wie der Sonnenglanz die Königsstadt beschimmert, 35
Und fern die grüne Haide lacht;
Wie hier in jugendlicher Pracht
Der ganze Himmel niederdämmert;
Wie jezt des Abends Purpurstrom,
Gleich einem Beet von Frülingsrosen, 40
Gepflüket im Elisium,
Auf goldne Wolken hingegossen,
Ihn überschwemmet um und um.

    Vom Felsen rieselt spiegelhelle
Ins Graß die reinste Silberquelle, 45
Und tränkt die Herd und tränkt den Hirt
Am Weidenbusche ligt der Schäfer,
Deß Lied das ganze Thal durchirrt,
Und wiederholt im Thale wird.
Die stille Luft durchsumßt der Käfer; 50
Vom Zweige schlägt die Nachtigall,
Ihr Meisterlied macht alle Ohren lauschen,
Bezaubert von dem Götterschall
Wagt izt kein Blatt vom Baum zu rauschen;
Stürzt langsamer der Wasserfall. 55
Der kühle West beweht die Rose,
Die eben izt den Busen schlose,
Entathmet ihr den Götterduft,
Und füllt damit die Abendluft.

    Ha, wie es schwärmt und lebt von tausend Leben, 60
Die alle dich, Unendlicher, erheben,
Zerflossen in melodischem Gesang,
Wie tönt des Jubels himmlischer Gesang!
Wie tönt der Freude hoch erhabner Klang!
Und ich allein bin stumm — nein, tön es aus, o Harfe, 65
Schall Lob des HErrn in seines Staubes Harfe.

    Verstumm Natur umher, und horch der hohen Harfe,
Dann GOtt entzittert ihr,
Hör auf, du Wind, durchs Laub zu sausen,
Hör auf, du Strom, durchs Feld zu brausen, 70

Und horcht und betet an mit mir:
GOtt thuts, wenn in den weiten Himmeln
Planeten und Kometen wimmeln,
Wenn Sonnen sich um Axen drehn,
75 Und an der Erd vorüberwehn.

GOtt — wenn der Adler Wolken theilet,
Von Höhen stolz zu Tiefen eilet,
Und wieder auf zur Sonne strebt.
GOtt — wenn der West ein Blatt beweget,
80 Wenn auf dem Blatt ein Wurm sich reget,
Ein Leben in dem Wurme lebt,
Und hundert Fluten in ihm strömen,
Wo wieder junge Würmchen schwimmen,
Wo wieder eine Seele webt.

85 Und willst du, HErr, so steht des Blutes Lauf,
So sinkt dem Adler sein Gefieder,
So weht kein West mehr Blätter nieder,
So hört des Stromes Eilen auf,
Schweigt das Gebrauß empörter Meere,
90 Krümmt sich kein Wurm, und wirbelt keine Sphäre —
O Dichter schweig: zum Lob der kleinen Myriaden,
Die sich in diesen Meeren baden,
Und deren Sein noch keines Aug durchdrang,
Ist todtes Nichts dein feurigster Gesang.

95 Doch bald wirst du zum Thron die Purperflügel schwingen,
Dein kühner Blik noch tiefer tiefer dringen,
Und heller noch die Engelharfe klingen;
Dort ist nicht Abend mehr, nicht Dunkelheit,
Der HErr ist dort und Ewigkeit!

DER EROBERER

Dir Eroberer, dir schwellet mein Busen auf,
Dir zu fluchen den Fluch glühenden Rachedursts,
   Vor dem Auge der Schöpfung,
   Vor des Ewigen Angesicht!

Wenn den horchenden Gang über mir Luna geht,   5
Wenn die Sterne der Nacht lauschend herunter sehn,
   Träume flattern — umflattern
   Deine Bilder, o Sieger, mich

Und Entsezen um sie — Fahr ich da wüthend auf,
Stampfe gegen die Erd, schalle mit Sturmgeheul   10
   Deinen Nahmen, Verworfner,
   In die Ohren der Mitternacht.

Und mit offenem Schlund, welcher Gebirge schlukt,
Ihn das Weltmeer mir nach — ihn mir der Orkus nach
   Durch die Hallen des Todes —   15
   Deinen Nahmen, Eroberer!

Ha! dort schreitet er hin — dort, der Abscheuliche,
Durch die Schwerdter, er ruft (und du Erhabner hörst's)
   Ruft, ruft, tödtet und schont nicht,
   Und sie töden und schonen nicht.   20

Steigt hoch auf das Geheul — röcheln die Sterbenden
Unterm Blutgang des Siegs — Väter aus Wolken her
   Schaut zur Schlachtbank der Kinder
   Väter, Väter, und fluchet ihm.

Stolz auf thürmt er sich nun, dampfendes Heldenblut   25
Trieft am Schwerd hin, herab schimmerts, wie Meteor,
   Das zum Weltgericht winket —
   Erde fleuch! der Erobrer kommt.

Ha! Eroberer, sprich: was ist dein heisester
30 Dein gesehntester Wunsch? — Hoch an des Himmels Saum
   Einen Felsen zu bäumen,
   Dessen Stirne der Adler scheut,

Dann hernieder vom Berg, trunken von Siegeslust,
Auf die Trümmer der Welt, auf die Erobrungen
35   Hinzuschwindeln im Taumel
   Dieses Anbliks hinweggeschaut.

O ihr wißt es noch nicht, welch ein Gefühl es ist,
Welch Elisium schon in dem Gedanken blüht,
   Bleicher Feinde Entsezen,
40   Schreken zitternder Welt zu seyn,

Mit allmächtigem Stoß hoch aus dem Pole, dann
Auszustossen die Welt, fliegenden Schiffen gleich
   Sternen an sie zu rudern,
   Auch der Sterne Monarch zu seyn.

45 Dann vom obersten Thron, dort wo Jehovah stand,
Auf der Himmel Ruin, auf die zertrümmerte
   Sphären niederzutaumeln —
   O das fühlt der Erobrer nur!

Wenn die blühendste Flur, jugendlich Eden gleich,
50 Ueberschüttet vom Fall stürzender Felsen traurt,
   Wenn am Himmel die Sterne
   Blassen, Flammen der Königsstadt

Aufgegeisselt vom Sturm gegen die Wolken wehn,
Tanzt dein trunkener Blik über die Flammen hin.
55   Ruhm nur hast du gedürstet,
   Kauff ihn Welt, — und Unsterblichkeit.

Ja, Eroberer, Ja, — du wirst unsterblich seyn.
Röchelnd hofft es der Greis, du wirst unsterblich seyn,
   Und der Waiß, und die Wittwe
60   Hoffen, du wirst unsterblich seyn.

Schau gen Himmel, Tyrann — wo du der Sämann warst,
Dort vom Blutgefild stieg Todeshauch himmelan
    Hinzuheulen in tausend
    Wettern über dein schauendes

Haupt! wie bebt es in dir! schauert dein Busen! — Ha!   65
Wär mein Fluch ein Orkan, könnt durch die Nacht einher
    Rauschen, geisseln die tausend
    Wetterwolken zusammen; den

Furchtbar brausenden Sturm auf dich herunter fliehn
Stürmen machen, im Drang tobender Wolken dich   70
    Dem Olympus izt zeigen,
    Izt begraben zum Erebus.

Schauer, Schauer zurük, Würger bei jedem Staub,
Den dein fliegender Gang wirbelnd gen Himmel weht,
    Es ist Staub deines Bruders,   75
    Staub, der wider dich Rache ruft.

Wenn die Donnerposaune GOttes vom Tron izt her
Aufferstehung geböt — aufführ im Morgenglanz
    Seiner Feuer der Tode
    Dich dem Richter entgegen riß,   80

Ha! in wolkigter Nacht, wenn er herunterfährt,
Wenn des Weltgerichts Wag durch den Olympus schallt,
    Dich Verruchter zu wägen
    Zwischen Himmel und Erebus,

An der furchtbaren Wag aller geopferten   85
Seelen, Rache hinein nickend vorübergehn
    Und die schauende Sonne
    Und der Mond, und die horchende

Sphären und der Olymp, Seraphim, Cherubim,
Erd und Himmel hinein stürzen sich, reissen sie   90
    In die Tiefe der Tiefen,
    Wo dein Tron steigt Eroberer!

Und du da stehst vor GOtt, vor dem Olympus da,
Nimmer weinen, und nun nimmer Erbarmen flehn,
95   Reuen nimmer, und nimmer
    Gnade finden, Erobrer, kannst,

O dann stürze der Fluch, der aus der glühenden
Brust mir schwoll, in die Wag, donnernd wie fallende
    Himmel — reisse die Waage
100   Tiefer, tiefer zur Höll hinab,

Dann, dann ist auch mein Wunsch, ist mein gefluchtester
Wärmster heisester Fluch ganz dann gesättiget,
    O dann will ich mit voller
    Wonn mit allen Entzükungen

105 Am Altare vor dir, Richter, im Staube mich
Wälzen, jauchzend den Tag, wo er gerichtet ward,
    Durch die Ewigkeit feyren,
    Will ich nennen den schönen Tag!

AUS „SELIM UND SANGIR"

Sangir liebte seinen Selim zärtlich
Wie Du mich mein Scharffenstein
Selim liebte seinen Sangir zärtlich
Wie ich Dich mein lieber Scharffenstein!

AUFSCHRIFTEN FÜR EIN HOFFEST

1) Über die Pforte:

So thun sich Ihr alle Herzen auf.

---

2) Im Tempel:

1. Wo Franziska hineintrit wird ein Tempel.
2. Die Traurigkeit blühet vor Ihr auf, und die Freude jauchzet Ihr nach.
3. So muß man Franzisken belohnen (ein brennendes Herz)
4. Tugend und Grazien wetteiferten sich selbst zu übertreffen, und Franziska ward!
5. Die Tugend wollte geliebt seyn und nahm Ihr Bild an.
6. Sie ist unsterblich wie ich (indem die Tugend der *Fama* Ihr Bildniß übergibt)

EMPFINDUNGEN DER DANKBARKEIT

beim NahmensFeste Ihro Excellenz der Frau Reichsgräfin
von Hohenheim

1. Von der Akademie

Ein großes Fest! — Laßt, Freunde, laßt erschallen! —
Ein schönes Fest wekt uns zu edler Lust!
Laßt himmelan den stolzen Jubel hallen,
Und Dankgefühl durchwalle jede Brust.

5 Einst wollte die Natur ein Fest erschaffen,
Ein Fest, wo Tugenden mit Grazien
Harmonisch in einander traffen,
Und in dem schönsten Bunde sollten stehn,

Und dieses Fest aufs reizendste zu zieren,
10 Sah die Natur nach einem Nahmen um —
Franziskens Nahmen sollt es führen,
So war das Fest ein Heiligthum!

Und dieses Fest, ihr Freunde ist erschienen,
Euch jauchz' ichs mit Entzüken zu!
15 Jauchzt, Freunde, jauchzt mir nach: Es ist erschienen,
Und hüpft empor aus thatenloser Ruh!

Heut wird kein Ach gehört — heut fließet keine Träne;
Nur froher Dank steigt himmelwärts!
Die Lufft erschallt von jubelndem Getöne,
20 Franziskens Nahme lebt durch jedes Herz.

Sie ist der Dürfft'gen Trost — Sie gibt der Blöße Kleider,
Dem Durste gibt Sie Trank, dem Hunger Brod!
Die Traurigen macht schon Ihr Anblik heiter,
Und scheucht vom Krankenlager weg den Tod.

Ihr Anblik seegenvoll — wie Sonnenblik den Fluren, 25
Wie wenn vom Himmel Frühling niederströmt,
Belebend Feuer füllt die jauchzende Naturen,
Und alles wird mit Stralen überschwemmt,

So lächelt alle Welt — So schimmern die Gefilde
Wenn Sie, wie Göttinn, unter Menschen geht, 30
Von Ihr fließt Seegen aus, und himmelvolle Milde
Auf jeden den Ihr sanffter Blik erspäht,

Ihr holder Nahme fliegt hoch auf des Ruhmes Flügeln,
Unsterblichkeit verheißt Ihr jeder Blik,
Im Herzen tronet Sie — und Freudenthränen spiegeln 35
Franziskens holdes Himmelbild zurük,

So wandelt Sie dahin auf Rosenpfaden
Ihr Leben ist die schönste Harmonie,
Umglänzt von tausend tugendsamen Thaten,
Seht die belohnte Tugend! — Sie! 40

O Freunde laßt uns nie von unsrer Ehrfurcht wanken,
Laßt unser Herz Franziskens Denkmahl seyn!
So werden wir mit niedrigen Gedanken,
Niemalen unser Herz entweyhn!

---

2. Von der *École des Demoiselles*

Elisische Gefühle drängen
Des Herzens Saiten zu Gesängen
Ein theurer Nahme wekte sie. —
Schlägt nicht der Kinder Herz mit kühnern Schlägen
Der sanfften Mutter Freudenfest entgegen, 5
Und schmilzt dahin in Wonnemelodie?
Wie sollten wir jezt fühlloß schweigen,
Da tausend Thaten uns bezeugen,
Da jeder Mund — da jedes Auge spricht: —
Ist uns Franziska Mutter nicht? 10

Erlauben Sie dem kindlichen Entzüken
Sich Ihnen heute scheu zu nahn,
O Sehen Sie mit mütterlichen Bliken
Was, unsre innige Verehrung auszudrüken
15 Wir Ihnen darzubringen wagen, an!
Erlauben Sie der schüchternen Empfindung
Für Sie der Mütter Würdigste zu glühn,
Erlauben Sie die kühne stolze Wendung, —
Denn heute, heut' dem Dank sich zu entziehn
20 Wär Frevel, wär die sträflichste Verblendung!

Wenn Dankbarkeit die aus dem Herzen fließet,
Wenn der Verspruch stets auf der Tugend Pfad zu gehn,
Wenn Tränen die die sanffte Rührung gießet,
Wenn Wünsche die empor zum Himmel flehn,
25 O wenn der Seelen feurigstes empfinden
Die Huld der besten Mutter lohnen könnten,
Wie ganz sollt unser Wesen nur Empfindung seyn,
Nie sollten unsre Tränen, nie versiegen,
Zum Himmel sollten ewig unsre Wünsche fliegen,
30 Franzisken wollten wir ein ganzes Leben weyhn!

Doch wenn auch das Gefühl, das unser Herz durchfloßen,
Bei aller Liebe reichlichem Genuß
Womit Sie Edelste! uns übergoßen,
Erröthen und erlahmen muß, —
35 So hebt uns doch das seelige Vertrauen:
Franziska wird mit gnadevollem Blik
Auf Ihrer Töchter schwaches Opfer schauen —
Franziska stößt die Herzen nie zurük!
Und feuervoller wird der Vorsaz uns beleben,
40 Dem Meisterbild der Tugend nachzustreben!

DIE GRUFT DER KÖNIGE

Jüngsthin gieng ich mit dem Geist der Grüfte
— — — — — — — — — — — — — —
— — — — — — — — — — — — — —
Schwerer murrt der Donner überm Tanze,
Überstimmt das wilde Saitenspiel.

TRIUMPHGESANG DER HÖLLE

Chor der Teufel:
Pfui! heilige Dreifaltigkeit! Pfui! heilige Dreifaltigkeit!

DER VENUSWAGEN

Klingklang! Klingklang! kommt von allen Winden,
Kommt und wimmelt schaarenweis.
Klingklang! Klingklang! was ich will verkünden,
Höret Kinder Prometheus!

Welkes Alter — Rosenfrische Jugend,
　Warme Jungen mit dem muntern Blut,
Spröde Damen mit der kalten Tugend,
　Blonde Schönen mit dem leichten Mut!

Filosofen — Könige — Matronen,
　Deren Ernst Kupidos Pfeile stumpfft
Deren Tugend wankt auf schwanken Tronen,
　Die ihr (nur nicht über euch) triumpfft.

Kommt auch ihr, ihr sehr verdächt'gen Weisen,
　Deren Seufzer durch die Tempel schwärmt,
Stolz prunkieret, und vielleicht den leisen
　Donner des Gewißens überlermt,

Die ihr in das Eis der Bonzenträne
　Eures Herzens geile Flammen mummt,
Farisäer mit der Janus Miene!
　Trettet näher — und verstummt.

Die ihr an des Lebens Blumenschwelle
　In der Unschuld weißem Kleide spielt,
Noch nicht wilder Leidenschaften Bälle,
　Unbefleckten Herzens feiner fühlt.

Die ihr schon gereift zu ihren Gifften,
　Im herkulschen Scheidweg stuzend steht,
Hier die Göttin in den Ambradüfften,
　Dort die ernste Tugend seht,

Die ihr schon vom Taumelkelch berauschet
In die Arme des Verderbens springt,
Kommt zurüke Jünglinge und lauschet
Was der Weißheit ernste Leyer singt.

Euch zulezt noch, Opfer des Gelustes,
Ewig nimmer eingeholt vom Lied,
Haltet still, ihr Söne des Verlustes!
Zeuget wider die Verklagte mit.

Klingklang! Klingklang! schimpflich hergetragen
Von des Pöbels lermendem Hußah!
Angejochet an den Hurenwagen
Bring ich sie die Mäze Zypria.

Manch Histörchen hat sie aufgespulet
Seit die Welt um ihre Spindel treibt,
Hat sie nicht der Jahrzal nachgebulet,
Die sich vom verbotnen Baume schreibt?

Hum! Biß hieher dachtest du's zu sparen?
Mamsell! Gott genade dich!
Wiß! so sauber wirst du hier nicht fahren
Als im Arm von deinem Ludewig.

Noch so schelmisch mag dein Auge blinzen,
Noch so lächeln dein verhexter Mund,
Diesen Richter kannst du nicht scharwänzen
Mit gestolner Mienen Gaukelbund.

Ja so heule — Mäze, kein Erbarmen!
Streift ihr kek das seidne Hemdchen auf.
Auf den Rücken mit den runden Armen!
Frisch! und patschpatsch! mit der Geißel drauf.

Höret an das Protokoll voll Schanden,
Wie's die Garstge beim Verhöre glatt
Weggelogen oder gleich gestanden
Auf den Zuspruch dieser Geißel hat.

Absender:

Vor- und Zuname bzw. Firma

Straße oder Postfach

Postleitzahl   Ort

Verlag Hermann Böhlaus
Nachfolger Weimar
Postfach 260

D-5300-Weimar (O)

Bitte
frankieren

Werter Bücherfreund!

Wenn dieses Buch Ihr Interesse gefunden hat, werden Sie gewiß den Wunsch haben, auch weitere Werke unseres Verlages kennenzulernen. Wir würden Sie gerne über unsere Verlagsarbeit durch Übersendung von Prospekten und Ankündigungen auf dem laufenden halten und bitten Sie daher, diese Karte ausgefüllt zurückzusenden.

Sie erhalten alle Bücher aus dem VERLAG HERMANN BÖHLAUS NACHFOLGER WEIMAR bei Ihrem Buchhändler. Sollte dieser den gewünschten Titel nicht vorrätig haben, dann wenden Sie sich bitte an den Verlag direkt.

☐ Geschichte
  ☐ Geistesgeschichte
  ☐ Kunstgeschichte
  ☐ Kulturgeschichte
  ☐ Rechtsgeschichte
  ☐ Kirchengeschichte
  ☐ Vor- und Frühgeschichte
  ☐ Archäologie
  ☐ Geschichte des Mittelalters
  ☐ Geschichte der Neuzeit
  ☐ Zeitgeschichte

☐ Klassiker-Editionen/Kritische Ausgaben
☐ Literaturwissenschaft
  ☐ Goethe-Jahrbuch
  ☐ Shakespeare-Jahrbuch
☐ Landeskunde/Landesgeschichte
  ☐ Brandenburg
  ☐ Sachsen
  ☐ Sachsen-Anhalt
  ☐ Thüringen
☐ Bildmonographien

Bitte vergessen Sie nicht Ihre Adresse auf der Vorderseite!

Volkbeherrscher! Götter unterm Monde,
　　Machtumpanzert zu der Menschen Heyl,
Hielt die Bulin mit dem Honigmunde
　　Eingemauert im Serail.

65 O da lernen Götter — menschlich fühlen,
　　Laßen sich fast sehr herab zum — Vieh
Mögt ihr nur in Nasos Chronik wülen
　　Schnakisch stehts zu lesen hie.

Wollt ihr Herren nicht skandalisieren,
70　　Werft getrost den Purpur in den Koth,
Wandelt wie Fürst Jupiter auf vieren,
　　So erspart ihr ein verschämtes Roth.

Nebenbei hat diese Viehmaskirung
　　Manchem Zevs zum Wunder angepaßt,
75 Heil dabei der weisen Volkregierung
　　Wenn der Herrscher auf der Waide graßt!

Dem Erbarmen dorren ihre Herzen
　　(O auf Erden das Elisium)
Durch die Nerfen bohren Höllenschmerzen
80　　Kehren sie zu wilden Tigern um.

Loose Buben mäkeln mit dem Fürstensiegel,
　　Kreaturen vom gekrönten Thier,
Leihen dienstbar seiner Wollust Flügel,
　　Und ermauscheln Kron und Reich dafür.

85 Ja die Hure (laßts ins Ohr euch flistern)
　　Bleibt auch selbst im Kabinet nicht stumm.
In dem Uhrwerk der Regierung nistern
　　Oefters Venusfinger um.

Blinden Fürsten dienet sie zum Stocke,
90　　Blöden Fürsten ist sie Bibelbuch.
Kam nicht auch aus einem Weiberroke
　　Einst zu Delfos Götterspruch?

Mordet! Raubet! Lästert, ja verübet
  Was nur greulich sich verüben läßt —
Wenn ihr Lady Pythia betrübet, 95
  O so haltet eure Köpfe fest!

Ha! wie manchen warf sie von der Höhe!
  Von dem Rumf wie manchen Biderkopf!
Und wie manchen hub die geile Fee,
  Fragt warum? — Um einen diken Zopf. 100

Deßen Siegesgeiz die Erde schrumfte,
  Deßen tolle Diademenwut
Gegen Mond und Sirius triumfte,
  Hoch gehoben von der Sklaven Blut.

Dem am Markstein dieser Welt entsunken 105
  Jene seltne Träne war,
Vom Saturnus noch nicht aufgetrunken
  Nie vergoßen seit die Nacht gebar.

Jenen Jüngling, der mit Riesenspanne
  Die bekannte Welt umgriff, 110
Hielte sie zu Babylon im Banne
  Und das — Weltpopanz entschlief.

Manchen hat ins Elend sie gestrudelt,
  Eingetrillert mit Sirenensang,
Dem im Herzen warme Kraft gesprudelt, 115
  Und des Ruhms Posaune göttlich klang.

An des Lebens Vesten lekt die Schlange
  Geiffert Gifft ins hüpfende Geblüt
Knochen dräuen aus der gelben Wange
  Die nun aller Purpur flieht. 120

Hol und hager, wandelnde Gerippe
  Keuchen sie in des Kozytus Boot.
Gebt den Armen Stundenglas und Hippe
  Huh! — und vor euch steht der Tod.

125 Jünglinge, o schwöret ein Gelübde,
    Grabet es mit goldnen Ziffern ein:
  Fliehet vor der rosigten Charybde
    Und ihr werdet Helden sein.

  Tugend stirbet in der Frynen Schoose
130   Mit der Keuschheit fliegt der Geist davon,
  Wie der Balsam aus zerknikter Rose,
    Wie aus rißnen Saiten Silberton.

  Venus Finger bricht des Geistes Stärke,
    Spielet gottlos, rükt und rükt
135 An des Herzens feinem Räderwerke
    Bis der Seiger des Gewißens — lügt.

  Eitel ringt, und wenn es Schöpfung sprühte,
    Eitel ringt das göttlichste Genie
  Martert sich an schlappen Saiten müde,
140   Wohlklang fließt aus toden Trümmern nie. —

  Manchen Greisen an der Krüke wankend,
    Schon hinunter mit erstarrtem Fuß
  In den Abgrund des Afernus schwankend,
    Nekte sie mit tödlich süßem Gruß.

145 Quälte noch die abgestumpfften Nerfen
    Zum erstorbnen Schwung der Wollust auf,
  Drängte ihn, die träge Kraft zu schärfen,
    Frisch zu spornen zäher Säfte Lauf.

  Seine Augen sprühn erborgte Stralen,
150   Tödlich munter springt das schwere Blut,
  Und die aufgejagten Muskeln pralen
    Mit des Herzens lezlichem Tribut.

  Neuverjüngt beginnt er aufzuwarmen,
    All sein Wesen zukt in Einem Sinn,
155 Aber husch! entspringt sie seinen Armen
    Spottet ob dem matten Kämpfer hin.

Was für Unfug in geweihten Zellen
Hat die Hexe nicht schon angericht?
Laßt des Doms Gewölbe Rede stellen,
Das den leisen Seufzer lauter spricht. 160

Manche Träne — aus Pandoras Büchse —
Sieht man dort am Rosenkranze glühn.
Manchen Seufzer vor dem Cruzifixe
Wie die Taube vor dem Stößer fliehn.

Durch des Schleyers vorgeschobne Riegel 165
Mahlt die Welt sich schöner wie ihr wißt,
Fantasie leiht ihren Taschenspiegel,
Wenn das Kind das Paternoster küßt.

Siebenmal des Tages muß der gute
Michael dem starken Moloch stehn, 170
Beide pralen mit gleich edlem Blute,
Jeder, wißt ihr, heißt den andern gehn.

Puh! da splittert Molochs schwächres Eisen!
(Armes Kind! wie bleich wirst du!)
In der Angst (wer kann es Vorsaz heißen?) 175
Wirfft sie ihm die Zitternadel zu.

Junge Wittwen — vierzigjähr'ge Zofen
Feuriger Komplexion,
Die schon lange auf — Erlösung hoffen,
Allzufrüh der schönen Welt entflohn. 180

Braune Damen — rabenschwarzen Haares
Schwergeplagt mit einem siechen Mann,
Faßen oft — die Hörner des Altares,
Weil der Mensch nicht helffen kann.

Fromme Wut begünstigt heiße Triebe 185
Gibt dem Blute freien Schwung und Lauf —
Ach zu offt nur drükt der Gottesliebe
Afrodite ihren Stempel auf.

DER VENUSWAGEN

Nimfomanisch schwärmet ihr Gebete
  (Fragt Herrn Doktor Zimmermann)
Ihren Himmel — sagt! was gilt die Wette? —
  Mahlt zum küßen euch ein Titian! —

Selbst im Rathaus hat sie's angesponnen,
  Blauen Dunst Asträen vorgemacht,
Die geschwornen Richter halb gewonnen,
  Ihres Ernstes Falten weggelacht.

Inquisitin ließ das Halstuch fallen,
  Jeder meinte, sei von ohngefehr!
Potz! da liegts wie Alpen schwer auf allen,
  Närrisch spukts um unsern Amtmann her.

Sprechet selbst — was war dem Mann zu rathen?
  Diß verändert doch den Statum sehr. —
„Inquisitin muß man morgen laden,
  Heute geb ich gütliches Verhör."

Und — wär nicht Frau Amtmännin gekommen
  (Unserm Amtmann krachts im sechsten Sinn)
Wär der Balg ins Trokne fortgeschwommen,
  Dank seys der Frau Amtmännin!

Auch den Klerus (denkt doch nur die Loose)
  Selbst den Klerus hat sie kalumnirt.
Aber gelt! — mit einem derben Stoße
  Hat man dir dein Lügenmaul pitschirt.

Damen die den Bettelsak nun tragen
  Ungeschikt zu weiterem Gewinnst,
Matte Ritter, die Schamade schlagen
  Invaliden in dem langen Dienst,

Sezt sie, (wies auch große Herren wißen)
  Mit beschnittner Pension zur Ruh,
Oder schikt wol gar die Lekerbißen
  Ihrer Feindinn — Weißheit zu.

(Weine Weißheit über die Rekrouten,
  Die dir Venus Afrodite schikt,
Sie verhüllen unter frommen Kutten
  Nur den Mangel der sie heimlich drükt.

Würde Amors Talisman sie rühren, 225
  Nur ein Hauch von Zypern um sie wehn? —
O sie würden hurtig desertieren
  Und zur alten Fahne übergehn.) —

Sehet und der Lüstlingin genüget
  Auch nicht an des Torus geiler Brunst, 230
Selbst die Schranken des Geschlechts besieget
  Unnatürlich ihre Schlangenkunst.

Denket — doch ob dieser Schandenliste
  Reißt die Saite, und die Zunge stokt;
Fort mit ihr aufs schimpfliche Gerüste, 235
  Wo das Aas den fernen Adler lokt.

Dorten soll mit Feuergriffel schreiben
  Auf ihr Bulinangesicht das Wort:
Tod: der Henker — so gebrandmarkt treiben
  Durch die Welt die Erzbetrügrin fort. 240

So gebot der weise Venusrichter.
  Wie der weise Venusrichter hieß?
Wo er wohnte? Wünscht ihr von dem Dichter
  Zu vernehmen — so vernehmet diß:

Wo noch kein Europerseegel braußte, 245
  Kein Kolumb noch steuerte, noch kein
Kortez siegte, kein Pizarro haußte,
  Wohnt auf einem Eiland — Er allein.

Dichter forschten lange nach dem Namen —
  Vorgebürg des Wunsches nannten sie's, 250
Die Gedanken, die bis dahin schwammen,
  Nanntens — das verlorne Paradieß.

Als vom ersten Weibe sich betrügen
  Ließ der Männer erster, kam ein Waßerstoß,
255 Riß, wenn Sagen Helikons nicht lügen,
  Von vier Welten diese Insel los.

Einsam schwimmt sie im Atlantschen Meere,
  Manches Schiff begrüßte schon das Land,
  Aber ach — die scheiternde Galeere
260 Ließ den Schiffer tod am Strand.

DIE ENTZÜKUNG
an Laura

Laura! Welt und Himmel weggeronnen
Wähn ich — mich in Himmelmaienlicht zu sonnen
  Wenn dein Blik in meine Blike flimmt.
Aetherlüfte träum' ich einzusaugen,
5 Wenn mein Bild in deiner sanften Augen
  Himmelblauem Spiegel schwimmt.

Leierklang aus Paradieses Fernen,
Harfenschwung aus angenehmern Sternen,
  Ras' ich in mein trunken Ohr zu ziehn.
10 Meine Muse fühlt die Schäferstunde,
Wenn von deinem wollustvollem Munde
  Silbertöne ungern fliehn.

Amoretten seh ich Flügel schwingen,
Hinter dir die trunknen Fichten springen
15   Wie von Orpheus Saitenruf belebt.
Rascher rollen um mich her die Pole,
Wenn im Wirbeltanze deine Sole
  Flüchtig wie die Welle schwebt.

Deine Blike — wenn sie Liebe lächeln,
Könnten Leben durch den Marmor fächeln,
   Felsenadern Pulse leyhn.
Träume werden um mich her zu Wesen,
Kann ich nur in deinen Augen lesen:
   Laura! Laura! Mein!

Wann nun, wie, gehoben aus den Achsen
Zwei Gestirn', in Körper Körper wachsen,
   Mund an Mund gewurzelt brennt,
Wollustfunken aus den Augen regnen,
Seelen wie entbunden sich begegnen
   In des Athems Flammenwind.

Eine Pause drohet hier den Sinnen
Schwarzes Dunkel jagt den Tag von hinnen,
   Lagert sich um den gefangnen Blik.
Leises Murmeln — dumpfer hin verloren —
Stirbt allmählig in den trunknen Ohren,
   Und die Welt tritt in ihr Nichts zurük.

Ha! daß izt der Flügel Chronos harrte,
Hingebannt ob dieser Gruppe starrte,
   Wie ein Marmorbild — die Zeit! —
Aber ach! — ins Meer des Todes jagen
Wellen Wellen — über dieser Wonne schlagen
   Schon die Strudel der Vergessenheit.

STAMMBUCHBLÄTTER
1776—1781

FÜR FERDINAND MOSER

Seelig ist der Freundschafft himmlisch Band,
Sympathie, die Seelen Seelen trauet,
Eine Träne macht den Freund dem Freund bekannt
Und ein Auge das ins Auge schauet;
Seelig ist es, jauchzen wenn der Freund
Jauchzet, weinen mit ihm, wenn er weint —

>Mit diesem empfiehlt sich in Ihre
>Freundschafft und Liebe
>
>*Joh. Christ. Frid. Schiller*
>*m. c.*

Sperat infestis, metuit secundis
Alteram sortem bene praeparatum
Pectus.

>*Hoc in memoriam Amicitiae*
>*veteris renovandam Amico suo*
>*dicatum vult*
>
>*J. C. F. Schiller*
>*Acad. milit. alumn. et M. C.*

FÜR IMMANUEL ELWERT

>Stutgardt d. 4. Merz 1779

So eingeschrenkt der Mensch ist, hat er doch noch den Trost, daß er diesen Kerker verlaßen darf — wenn er will

>*Werther.*
>*Schiller.*

Stutgard. d. 4 Merz 1779
Ist einer krank und ruhet gleich
Im Bette das von Golde reich
Recht fürstlich ist gezieret,
So haßet er doch solche Pracht
Auch so daß er die ganze Nacht
Ein kläglich Leben führet
Und zählet jeden Glokenschlag,
Und seufzet nach dem lieben Tag.

Aus dem Wirtemberg. Gesangbuch
von Schiller

FÜR HEINRICH FRIEDRICH LUDWIG ORTH

O Knechtschaft,
Donnerton dem Ohre,
Nacht dem Verstand und Schnekengang im Denken
Dem Herzen quälendes Gefühl!

Zum Andenken von ihrem Freund

J. C. F. Schiller.

FÜR JOHANN CHRISTIAN WEKHERLIN

Auf ewig bleibt mit dir vereint
Der Artzt, der Dichter, und dein Freund.

Stutgardt d. 3. Aug. *J. C. F. Schiller.*
[1780]

EINEM AUSGEZEICHNETEN ESSER

Wenn du gegessen und getrunken hast, und *NB.* satt bist, so sollst du den Herrn deinen Gott loben.

FÜR KARL PHILIPP CONZ

Animi imperio, corporis servitio magis utimur. Quo mihi rectius esse videtur, ingenii, quam virium opibus gloriam quaerere; et quoniam vita ipsa, qua fruimur, brevis est, memoriam nostri quam maxime longam efficere.

FÜR EINEN UNBEKANNTEN

Ein edles Herz und die Musen verbrüdern die entlegensten Geister

Stutgart d. 20 Jul. 1781.

Dieses erlaubt mir mich Ihrer werthesten Freundschafft zu empfehlen

TRAUERGEDICHTE
1780—1782

TRAUER-ODE

auf den Todt des Hauptmanns Wiltmaister

Grimmig wirgt der Todt durch unsre Glieder! —
Dumpfig heult die Leichen Drummel wieder
   Schon ein neuer ist hinweg gerafft;
Mit gesenktem Schießgewehre wanken
Graue Krieger nach des Kirchhofs Schranken
   Wo der tapfre, brave Müller schlaft.

Brüder kommt! — erblasset! — schauert! zittert!
Bebe jezt den niemahls nichts erschüttert
   Grabgefühle schauern durch sein Mark
Sehet! alles, was wir Leben hießen
Was wir liebten, was wir seelig priesen
   Ligt vereitelt in dem schmalen Sarg

Von dem Antliz alles Roth gesunken
Aus den Augen alle Lebens Funken
   Weggelöschet in Chaotsche Nacht —
Seine Mienen, sein holdseelig Lächeln
Weggeblasen mit dem Sterbe Röcheln
   Ewig, ewig nimmer angefacht! —

Nie vom Sturm der Leydenschaft durchwühlet
Wie ein Bach durch Blumenbette spielet
   Floß sein Leben hin in Melodie —
Ha! was ist nun, was am schönsten schmeichelt
Nichts als Larve die der Todt uns heuchelt, —
   Und dann auf dem Sarg zerreißt er sie.

Auf des Menschen kaltem, starrem Rumpfe
Sterben seine wirblende Triumphe
   Röchlen all in ein Gewimmer aus —
Glük und Ruhm zerflattern auf dem Sarge
Könige und Bettler, Feige, Starke
   Ziehn hinunder in das Todten Hauß.

Aber frey erhoben über Grüfte
Fliegt der Geist in des Olimpus Lüfte
  Triumphierend wie ein Adler steigt
Wann sein Wohnsiz die erhabne Tanne
Niederkracht im tobenden Orkane   35
  Und der Nordsturm Wälder niederbeugt.

Zieh auch du, geliebter theurer Streiter
Auf den Flügeln unsrer Donner weiter
  Keine Tränen schiken wir dir mit —
Mit Geheule und mit Weiber Klagen   40
Mag man andre zu dem Grabe tragen
  Pulverdonner ist der Krieger Wiegenlied —

Weinend geht man deinen Sarg vorüber
Selbst des Mannes Auge wird jezt trüber
  Und die Helden Carls betrauren dich —   45
Geh dahin mit dieser stolzen Ehre
Prahle dort in der Verklärten Heere:
  Sie, die Helden Carls betrauren mich!

Sie, die Helden eilen dir entgegen
Unter Donner und der Kugeln Regen,   50
  Krieger zittern vor dem Todte nicht —
Ihm entgegen gehen wir mit Hohne
Unterm Dampf der brüllenden Canone,
  Wann er reißend durch die Glieder bricht —

Und dann droben finden wir dich wieder   55
Legen dort das müde Eisen nieder,
  Drüken dich an unsre warme Brust,
Dann wird alles, wie von Morgenwinden
Weggeweht ein leichter Traum, verschwinden
  Und nichts bleiben als die Lust.   60

ELEGIE
auf den frühzeitigen Tod
Johann Christian Weckerlins

„Ihn aber hält am ernsten Orte
„Der nichts zurüke läßt
„Die Ewigkeit mit starken Armen fest" —

Banges Stöhnen, wie vorm nahen Sturme
  Hallet her vom öden Trauerhauß,
Todtentöne fallen von des Stiftes Thurme —
  Einen Jüngling trägt man hier heraus.
5 Einen Jüngling — noch nicht reif zur Bahre —
  Einen Jüngling — in dem May der Jahre —
Weggepflükt in früher Morgenblüth!
Einen Sohn — das Pralen seiner Mutter,
Unsern theuren, vielgeliebten Bruder —
10 Auf! was Mensch heißt folge mit!

Pralt ihr Fichten, die ihr hochveraltet
  Stürmen stehet und den Donner nekt?
Und ihr Berge die ihr Himmel haltet,
  Und ihr Himmel die ihr Sonnen hegt?
15 Pralt der Greiß noch der auf stolzen Werken
  Wie auf Woogen zur Vollendung steigt?
Pralt der Held noch, der auf aufgewälzten Thatenbergen
  In des Nachruhms Sonnentempel fleugt?
Wenn der Wurm schon naget in den Blüthen
20 Wer ist Thor zu wähnen, daß er nie verdirbt?
Wer dort oben hoft noch und hienieden
  Auszudauren — wenn der Jüngling stirbt?

War Er nicht so muthig, kraftgerüstet
  War er nicht wie Lebens Konterfey?
25 Frisch wie Roß im Eisenklang sich brüstet
  Wie der Vogel in den Lüften frey?
Da Er noch in unsern Reyhen hüpfte,
  Da Er noch in unsern Armen sprung,

Und sein Herz an unsre Herzen knüpfte, —
O der schneidenden Erinnerung! —
Da Er uns — (o ahndende Gefühle
 Hier auf eben dieser Leichenflur)
Nur zu sicher vor dem nahen Ziele
 Das Gelübd der ewgen Treue schwur —

O ein Mißklang auf der grossen Laute!
 Weltregierer, ich begreif es nicht!
Hier — auf den Er seinen Himmel baute —
 Hier im Sarg — barbarisches Gericht!
So viel Sehnen die im Grab erschläffen
 So viel Keime die der Tod verweht,
Kräfte, für die Ewigkeit erschaffen,
 Gaben, für die Menschheit ausgesät, —
O in dieses Meeres wildem Wetter,
 Wo Verzweiflung Steur und Ruder ist,
Bitte nur, geschlagenster der Vätter,
 Daß dir alles, alles, nur nicht GOtt entwischt!

Lieblich hüpften, voll der Jugendfreude,
Seine Tage hin im Rosenkleide
 Und die Welt, die Welt war Ihm so süß —
Und so freundlich, so bezaubernd winkte
Ihm die Zukunft, und so golden blinckte
 Ihm des Lebens Paradiß;
Noch, als schon das Mutterauge tränte,
Unter Ihm das Todtenreich schon gähnte
 Ueber Ihm der Parzen Faden riß,
Erd und Himmel Seinem Blick entsanken,
Floh Er ängstlich vor dem Grabgedanken —
 Ach die Welt ist Sterbenden so süß.

Stumm und taub ists in dem engen Hause
 Tief der Schlummer der Begrabenen;
Bruder! Ach in ewig tiefer Pause
 Feyern alle Deine Hoffnungen;
Oft erwärmt die Sonne Deinen Hügel,
 Ihre Glut empfindest Du nicht mehr;

Seine Blumen wiegt des Westwinds Flügel,
    Sein Gelispel hörest Du nicht mehr;
Liebe wird Dein Auge nie vergolden,
    Nie umhalsen Deine Braut wirst du,
Nie, wenn unsre Tränen Stromweis rollten, —
    Ewig, ewig, ewig sinkt Dein Auge zu.

Aber wohl Dir! — köstlich ist Dein Schlummer,
    Ruhig schläft sichs in dem engen Hauß
Mit der Freude stirbt hier auch der Kummer,
    Röcheln auch der Menschen Qualen aus.
Ueber Dir mag die Verläumdung geifern,
    Die Verführung ihre Gifte speyn,
Ueber dich der Pharisäer eifern
    Pfaffen brüllend dich der Hölle weyhn,
Gauner durch Apostel Masken schielen
    Und die Meze die Gerechtigkeit
Wie mit Würfeln, so mit Menschen spielen,
    Und so fort bis hin zur Ewigkeit.

Ueber Dir mag auch Fortuna gaukeln
    Blind herum nach ihren Buhlen spähn,
Menschen bald auf schwanken Tronen schaukeln,
    Bald herum in wüsten Pfüzen drehn;
Wohl Dir, wohl in Deiner schmalen Zelle;
    Diesem komischtragischem Gewühl,
Dieser ungestümmen Glückeswelle,
    Diesem possenhaften Lottospiel,
Diesem faulen fleißigen Gewimmel
    Dieser arbeitsvollen Ruh,
Bruder! — diesem Teufelvollen Himmel
    Schloß Dein Auge sich auf ewig zu.

O so klatschet! klatscht doch in die Hände,
    Rufet doch ein frohes *Plaudite!* —
Sterben ist der langen Narrheit Ende,
    In dem Grab verscharrt man manches Weh;
Was sind denn die Bürger unterm Monde?
    Gaukler, theatralisch ausstaffirt

Mit dem Tod in ungewissem Bunde,
  Bis der Falsche sie vom Schauplatz führt:
Wohl dem, der nach kurzgespielter Rolle
  Seine Larve tauschet mit Natur,
Und der Sprung vom König bis zur Erdenscholle   105
  Ist ein leichter Kleiderwechsel nur.

Fahr dann wohl Du Trauter unsrer Seele,
  Eingewiegt von unsern Segnungen,
Schlummre ruhig in der Grabeshöle
  Schlummre ruhig bis auf Wiedersehn!   110
Bis auf diesen Leichenvollen Hügeln
  Die Allmächtige Posaune klingt
Und nach aufgerißnen Todesriegeln
  Gottes Sturmwind diese Leichen in Bewegung schwingt —
Bis befruchtet von Jehovahs Hauche   115
  Gräber kreisen — auf sein mächtig Dräun
In zerschmelzender Planeten Rauche
  Ihren Staub die Grüfte wiederkäun —

Nicht in Welten, wie die Weisen träumen,
  Auch nicht in des Pöbels Paradiß,   120
Nicht in Himmeln, wie die Dichter reimen, —
  Aber wir ereilen dich gewiß.
Ob es wahr sey, was den Pilger freute?
  Ob noch jenseits ein Gedanke sey?
Ob die Tugend übers Grab geleite?   125
  Ob es alles eitle Phantasey? — —
Schon enthüllt sind Dir die Räthsel alle!
  Wahrheit schlirft Dein hochentzückter Geist,
Wahrheit, die in tausendfachem Strale
  Von des großen Vaters Kelche fleußt —   130

Zieht dann hin ihr schwarzen stummen Träger!
  Tischt auch Den dem großen Würger auf!
Höret auf Geheul ergoßne Kläger!
  Thürmet auf ihm Staub auf Staub zu Hauf.
Wo der Mensch der Gottes Rathschluß prüfte?   135
  Wo das Aug den Abgrund durchzuschaun?

Heilig! Heilig! bist du Gott der Grüfte,
　　Wir verehren dich mit Graun!
Erde mag zurück in Erde stäuben,
140　　Fliegt der Geist doch aus dem morschen Hauß!
Seine Asche mag der Sturmwind treiben,
　　Seine Liebe dauert ewig aus!

TODENFEYER AM GRABE
PHILIPP FRIDERICH VON RIEGERS

Noch zermalmt der Schreken unsre Glieder —
　　Rieger todt!
Noch in unsern Ohren heult der Donner wieder —
　　Rieger, Rieger todt!
5　Wie ein Bliz, im Niedergang entzündet,
　　Schon im Aufgang schwindet,
　　Flog der Held zu GOtt!
Sollen Klagen um die Leiche hallen,
　　Klagen um den grosen Mann?
10　Oder dörfen warme Tränen fallen,
　　Tränen um den guten lieben Mann?
Dörfen wir mit Riegers Söhnen weinen?
　　Mit den Patrioten uns vereinen?
Oh so feyre weinender Gesang
15　　Einer Sonne Untergang!

Groß o Rieger, groß war Deine Stufe
Groß Dein Geist zu Seinem grossen Rufe
　　Grösser war — Dein Herz!
Engelhuld und göttliches Erbarmen
20　Rief den Freund zu Deinen offnen Armen;
　　Froher unschuldsvoller Scherz
Lachte noch im silbergrauen Weisen,
Jugendfeuer brannte noch im Greisen,
　　In dem Krieger betete — der Christ.
25　Höher als das Lächeln Deines Fürsten
　(Ach! wornach so manche geizig dürsten!)
　　Höher war Dir der, der ewig ist.

Nicht um Erdengötter klein zu kriechen,
Fürstengunst mit Unterthanenflüchen
  Zu erwuchern war Dein Trachten nie. 30
Elende beim Fürsten zu vertreten,
Für die Unschuld an dem Tron zu beten
  War Dein Stolz auf Erden hie.
Rang und Macht, die lächerlichen Flitter,
  Fallen ab am Tage des Gerichts, 35
Fallen ab wie Blätter im Gewitter,
  Und der Pomp — ist Nichts! — —

Krieger KARLS! erlaubt mir hier zu halten,
Tretet her ihr lorbeervollen Alten!
  (Das Gewissen brenne flammenroth) 40
Dumpfig hohl aus Eures Riegers Bahre,
Spricht zu Euch, ihr Söhne vieler Jahre,
  Spricht zu Euch — der Tod:

„Erdengötter! — glaubt ihr ungerochen
„Mit der Gröse kindischkleinen Stolz, 45
  („Alles faßt der schmale Raum von Holz)
„Gegen mich zu pochen?
„Hilft Euch des Monarchen Gunst
„Die oft nur am Rittersterne funkelt,
  „Hilft des Höflings Schlangenkunst, 50
„Wenn sich brechend euer Aug verdunkelt?
  „Erdengötter redet doch,
„Wenn der Götterdunst zerstiebet,
  „Redet denn, was wärt ihr noch
„Wenn ihr — schlechte Menschen bliebet? 55

„Trozt ihr mir mit euren stolzen Ahnen,
  „Daß von euch — zwei Tropfen Blut
„In den Adern alter Helden rannen?
  „Pocht ihr auf geerbtes Gut?
„Wird man dort nach Riegers Range fragen? 60
„Folgt Ihm wol KARLS Gnade biß dahin?

„Wird er höher von dem Ritterkreuz getragen,
„Als vom Jubel Seiner Seegnenden?
„Wann der Richter in dem Schuldbuch blättert,
65 „Fragt er, ob der grose Todte hier
„Zu dem Tempel des Triumphs geklettert?
„Fragt man dort, wie man Ihn hier vergöttert?
„Richtet GOtt — wie wir?

Aber Heil Dir! Seeliger! Verklärter
70 Nimm zufrieden Deinen Sonnenflug!
Deinem Herzen war die Menschheit werther
Als der Gröse prangender Betrug!
Schöne Thaten waren Deine Schäze,
Aufgehäuft für eine schöne Welt,
75 Glüklich giengst Du durch die goldne Neze,
Wo die Ehrsucht ihre Sklaven fällt.
Wenn die Riesenrüstung stolzer Gröse
Manches grose Heldenherz zerdrükt
Flohst Du frei, entschwungen dem Getöse
80 Dieser Welt, und bist — beglükt!

Dort, wo Du bei ewgen Morgenröthen
Einen Lorbeer, der nie welket, pflükst,
Und auf diesen traurenden Planeten
Sanften Mitleids niederblikst,
85 Dort wo Du an reine Seraphinen
Dich in ewigem Umarmen schmiegst,
Und bei jubelvollen Harfentönen
Kühne Flügel durch den Himmel wiegst,
Dort wo Rieger unter Edens Wonne
90 Dieses Lebens Folterbank verträumt,
Und die Wahrheit leuchtend wie die Sonne,
Ihm aus tausend Röhren schäumt,

Dorten sehn wir — Jauchzet Brüder —
Dorten unsern Rieger wieder!!!

Anthologie

auf das Jahr

1782.

Gedrukt in der Buchdrukerei
zu Tobolsko.

ANTHOLOGIE AUF DAS JAHR 1782

DIE
JOURNALISTEN UND MINOS

    Mir kam vor wenig Tagen
        Wie? fragt mich eben nicht,
    Vom Reich der ewgen Plagen
        Die Zeitung zu Gesicht.

    Sonst frag ich diesem Essen
        Wo noch kein Kopf zerbrach,
    Dem Freykorps unsrer Pressen
        Wie billig, wenig nach.

    Doch eine Randgloß lokte
        Izt meinen Fürwiz an,
    Denkt! wie das Blut mir stokte,
        Als ich das Blatt begann:

    „Seit zwanzig herben Jahren"
        (Die Post, versteht sich, muß
    Ihr saures Stündchen fahren
        Hieher vom Erebus)

    „Verschmachteten wir Arme
        „In bittrer Wassersnoth,
    „Die Höll kam in Allarme
        „Und foderte den Tod.

    „Den Styx kann man durchwaten,
        „Im Lethe krebset man,
    „Freund Charon mag sich rathen,
        „Im Schlamme liegt sein Kahn.

    „Kek springen schon die Tode
        „Hinüber, jung und alt,
    „Der Schiffer kommt vom Brode
        „Und flucht die Hölle kalt.

„Fürst Minos schikt Spionen
„Nach allen Gränzen hin,   30
„Die Teufel müssen frohnen
„Ihm Kundschaft einzuziehn.

„Juhe! Nun ists am Tage!
„Erwischt das Räubernest!
„Heraus zum Freudgelage!   35
„Komm Hölle komm zum Fest!

„Ein Schwarm Autoren spükte
„Um des Kozytus Rand,
„Ein Dintenfäßgen schmükte
„Die ritterliche Hand,   40

„Hier schöpften sie, zum Wunder
„Wie Buben süssen Wein
„In Röhren von Hollunder,
„Den Strom in Tonnen ein.

„Husch! Eh sie sich's versahen!   45
„Die Schlingen über sie! —
„Man wird euch schön empfahen
„Kommt nur nach Sanssouci.

„Schon wittert sie der König,
„Und wezte seinen Zahn,   50
„Und schnauzte drauf nicht wenig
„Die Delinquenten an.

„Aha! sieht man die Räuber?
„Weß Handwerks? Welches Lands?
„„Sind teutsche Zeitungsschreiber!""   55
„Da haben wir den Tanz!

„Schon hätt ich Lust gleichbalden
„Euch, wie ihr geht und steht,
„;Bei'm Essen zu behalten,
„Eh euch mein Schwager mäht.   60

,,Doch schwör' ichs hier bei'm Styxe,
,,Den eure Brut bestahl!
,,Euch Marder und euch Füchse
,,Erwartet Schand und Qual!

,,So lange bis er splittert
,,Spaziert zum Born der Krug!
,,Was nur nach Dinten wittert
,,Entgelte den Betrug!

,,Herab mit ihren Daumen!
,,Laßt meinen Hund heraus!
,,Schon wässert ihm der Gaumen
,,Nach einem solchen Schmaus.

,,Wie zukten ihre Waden
,,Vor dieses Bullen Zahn!
,,Es schnalzen Seine Gnaden,
,,Und Joli pakte an.

,,Man schwört, daß noch der Stumpen
,,Sich krampfigt eingedrukt,
,,Den Lethe auszupumpen
,,Noch gichterisch gezukt.

Und nun ihr guten Christen
Beherziget den Traum!
Fragt ihr nach Journalisten,
So sucht nur ihren Daum!

Sie bergen oft die Lüken,
Wie Jauner ohne Ohr
Sich helfen mit Perüken, —
Probatum! Gut davor!

FANTASIE
an Laura

Meine Laura! Nenne mir den Wirbel
  Der an Körper Körper mächtig reißt,
Nenne, meine Laura, mir den Zauber,
  Der zum Geist monarchisch zwingt den Geist.

Sieh! er lehrt die schwebenden Planeten
  Ewgen Ringgangs um die Sonne fliehn,
Und gleich Kindern um die Mutter hüpfend
  Bunte Zirkel um die Fürstin ziehn;

Durstig trinkt den goldnen Stralenregen
  Jedes rollende Gestirn,
Trinkt aus ihrem Feuerkelch Erquikung
  Wie die Glieder Geister vom Gehirn.

Sonnenstäubchen paart mit Sonnenstäubchen
  Sich in trauter Harmonie,
Sphären in einander lenkt die Liebe,
  Weltsysteme dauren nur durch sie.

Tilge sie vom Uhrwerk der Naturen —
  Trümmernd auseinander springt das All,
In das Chaos donnern eure Welten,
  Weint, Newtone, ihren Riesenfall!

Tilg die Göttinn aus der Geister Orden,
  Sie erstarren in der Körper Tod,
Ohne Liebe kehrt kein Frühling wieder,
  Ohne Liebe preißt kein Wesen Gott!

FANTASIE AN LAURA

25 Und was ists, das, wenn mich Laura küsset,
    Purpurflammen auf die Wangen geußt,
    Meinem Herzen raschern Schwung gebietet,
    Fiebrisch wild mein Blut von hinnen reißt?

    Aus den Schranken schwellen alle Sennen,
30   Seine Ufer überwallt das Blut,
    Körper will in Körper über stürzen,
      Lodern Seelen in vereinter Glut;

    Gleich allmächtig wie dort in der todten
      Schöpfung ewgen Federtrieb,
35 Herrscht im arachneischen Gewebe
      Der empfindenden Natur die Lieb'.

    Siehe Laura, Frölichkeit umarmet
      Wilder Schmerzen Ueberschwung,
    An der Hoffnung Liebesbrust erwarmet
40   Starrende Verzweifelung.

    Schwesterliche Wollust mildert
      Düstrer Schwermuth Schauernacht,
    Und entbunden von den goldnen Kindern,
      Stralt das Auge Sonnenpracht.

45 Waltet nicht auch durch des Uebels Reiche
      Fürchterliche Sympathie?
    Mit der Hölle bulen unsre Laster,
      Mit dem Himmel grollen sie.

    Um die Sünde flechten Schlangenwirbel
50   Scham und Reu', das Eumenidenpaar,
    Um der Gröse Adlerflügel windet
      Sich verräth'risch die Gefahr.

    Mit dem Stolze pflegt der Sturz zu tändeln,
      Um das Glük zu klammern sich der Neid,
55 Ihrem Bruder Tode zuzuspringen
      Offnen Armes, Schwester Lüsternheit.

Mit der Liebe Flügel eilt die Zukunft
  In die Arme der Vergangenheit,
Lange sucht der fliehende Saturnus
  Seine Braut — die Ewigkeit.   60

Einst — so hör ich das Orakel sprechen, —
  Einsten hascht Saturn die Braut,
Weltenbrand wird Hochzeitfakel werden,
  Wenn mit Ewigkeit die Zeit sich traut.

Eine schönere Aurora röthet,   65
  Laura, dann auch unsrer Liebe sich,
Die so lang als jener Brautnacht dauert,
  Laura! Laura! freue dich!

BACCHUS IM TRILLER

Trille! Trille! blind und dumm,
Taub und dumm,
Trillt den saubern Kerl herum!
Manches Stük von altem Adel,
Vetter, hast du auf der Nadel.
Vetter, übel kommst du weg,
Manchen Kopf mit Dampf gefüllet,
Manchen hast du umgetrillet,
Manchen klugen Kopf berülpet,
Manchen Magen umgestilpet.
Umgewälzt in seinem Spek,
Manchen Hut krumm aufgesezet,
Manches Lamm in Wut gehezet,
Bäume, Heken, Häuser, Gassen,
Um uns Narren tanzen lassen.
Darum kommst du übel weg,
Darum wirst auch du getrillet,
Wirst auch du mit Dampf gefüllet,
Darum wirst auch du berülpet,
Wird dein Magen umgestilpet,
Umgewälzt in seinem Spek,
Darum kommst du übel weg.

Trille! Trille! blind und dumm,
Taub und dumm,
Trillt den saubern Kerl herum!
Siehst, wie du mit unsern Zungen,
Unserm Wiz bist umgesprungen,
Siehst du jezt du lokrer Specht?
Wie du uns am Sail gezwirbelt,
Uns im Ring herumgewirbelt,
Daß uns Nacht ums Auge graußte,
Daß 's uns in den Ohren saußte.
Lerns in Deinem Käfigt recht;

Daß wir vor dem Ohrgebrümmel
Nimmer Gottes blauen Himmel,
Nimmer sahen Stok und Steine,
Knakten auf die lieben Beine.
   Siehst du izt, du lokrer Specht?
Daß wir Gottes gelbe Sonne
Für die Heidelberger Tonne
Berge, Bäume, Thürme, Schlösser,
Angesehn für Schoppengläser,
   Lernst du's izt, du lokrer Specht?
   Lern's in deinem Käfigt recht.

Trille! Trille! blind und dumm,
   Taub und dumm,
Trillt den saubern Kerl herum!
Schwager, warst doch sonst voll Ränke,
Schwager, wo nun deine Schwänke,
   Deine Pfiffe schlauer Kopf?
Ausgepumpt sind deine Pfiffe,
Und zum Teufel sind die Kniffe!
Albern, wie ein Stuzer plaudern,
Wie ein Waschweib wirst du kaudern.
   Junker ist ein seichter Tropf.
Nun so weist du's — magst dich schämen,
Magst meintwegen Reißaus nehmen,
Dem Hollunken Amor rühmen,
Dran er soll Exempel nehmen.
   Fort, Bärnhäuter! tummle dich!
Unser Wiz aus Glas gekerbet,
Wie der Bliz ist er zerscherbet;
Soll dich nicht der Triller treiben,
Laß die Narrenspossen bleiben!
   Hast's verstanden? Denk an mich!
   Wüster Vogel! pake dich.

AN DIE SONNE

Preis dir, die du dorten heraufstrahlst, Tochter des Himmels!
    Preis dem lieblichen Glanz
Deines Lächelns, der alles begrüsset und alles erfreuet!
    Trüb in Schauern und Nacht
5 Stand begraben die prächtige Schöpfung: todt war die Schönheit
    Lang dem lechzenden Blik:
Aber liebevoll stiegst du früh aus dem rosigen Schoose
    Deiner Wolken empor,
Wektest uns auf die Morgenröthe; und freundlich
10   Schimmert diese herfür,
Ueber die Berg' und verkündete deine süsse Hervorkunft.
    Schnell begann nun das Graun
Sich zu wälzen dahin in ungeheuern Gebürgen.
    Dann erschienest du selbst,
15 Herrliche du, und verschwunden waren die neblichte Riesen!
    Ach! wie Liebende nun
Lange getrennt liebäugelt der Himmel zur Erden, und diese
    Lächelt zum Liebling empor;
Und es küssen die Wolken am Saume der Höhe die Hügel;
20   Süsser athmet die Luft;
Alle Fluren baden in deines Angesichts Abglanz
    Sich; und es wirbelt der Chor
Des Gevögels aus der vergoldeten Grüne der Wälder
    Freudenlieder hinauf;
25 Alle Wesen taumeln wie am Busen der Wonne:
    Seelig die ganze Natur!
Und dieß alles o Sonn'! entquoll deiner himmlischen Liebe.
    Vater der Heil'gen vergib,
O vergieb mir, daß ich auf mein Angesicht falle
30   Und anbete dein Werk! —
Aber nun schwebet sie fort im Zug der Purpurgewölke
    Ueber der Könige Reich,

Ueber die unabsehbarn Wasser, über das Weltall:
    Unter ihr werden zu Staub
Alle Thronen, Moder die himmelaufschimmernden Städte;   35
    Ach! die Erde ist selbst
Grabeshügel geworden. Sie aber bleibt in der Höhe,
    Lächelt der Mörderin Zeit
Und erfüllet ihr groses Geschäft, erleuchtet die Sphären.
    O besuche noch lang   40
Herrlichstes Fürbild der Edeln! mit mildem freundlichem Blicke
    Unsre Wohnung, bis einst
Vor dem Schelten des Ewigen sinken die Sterne
    Und du selbsten erbleichst.

LAURA AM KLAVIER

Wenn dein Finger durch die Saiten meistert —
Laura, itzt zur Statue entgeistert,
Izt entkörpert steh ich da.
Du gebietest über Tod und Leben,
Mächtig wie von tausend Nervgeweben
Seelen fordert Philadelphia; —

Ehrerbietig leiser rauschen
Dann die Lüfte, dir zu lauschen
 Hingeschmidet zum Gesang
 Stehn im ewgen Wirbelgang,
Einzuziehn die Wonnefülle,
Lauschende Naturen stille,
 Zauberin! mit Tönen, wie
 Mich mit Blicken, zwingst du sie.

Seelenvolle Harmonieen wimmeln,
 Ein wollüstig Ungestüm,
Aus den Saiten, wie aus ihren Himmeln
 Neugebohrne Serafim;
Wie des Chaos Riesenarm entronnen,
Aufgejagt vom Schöpfungssturm die Sonnen
 Funkend fuhren aus der Finsternuß,
 Strömt der goldne Saitenguß.

Lieblich izt wie über bunten Kieseln
Silberhelle Fluten rieseln, —
 Majestätisch prächtig nun
 Wie des Donners Orgelton,
Stürmend von hinnen izt wie sich von Felsen
Rauschende schäumende Gießbäche wälzen,
 Holdes Gesäusel bald,
 Schmeichlerisch linde,

       Wie durch den Espenwald
          Buhlende Winde,
    Schwerer nun und melankolisch düster
    Wie durch todter Wüsten Schauernachtgeflüster,
       Wo verlornes Heulen schweift, 35
       Thränenwellen der Kozytus schleift.

    Mädchen sprich! Ich frage, gieb mir Kunde:
    Stehst mit höhern Geistern du im Bunde?
       Ists die Sprache, lüg mir nicht,
       Die man in Elysen spricht? 40

    Von dem Auge weg der Schleyer!
       Starre Riegel von dem Ohr!
    Mädchen! Ha! schon athm' ich freier,
    Läutert mich ätherisch Feuer?
       Tragen Wirbel mich empor? — — 45

    Neuer Geister Sonnensize
    Winken durch zerrißner Himmel Rize —
       Ueberm Grabe Morgenroth!
    Weg, ihr Spötter, mit Insektenwize!
       Weg! Es ist ein Gott — — — 50

DIE HERRLICHKEIT DER SCHÖPFUNG
Eine Fantasie

Vorüber war der Sturm, der Donner Rollen
Das hallende Gebirg hinein verschollen,
 Geflohn die Dunkelheit;
In junger Schöne lächelten die Himmel wieder
5 Auf ihre Schwester, Gottes Erde, nieder
 Voll Zärtlichkeit.
Es lagen lustig da, die Auen und die Thale,
Aus Maigewölken von der Sonnen Strahle
 Holdseelig angelacht:
10 Die Ströme schimmerten, die Büsch' und Wäldchen alle
Bewegten freudig sich im thauigen Crystalle
 In funkelndlichter Pracht.
Und sieh! da hebt von Berg zu Berg sich prächtig ausgespannt
 Ein Regenbogen über's Land. —
15 In dieser Ansicht schwamm vom Broken oben
Mein Auge trunken, als ich aufgehoben
 Mich plözlich fühlte .... Heilig heil'ge Lüfte kamen
Und webten zärtlich mich, indessen über mir
Stolztragend über's All den Ewigen daher
20 Die innre Himmel majestätisch schwamen.

 Und izt trieb ein Wind
Fort die Wolken, mich auf ihrem Zuge,
 Unter mir wichen im Fluge
 Schimmernde Königesstädte zurük,
25 Schnell wie ein Blik,
 Länderbeschattende Berge zurük,
Und das schönste Gemisch von blühenden Feldern,
Goldenen Saaten und grünenden Wäldern,
 Himmel und Erde im lachenden Glanz
30 Wiegten sich um mich im sanftesten Tanz.

 Da schweb ich nun in den saphirnen Höhen
Bald über'm unabsehlich weiten Meer;

Bald seh' ich unter mir ein langes Klippenheer,
Izt grausenvolle Felsenwüsten stehen,
Und dort den Frühling mir entgegenwehen;   35
Und hier die Lichtesköniginn,
Auf rosichtgoldnen Wolken hingetragen,
Zu ihrer Himmelsruhe ziehn.

   O welch Gesicht! Mein Lied! wie könntest du es sagen
Was dieses Auge trank vom weltumwandelnden Wagen?   40
Der Schöpfung ganze Pracht, die Herrlichkeit,
Die in dem Einsamen der dunkeln Ewigkeit
   Der Allerhöchste ausgedacht,
Und sich zur Augenlust, und euch, o Menschen!
   Zur Wohnung hat gemacht,   45
Lag vor mir da! ... Und welche Melodien
Dringen herauf? welch unaussprechlicher Klang
Schlägt mein entzüktes Ohr? . . Der grose Lobgesang
Tönt auf der Laute der Natur! . . In Harmonien,
   Wie einen süsen Tod verlohren, preißt   50
Den Herrn des Alls mein Geist!

ELEGIE

auf den Tod eines Jünglings

Banges Stöhnen, wie vor'm nahen Sturme,
   Hallet her vom öden Trauerhauß,
Todentöne fallen von des Münsters Thurme,
   Einen Jüngling trägt man hier heraus:
5 Einen Jüngling — noch nicht reif zum Sarge,
   In des Lebens Mai gepflükt,
Pochend mit der Jugend Nervenmarke
   Mit der Flamme, die im Auge zükt;
Einen Sohn, die Wonne seiner Mutter,
10   (O das lehrt ihr jammernd Ach)
Meinen Busenfreund, Ach! meinen Bruder —
   Auf! was Mensch heißt, folge nach!

Prahlt ihr Fichten, die ihr hoch veraltet
   Stürmen stehet und den Donner nekt?
15 Und ihr Berge die ihr Himmel haltet,
   Und ihr Himmel die ihr Sonnen hegt?
Prahlt der Greiß noch, der auf stolzen Werken
   Wie auf Woogen zur Vollendung steigt?
Prahlt der Held noch, der auf aufgewälzten Thatenbergen
20   In des Nachruhms Sonnentempel fleugt?
Wenn der Wurm schon naget in den Blüthen:
   Wer ist Thor zu wähnen, daß er nie verdirbt?
Wer dort oben hofft noch und hienieden
   Auszudauren — wenn der Jüngling stirbt?

25 Lieblich hüpften, voll der Jugendfreude,
   Seine Tage hin im Rosenkleide
     Und die Welt, die Welt war ihm so süß —
Und so freundlich, so bezaubernd winkte
Ihm die Zukunft, und so golden blinkte
30   Ihm des Lebens Paradies;
Noch, als schon das Mutterauge thränte,
Unter ihm das Todtenreich schon gähnte,
   Ueber ihm der Parzen Faden riß,

Erd und Himmel seinem Blik entsanken,
Floh er ängstlich vor dem Grabgedanken —
Ach die Welt ist Sterbenden so süß.

Stumm und taub ists in dem engen Hause
  Tief der Schlummer der Begrabenen;
Bruder! Ach in ewig tiefer Pause
  Feiern alle deine Hoffnungen;
Oft erwärmt die Sonne deinen Hügel,
  Ihre Glut empfindest du nicht mehr;
Seine Blumen wiegt des Westwinds Flügel,
  Sein Gelispel hörest du nicht mehr;
Liebe wird dein Auge nie vergolden,
  Nie umhalsen deine Braut wirst du,
Nie, wenn unsre Thränen stromweis rollten, —
  Ewig, ewig sinkt dein Auge zu.

Aber wohl dir! — köstlich ist dein Schlummer,
  Ruhig schläft sichs in dem engen Haus;
Mit der Freude stirbt hier auch der Kummer,
  Röcheln auch der Menschen Qualen aus.
Ueber' dir mag die Verleumdung geifern,
  Die Verführung ihre Gifte spein,
Ueber dich der Pharisäer eifern,
  Fromme Mordsucht dich der Hölle weihn,
Gauner durch Apostel Masken schielen
  Und die Bastarttochter der Gerechtigkeit,
Wie mit Würfeln, so mit Menschen spielen,
  Und so fort bis hin zur Ewigkeit.

Ueber dir mag auch Fortuna gaukeln,
  Blind herum nach ihren Buhlen spähn,
Menschen bald auf schwanken Thronen schaukeln,
  Bald herum in wüsten Pfüzen drehn;
Wohl dir, wohl in deiner schmalen Zelle;
  Diesem komischtragischem Gewühl,
Dieser ungestümmen Glückeswelle,
  Diesem possenhaften Lottospiel,

Diesem faulen fleißigen Gewimmel,
  Dieser arbeitsvollen Ruh,
Bruder! — diesem teufelvollen Himmel
  Schlos dein Auge sich auf ewig zu.

Fahr dann wohl, du Trauter unsrer Seele,
  Eingewiegt von unsern Segnungen,
Schlummre ruhig in der Grabeshöle
  Schlummre ruhig bis auf Wiedersehn!
Bis auf diesen leichenvollen Hügeln
  Die allmächtige Posaune klingt,
Und nach aufgerißnen Todesriegeln
  Gottes Sturmwind diese Leichen in Bewegung schwingt —
Bis befruchtet von Jehovahs Hauche
  Gräber kreisen — auf sein mächtig Dräun
In zerschmelzender Planeten Rauche
  Ihren Raub die Grüfte wiederkäun —

Nicht in Welten, wie die Weisen träumen,
  Auch nicht in des Pöbels Paradiß,
Nicht in Himmeln, wie die Dichter reimen, —
  Aber wir ereilen dich gewiß.
Daß es wahr sey, was den Pilger freute?
  Daß noch jenseits ein Gedanke sey?
Daß die Tugend über's Grab geleite?
  Daß es mehr denn eitle Fantasey? — —
Schon enthüllt sind dir die Räthsel alle!
  Wahrheit schlirft dein hochentzükter Geist,
Wahrheit, die in tausendfachem Strale
  Von des grosen Vaters Kelche fleußt —

Zieht dann hin, ihr schwarzen stummen Träger!
  Tischt auch den dem grosen Würger auf!
Höret auf geheulergoßne Kläger!
  Thürmet auf ihm Staub auf Staub zu Hauf.
Wo der Mensch der Gottes Rathschluß prüfte?
Wo das Aug den Abgrund durchzuschaun?

Heilig! Heilig! Heilig! Bist du Gott der Grüfte,
　　Wir verehren dich mit Graun!
Erde mag zurük in Erde stäuben, 105
　　Fliegt der Geist doch aus dem morschen Hauß!
Seine Asche mag der Sturmwind treiben,
　　Seine Liebe dauert ewig aus!

ROUSSEAU

Monument von unsrer Zeiten Schande!
Ew'ge Schandschrift deiner Mutterlande!
Roußeaus Grab! Gegrüßet seyst du mir.
Fried und Ruh den Trümmern deines Lebens!
Fried und Ruhe suchtest du vergebens,
Fried und Ruhe fandst du hier.

Kaum ein Grabmal ist ihm überblieben,
Den von Reich zu Reich der Neid getrieben,
Frommer Eifer umgestrudelt hat.
Ha! Um den einst Ströme Bluts zerfließen,
Wem's gebühr' ihn pralend Sohn zu grüßen,
Fand im Leben keine Vaterstadt.

Und wer sind sie die den Weisen richten?
Geisterschlaken die zur Tiefe flüchten
Vor dem Silberblike des Genies;
Abgesplittert von dem Schöpfungswerke
Gegen Riesen Roußeau kind'sche Zwerge,
Denen nie Prometheus Feuer blies.

Brüken vom Instinkte zum Gedanken,
Angefliket an der Menschheit Schranken,
Wo schon gröbre Lüfte wehn.
In die Kluft der Wesen eingekeilet,
Wo der Affe aus dem Thierreich geilet,
Und die Menschheit anhebt abzustehn.

Neu und einzig — eine Irresonne
Standest du am Ufer der Garonne
Meteorisch für Franzosenhirn.
Schwelgerei und Hunger brüten Seuchen,
Tollheit raßt mavortisch in den Reichen
Wer ist schuld — das arme Irrgestirn.

Deine Parze — hat sie gar geträumet?
Hat in Fieberhize sie gereimet
   Die dich an der Seine Strand gesäugt?
Ha! schon seh ich unsre Enkel staunen,
Wann beim Klang belebender Posaunen 35
   Aus Franzosengräbern — Roußeau steigt!

Wann wird doch die alte Wunde narben?
Einst wars finster — und die Weisen starben,
   Nun ists lichter, — und der Weise stirbt.
Sokrates ging unter durch Sofisten, 40
Roußeau leidet — Roußeau fällt durch Christen,
   Roußeau — der aus Christen Menschen wirbt.

Ha! mit Jubel die sich feurig gießen
Sey Religion von mir gepriesen,
   Himmelstochter sey geküßt! 45
Welten werden durch dich zu Geschwistern,
Und der Liebe sanfte Odem flistern
   Um die Fluren die dein Flug begrüßt.

Aber wehe — Basiliskenpfeile
Deine Blike — Krokodilgeheule 50
   Deiner Stimme sanfte Melodien,
Menschen bluten unter deinem Zahne,
Wenn verderbengeifernde Imane
   Zur Erinnys dich verziehn.

Ja! im acht und zehnten Jubeljare, 55
Seit das Weib den Himmelsohn gebare,
   (Kroniker vergeßt es nie)
Hier erfanden schlauere Perille
Ein noch musikalischer Gebrülle,
   Als dort aus dem ehrnen Ochsen schrie. 60

Mag es Roußeau! mag das Ungeheuer
Vorurtheil, ein thürmendes Gemäuer
   Gegen kühne Reformanten stehn,

Nacht und Dummheit boshaft sich versammeln,
Deinem Licht die Pfade zu verrammeln,
   Himmelstürmend dir entgegen gehn.

Mag die hundertrachigte Hyäne
Eigennuz die gelben Zackenzähne
   Hungerglühend in die Armuth haun,
Erzumpanzert gegen Waisenthräne,
Thurmumrammelt gegen Jammertöne,
   Goldne Schlösser auf Ruinen baun.

Geh du Opfer dieses Trillingsdrachen,
Hüpfe freudig in den Todesnachen,
   Großer Dulder! frank und frei.
Geh erzähl dort in der Geister Kraise
Diesen Traum vom Krieg der Frösch' und Mäuse,
   Dieses Lebens Jahrmarktsdudelei.

Nicht für diese Welt warst du — zu bider
Warst du ihr, zu hoch — vielleicht zu nieder —
   Roußeau doch du warst ein Christ.
Mag der Wahnwiz diese Erde gängeln!
Geh du heim zu deinen Brüdern Engeln,
   Denen du entlaufen bist.

DIE SEELIGEN AUGENBLIKE
an Laura

Laura, über diese Welt zu flüchten
Wähn ich — mich in Himmelmaienglanz zu lichten
 Wenn dein Blik in meine Blike flimmt,
Aetherlüfte träum' ich einzusaugen,
Wenn mein Bild in deiner sanften Augen   5
 Himmelblauem Spiegel schwimmt; —

Leyerklang aus Paradises Fernen,
Harfenschwung aus angenehmern Sternen
 Ras' ich in mein trunken Ohr zu ziehn,
Meine Muse fühlt die Schäferstunde,   10
Wenn von deinem wollustheißem Munde
 Silbertöne ungern fliehn; —

Amoretten seh ich Flügel schwingen,
Hinter dir die trunknen Fichten springen
 Wie von Orpheus Saitenruf belebt,   15
Rascher rollen um mich her die Pole,
Wenn im Wirbeltanze deine Sole
 Flüchtig wie die Welle schwebt; —

Deine Blike — wenn sie Liebe lächeln,
Könnten Leben durch den Marmor fächeln,   20
 Felsenadern Pulse leihn,
Träume werden um mich her zu Wesen,
Kann ich nur in deinen Augen lesen:
 Laura, Laura mein! —

Wenn dann, wie gehoben aus den Achsen   25
Zwei Gestirn, in Körper Körper wachsen,
 Mund an Mund gewurzelt brennt,
Wollustfunken aus den Augen regnen,
Seelen wie entbunden sich begegnen
 In des Athems Flammenwind, — — —   30

Qualentzüken — — Paradisesschmerzen! — —
Wilder flutet zum beklommnen Herzen,
 Wie Gewapnete zur Schlacht, das Blut,
Die Natur, der Endlichkeit vergessen,
Wagts mit höhern Wesen sich zu messen,
 Schwindelt ob der acherontschen Flut.

Eine Pause drohet hier den Sinnen
Schwarzes Dunkel jagt den Tag von hinnen,
 Nacht verschlingt den Quell des Lichts —
Leises .. Murmeln ... dumpfer .. hin .. verloren ..
Stirbt ... allmälig .. in den trunknen ... Ohren ...
 Und die Welt ist .... Nichts ....

Ach vielleicht verpraßte tausend Monde
Laura, die Elisiumssekunde,
 All begraben in dem schmalen Raum;
Weggewirbelt von der Todeswonne,
Landen wir an einer andern Sonne,
 Laura! und es war ein Traum.

O daß doch der Flügel Chronos harrte,
Hingebannt ob dieser Gruppe starrte
 Wie ein Marmorbild — — die Zeit!
Aber ach! ins Meer des Todes jagen
Wellen Wellen — über dieser Wonne schlagen
 Schon die Strudel der Vergessenheit.

SPINOZA

Hier ligt ein Eichbaum umgerissen,
Sein Wipfel thät die Wolken küssen,
 Er ligt am Grund — warum?
Die Bauren hatten, hör ich reden,
Sein schönes Holz zum Bau'n vonnöthen,
 Und rissen ihn deßwegen um.

DIE KINDSMÖRDERIN

Horch — die Gloken weinen dumpf zusammen,
   Und der Zeiger hat vollbracht den Lauf,
Nun, so sey's denn! — Nun, in Gottes Namen!
   Grabgefährten brecht zum Richtplaz auf.
Nimm o Welt die lezten Abschiedsküße,
   Diese Thränen nimm o Welt noch hin.
Deine Gifte — o sie schmekten süße! —
   Wir sind quitt du Herzvergifterin.

Fahret wohl ihr Freuden dieser Sonne
   Gegen schwarzen Moder umgetauscht!
Fahre wohl du Rosenzeit voll Wonne,
   Die so oft das Mädchen lustberauscht;
Fahret wohl ihr goldgewebten Träume,
   Paradieseskinder Fantasie'n! —
Weh! sie starben schon im Morgenkeime,
   Ewig nimmer an das Licht zu blühn.

Schön geschmükt mit rosenrothen Schlaifen
   Dekte mich der Unschuld Schwanenkleid,
In der blonden Loken loses Schweifen
   Waren junge Rosen eingestreut: —
Wehe! — Die Geopferte der Hölle
   Schmükt noch izt das weißlichte Gewand,
Aber ach! — der Rosenschlaifen Stelle
   Nahm ein schwarzes Todenband.

Weinet um mich, die ihr nie gefallen,
   Denen noch der Unschuld Liljen blühn,
Denen zu dem weichen Busenwallen
   Heldenstärke die Natur verliehn!
Wehe! menschlich hat diß Herz empfunden! —
   Und Empfindung soll mein Richtschwerd seyn! —
Weh! vom Arm des falschen Manns umwunden
   Schlief Louisens Tugend ein.

DIE KINDSMÖRDERIN

Ach vielleicht umflattert eine andre
 Mein vergessen dieses Schlangenherz,
Ueberfließt, wenn ich zum Grabe wandre,
 An dem Puztisch in verliebten Scherz?
Spielt vielleicht mit seines Mädchens Loke?
 Schlingt den Kuß, den sie entgegenbringt?
Wenn versprizt auf diesem Todesbloke
 Hoch mein Blut vom Rumpfe springt.

Joseph! Joseph! auf entfernte Meilen
 Folge dir Louisens Todenchor,
Und des Glokenthurmes dumpfes Heulen
 Schlage schröklichmahnend an dein Ohr —
Wenn von eines Mädchens weichem Munde
 Dir der Liebe sanft Gelispel quillt,
Bohr es plözlich eine Höllenwunde
 In der Wollust Rosenbild!

Ha Verräther! Nicht Louisens Schmerzen?
 Nicht des Weibes Schande harter Mann?
Nicht das Knäblein unter meinem Herzen?
 Nicht was Löw' und Tiger milden kann?
Seine Seegel fliegen stolz vom Lande,
 Meine Augen zittern dunkel nach,
Um die Mädchen an der Seine Strande
 Winselt er sein falsches Ach! — —

Und das Kindlein — in der Mutter Schoose
 Lag es da in süßer goldner Ruh,
In dem Reiz der jungen Morgenrose
 Lachte mir der holde Kleine zu,
Tödlichlieblich sprang aus allen Zügen
 Des geliebten Schelmen Konterfey;
Den beklommnen Mutterbusen wiegen
 Liebe und — Verrätherey.

Weib, wo ist mein Vater? lallte
 Seiner Unschuld stumme Donnersprach,

Weib, wo ist dein Gatte? hallte
   Jeder Winkel meines Herzens nach —
Weh, umsonst wirst Waise du ihn suchen,
   Der vielleicht schon andre Kinder herzt, 70
Wirst der Stunde unsrer Wollust fluchen,
   Wenn dich einst der Name Bastard schwärzt.

Deine Mutter — o im Busen Hölle! —
   Einsam sizt sie in dem All der Welt,
Durstet ewig an der Freudenquelle, 75
   Die dein Anblik fürchterlich vergällt,
Ach, in jedem Laut von dir erwachet,
   Todter Wonne Qualerinnerung,
Jeder deiner holden Blike fachet
   Die unsterbliche Verzweifelung. 80

Hölle, Hölle wo ich dich vermiße,
   Hölle wo mein Auge dich erblikt,
Eumenidenruthen deine Küße,
   Die von seinen Lippen mich entzükt,
Seine Eide donnern aus dem Grabe wieder, 85
   Ewig, ewig würgt sein Meineid fort,
Ewig — hier umstrikte mich die Hyder; —
   Und vollendet war der Mord —

Joseph! Joseph! auf entfernte Meilen
   Jage dir der grimme Schatten nach, 90
Mög mit kalten Armen dich ereilen,
   Donnre dich aus Wonneträumen wach,
Im Geflimmer sanfter Sterne zuke
   Dir des Kindes grasser Sterbeblik,
Es begegne dir im blutgen Schmuke, 95
   Geißle dich vom Paradiß zurük.

Seht! da lag es — lag im warmen Blute,
   Das noch kurz im Mutterherzen sprang,
Hingemezelt mit Erinnysmuthe,
   Wie ein Veilchen unter Sensenklang; — — 100

DIE KINDSMÖRDERIN

Schröklich pocht schon des Gerichtes Bote,
    Schröklicher mein Herz!
Freudig eilt' ich in dem kalten Tode
    Auszulöschen meinen Flammenschmerz.

105 Joseph! Gott im Himmel kann verzeihen,
    Dir verzeiht die Sünderin.
Meinen Groll will ich der Erde weihen,
    Schlage Flamme durch den Holzstoß hin —
Glüklich! Glüklich! Seine Briefe lodern,
110   Seine Eide frißt ein siegend Feu'r,
Seine Küße! — wie sie hochan flodern! —
    Was auf Erden war mir einst so theu'r?

Trauet nicht den Rosen eurer Jugend,
    Trauet, Schwestern, Männerschwüren nie!
115 Schönheit war die Falle meiner Tugend,
    Auf der Richtstatt hier verfluch ich sie! —
Zähren? Zähren in des Würgers Bliken?
    Schnell die Binde um mein Angesicht!
Henker kannst du keine Lilje kniken?
120   Bleicher Henker zittre nicht! — — —

IN EINER BATAILLE
von einem Offizier

Schwer und dumpfig
Eine Wetterwolke
Durch die grüne Ebne schwankt der Marsch.
Zum wilden eisernen Würfelspiel
Strekt sich unabsehlich das Gefilde,
Blicke kriechen niederwärts,
An die Rippen pocht das Männerherz,
Vorüber an holen Todengesichtern
Niederjagt die Front der Major,
Halt!
Und Regimenter fesselt das starre Kommando.

        Lautlos steht die Front.

Prächtig im glüenden Morgenroth
Was blizt dorther vom Gebürge?
Seht ihr des Feindes Fahnen wehn?
Wir sehn des Feindes Fahnen wehn,
Gott mit euch Weib und Kinder.
Lustig! hört ihr den Gesang?
Trommelwirbel, Pfeiffenklang
Schmettert durch die Glieder
Wie braußt es fort im schönen wilden Takt!
Und braußt durch Mark und Bein.

        Gott befohlen Brüder!
        In einer andern Welt wieder.

Schon fleugt es fort wie Wetterleucht,
Dumpf brüllt der Donner schon dort
Die Wimper zukt, hier kracht er laut,
Die Losung braußt von Heer zu Heer,
Laß brausen in Gottes Namen fort,
Freier schon athmet die Brust.

Der Tod ist los — schon woogt sich der Kampf
Eisern im wolkigten Pulverdampf
Eisern fallen die Würffel.

Nah umarmen die Heere sich,
35 Fertig! heults von Ploton zu Ploton,
Auf die Kniee geworfen
Feur'n die Vordern, viele stehen nicht mehr auf,
Lücken reißt die streifende Kartetsche,
Auf Vormanns Rumpfe springt der Hintermann,
40 Verwüstung rechts und links und um und um,
Bataillone niederwälzt der Tod.

    Die Sonn löscht aus — heiß brennt die Schlacht,
    Schwarz brütet auf dem Heer die Nacht.
      Gott befohlen Brüder!
45   In einer andern Welt wieder.

Hoch sprizt an den Nacken das Blut,
Lebende wechseln mit Toden, der Fuß
Strauchelt über den Leichnamen —
,,Und auch du Franz?" — ,,,,Grüße mein Lottchen Freund;"''
50 Wilder immer wüthet der Streit,
,,Grüßen will ich" — Gott! Kameraden! seht
Hinter uns wie die Kartetsche springt!
,,Grüßen will ich dein Lottchen, Freund
,,Schlummre sanft, wo die Kanone sich
55 ,,Heischer speit stürz ich Verlaßner hinein.

    Hieher, dorthin schwankt die Schlacht,
    Finstrer brütet auf dem Heer die Nacht,
      Gott befohlen Brüder!
    In einer andern Welt wieder!

60 Horch! was strampft im Galopp vorbei?
    Die Adjutanten fliegen:
Dragoner rasseln in den Feind
    Und seine Donner ruhen.

Victoria Brüder,
Schrecken reißt die faigen Glieder! 65
Und seine Fahne sinkt.

    Entschieden ist die scharfe Schlacht,
    Der Tag blikt siegend durch die Nacht!
      Horch! Trommelwirbel, Pfeiffenklang
      Stimmen schon Triumfgesang! 70
    Lebt wohl ihr gebliebenen Brüder
    In einer andern Welt wieder.

AN DIE PARZEN

Nicht ins Gewühl der rauschenden Redouten,
  Wo Stuzerwiz sich wunderherrlich spreißt,
Und leichter als das Nez der fliegenden Bajouten,
  Die Tugend junger Schönen reißt; —

Nicht vor die schmeichlerische Toilette,
  Wovor die Eitelkeit, als ihrem Gözen, kniet,
Und oft in wärmere Gebete,
  Als zu dem Himmel selbst entglüht;

Nicht hinter der Gardinen listgen Schleyer
  Wo heuchlerische Nacht das Aug der Welt betrügt,
Und Herzen, kalt im Sonnenfeuer,
  In glüende Begierden wiegt,

Wo wir die Weisheit schaamroth überraschen,
  Die kühnlich Föbus Stralen trinkt,
Wo Männer gleich den Knaben diebisch naschen,
  Und Plato von den Sfären sinkt —

Zu dir — zu dir, du einsames Geschwister,
  Euch Töchtern des Geschickes, flieht
Bey meiner Laute leiserem Geflister
  Schwermüthig süß mein Minnelied.

Ihr einzigen für die noch kein Sonnet gegirret,
  Um deren Geld kein Wucherer noch warb,
Kein Stuzer noch Klagarien geschwirret,
  Kein Schäfer noch arkadisch starb.

Die ihr den Nervenfaden unsers Lebens
  Durch weiche Finger sorgsam treibt,
Bis unterm Klang der Scheere sich vergebens
  Die zarte Spinnewebe sträubt.

Daß du auch mir den Lebensfaden spinntest,
    Küß ich o Klotho deine Hand; —
Daß du noch nicht den jungen Faden trenntest,
    Nimm Lachesis diß Blumenband.

Oft hast du Dornen an den Faden
    Noch öfter Rosen dran gereiht,
Für Dorn' und Rosen an dem Faden
    Sey Klotho dir diß Lied geweiht;

Oft haben stürmende Affekte
    Den weichen Zwirn herumgezerrt,
Oft riesenmäßige Projekte
    Des Fadens freien Schwung gesperrt;

Oft in wollüstig süser Stunde
    War mir der Faden fast zu fein,
Noch öfter an der Schwermut Schauerschlunde
    Mußt' er zu fest gesponnen seyn:

Diß Klotho und noch andre Lügen
    Bitt ich dir izt mit Thränen ab,
Nun soll mir auch fortan genügen
    Was mir die weise Klotho gab.

Nur laß an Rosen nie die Scheere klirren
    An Dornen nur — doch wie du willst.
Laß wenn du willst die Todenscheere klirren
    Wenn du diß eine nur erfüllst.

Wenn Göttin izt an Laurens Mund beschworen
    Mein Geist aus seiner Hülse springt,
Verrathen, ob des Todenreiches Thoren
    Mein junges Leben schwindelnd hängt,

Laß ins Unendliche den Faden wallen,
    Er wallet durch ein Paradis,
Dann, Göttinn, laß die böse Scheere fallen!
    O laß sie fallen Lachesis!

DER TRIUMF DER LIEBE
eine Hymne

Seelig durch die Liebe
Götter — durch die Liebe
Menschen Göttern gleich!
Liebe macht den Himmel
Himmlischer — die Erde
Zu dem Himmelreich.

Einstens hinter Pyrrhas Rüken,
Stimmen Dichter ein,
Sprang die Welt aus Felsenstüken,
Menschen aus dem Stein.

Stein und Felsen ihre Herzen
Ihre Seelen Nacht,
Von des Himmels Flammenkerzen
Nie in Glut gefacht.

Noch mit sanften Rosenketten
Banden junge Amoretten
Ihre Seelen nie —
Noch mit Liedern ihren Busen
Huben nicht die weichen Musen
Nie mit Saitenharmonie.

Ach! noch wanden keine Kränze
Liebende sich um!
Traurig flüchteten die Lenze
Nach Elisium.

Ungegrüßet stieg Aurora
Aus dem Schoos Ozeanus.
Ungeküsset sank die Sonne
In die Arme Hesperus.

Wild umirrten sie die Hayne,
Unter Lunas Nebelscheine,
  Trugen eisern Joch.
Sehnend an der Sternenbühne
Suchte die geheime Thräne
  Keine Götter noch.

———

Und sieh! der blauen Flut entquillt
Die Himmelstochter sanft und mild,
  Getragen von Najaden
  Zu trunkenen Gestaden.

Ein jugendlicher Mayenschwung
Durchwebt wie Morgendämmerung
  Auf das allmächtge Werde
  Luft, Himmel, Meer, und Erde.

Schon schmilzt der wütende Orkan,
(Einst züchtigt' er den Ozean
  Mit rasselndem Gegeissel)
  In lispelndes Gesäusel.

Des holden Tages Auge lacht
In düstrer Wälder Winternacht,
  Balsamische Narzissen
  Blühn unter ihren Füßen.

Schon flötete die Nachtigall
  Den ersten Sang der Liebe.
Schon murmelte der Quellen Fall
  In weiche Busen Liebe.

  Glükseeliger Pygmalion!
    Es schmilzt! es glüht dein Marmor schon!
  Gott Amor Ueberwinder!
    Glükseeliger Deukalion,
  Wie hüpfen deine Felsen schon!

60 Und äugeln schon gelinder!
Glükseeliger Deukalion,
Umarme deine Kinder!

Seelig durch die Liebe
Götter — durch die Liebe
65 Menschen Göttern gleich.
Liebe macht den Himmel
Himmlischer — die Erde
Zu dem Himmelreich.

Unter goldnem Nektarschaum
70 Ein wollüstger Morgentraum
Ewig Lustgelage
Fliehn der Götter Tage.

Prächtig spricht Chronions Donnerhorn,
Der Olympus schwankt erschroken
75 Wallen zürnend seine Loken
Sfärenwirbeln gibt sein Athem Sporn,
Göttern läßt er seine Throne,
Niedert sich zum Erdensohne,
Seufzt arkadisch durch den Hayn,
80 Zahme Donner untern Füssen,
Schläft, gewiegt von Ledas Küssen,
Schläft der Riesentöder ein.

Majestätsche Sonnenrosse
Durch des Lichtes weiten Raum
85 Leitet Föbus goldner Zaum,
Völker stürzt sein rasselndes Geschosse
Seine weissen Sonnenrosse
Seine rasselnden Geschosse
Unter Lieb und Harmonie
90 Ha! wie gern vergaß er sie!

Zitternd vor der Götterfürstin
Krümmen sich die Götter, dürsten
    Nach der Gnade goldnem Thau.
Sonnenglanz ist ihre Schminke
Myriaden jagen ihrem Winke   95
    Stolz vor ihrem Wagen prahlt der Pfau.

Schöne Fürstin! ach die Liebe
Zittert mit dem süßen Triebe
    Deiner Majestät zu nahn.
Seht ihr Chronos Tochter weinen?   100
Geister kann ihr Wink verneinen,
    Herzen weißt sie nicht zu fahn.

Seelig durch die Liebe
Götter — durch die Liebe
    Menschen Göttern gleich.   105
Liebe macht den Himmel
Himmlischer — die Erde
    Zu dem Himmelreich.

Liebe sonnt das Reich der Nacht,
Amors süßer Zaubermacht   110
Ist der Orkus unterthänig,
Freundlich schmollt der schwarze König
Wenn ihm Zeres Tochter lacht;
Liebe sonnt das Reich der Nacht.

Himmlich in die Hölle klangen   115
Und den wilden Beller zwangen
    Deine Lieder, Thrazier —
Minos, Thränen im Gesichte,
Mildete die Qualgerichte,
Zärtlich um Megärens Wangen   120
Küßten sich die wilden Schlangen,
    Keine Geissel klatschte mehr,

DER TRIUMF DER LIEBE

Aufgejagt von Orfeus Leyer
Flog von Tityon der Geyer
Leiser hin am Ufer rauschten
Lethe und Kozytus, lauschten
Deinen Liedern Thrazier,
Liebe sangst du Thrazier.

Seelig durch die Liebe
Götter — durch die Liebe
Menschen Göttern gleich.
Liebe macht den Himmel
Himmlischer — die Erde
Zu dem Himmelreich.

Durch die ewige Natur
Düftet ihre Blumenspur,
Weht ihr goldner Flügel.
Winkte mir vom Mondenlicht
Afroditens Auge nicht
Nicht vom Sonnenhügel?
Lächelte vom Sternenmeer
Nicht die Göttin zu mir her,
Wehte nicht ihr Flügel
In des Frühlings Balsamhauch
Liebe nicht im Rosenstrauch
Nicht im Kuß der Weste,
Stern, und Sonn und Mondenlicht,
Frühling, Rosen, Weste nicht
Lüden mich zum Feste.
Liebe Liebe lächelt nur
Aus dem Auge der Natur
Wie aus ihrem Spiegel!

Liebe rauscht der Silberbach,
Liebe lehrt ihn sanfter wallen;
Seele haucht sie in das Ach
Klagenreicher Nachtigallen,

Unnachahmliches Gefühl
In der Saiten Wonnespiel
Wenn sie Laura! hallen.
Liebe Liebe lispelt nur
Auf der Laute der Natur.

Weisheit mit dem Sonnenblik,
Große Göttin tritt zurük,
Weiche vor der Liebe.
Nie Erobrern, Fürsten nie
Beugtest du ein Sklavenknie
Beug es izt der Liebe.
Wer die steile Sternenbahn
Gieng dir Heldenkühn voran
Zu der Gottheit Size?
Wer zerriß das Heiligthum
Zeigte dir Elisium
Durch des Grabes Rize?
Lokte sie uns nicht hinein,
Möchten wir unsterblich seyn?
Suchten auch die Geister
Ohne sie den Meister?
Liebe Liebe leitet nur
Zu dem Vater der Natur
Liebe nur die Geister.

Seelig durch die Liebe
Götter — durch die Liebe
Menschen Göttern gleich.
Liebe macht den Himmel
Himmlischer — die Erde
Zu dem Himmelreich.

KLOPSTOK UND WIELAND
(als ihre Silhouette neben einander hiengen)

Gewiß! bin ich nur überm Strome drüben
Gewiß will ich den Mann zur Rechten lieben,
Dann erst schrieb dieser Mann für mich.
Für Menschen hat der linke Mann geschrieben,
Ihn darf auch unser einer lieben,
Komm linker Mann! Ich küsse dich.

GESPRÄCH

A. Hört Nachbar, muß euch närrisch fragen,
Herr Doktor Sänftel, hör ich sagen,
Ist euch noch frisch und ganz
Wenn zu Paris gar herben Tanz
Herr Onkle that am Pferdeschwanz
Und hat doch 'n Churfürsten todgschlagen?

B. Drum seid auch nicht so bretterdumm,
Das macht, er hat euch 'n Diplom
Das thät jener nicht haben.

A. Ey! 'n Diplom!
Kauft sich das auch in Schwaben?

VERGLEICHUNG

Frau Ramlerin befiehlt ich soll sie wem vergleichen,
   Ich sinne nach und weiß nicht wem und wie.
Nichts unterm Mond will mir ein Bildniß reichen,
   Wohl! mit dem Mond vergleich ich sie.

Der Mond schminkt sich und stielt der Sonne Stralen
   Thut auf gestohlen Brod sich wunderviel zu gut.
Auch sie gewohnt ihr Nachtgesicht zu malen
   Und kokettirt mit einer Büchse Blut.

Der Mond — und das mag ihm Herodes danken!
   Verspart sein Bestes auf die liebe Nacht.
Frau Ramlerin verzehrt bei Tag die Franken,
   Die sie zu Nachtzeit eingebracht.

Der Mond schwillt an und wird dann wieder mager,
   Wenn eben halt ein Monat über ist;
Auch dieses hat Frau Ramlerin vom Schwager,
   Doch, sagt man, braucht sie längre Frist!

Der Mond prunkirt auf sein paar Silberhörner,
   Und dieses macht er schlecht,
Sie sieht sie an Herrn Ramler gerner,
   Und darinn hat sie recht.

DIE RACHE DER MUSEN
eine Anekdote vom Helikon

Weinend kamen einst die Neune
Zu dem Liedergott.
„Hör Papachen, rief die kleine,
Wie man uns bedroht!

Junge Dintenleker schwärmen
Um den Helikon.
Rauffen sich, handthieren, lermen
Bis zu deinem Thron.

Galoppiren auf dem Springer,
Reiten ihn zur Tränk,
Nennen sich gar hohe Sänger
Barden ein'ge, denk!

Wollen uns — wie garstig! — nöthen,
Ey! die Grobian!
Was ich, ohne Schaamerröthen,
Nicht erzählen kann;

Einer brüllt heraus vor allen,
Schrei't: Ich führ das Heer!
Schlägt mit beiden Fäust und Ballen
Um sich wie ein Bär.

Pfeift wohl gar — wie ungeschliffen!
Andre Schläfer wach.
Zweimal hat er schon gepfiffen,
Doch kommt keiner nach.

Droht, er komm noch öfter wieder;
Da sey Zevs dafür!
Vater, liebst du Sang und Lieder,
Weis' ihm doch die Thür!"

Vater Föbus hört mit Lachen
　　Ihren Klagbericht;
,,Wollens kurz mit ihnen machen,
　　Kinder zittert nicht!

Eine muß ins höllsche Feuer,
　　Geh Melpomene!
Leihe Kleider, Noten, Leyer
　　Einer Furie.

Sie begegn' in dem Gewande
　　Als wär sie verirrt
Einem dieser Jaunerbande
　　Wenn es dunkel wird.

Mögen dann in finstern Küssen
　　An dem artgen Kind
Ihre wilden Lüste büßen,
　　Wie sie würdig sind."

Red' und That! — Die Höllengöttin
　　War schon aufgeschmükt,
Man erzählt, die Herren hätten
　　Kaum den Raub erblickt,

Wären wie die Gey'r auf Tauben
　　Losgestürzt auf sie —
Etwas will ich daran glauben,
　　Alles glaub ich nie.

Waren hübsche Jungens drunter,
　　Wie geriethen sie,
Dieses Brüder nimmt mich wunder,
　　In die Kompagnie?

Die Göttinn abortirt hernach:
Kam 'raus ein neuer — Allmanach.

DAS GLÜCK UND DIE WEISHEIT

Entzweit mit einem Favoriten,
  Flog einst Fortun' der Weisheit zu.
„Ich will dir meine Schäze bieten,
„Sei meine Freundinn du!

„Mein Füllhorn goß ich dem Verschwender
„In seinen Schoos, so mütterlich!
„Und sieh! Er fodert drum nicht minder,
„Und nennt noch geizig mich.

„Komm Schwester laß uns Freundschaft schliessen,
  „Du keuchst so schwer an deinem Pflug.
„In deinen Schoos will ich sie giessen,
  „Auf, folge mir! — Du hast genug."

Die Weisheit läßt die Schaufel sinken
  Und wischt den Schweiß vom Angesicht.
„Dort eilt dein Freund — sich zu erhenken,
„Versöhnet euch — ich brauch dich nicht."

AN EINEN MORALISTEN
Fragment

Betagter Renegat der lächelnden Dione!
Du lehrst, daß Lieben Tändeln sey,
Blikst von des Alters Winterwolkenthrone
Und schmälest auf den goldnen May.

Erkennt Natur auch Schreibepultgeseze?
Für eine warme Welt — taugt ein erfrorner Sinn?
Die Armuth ist, nach dem Aesop, der Schäze
Verdächtige Verächterin.

Einst als du noch das Nymfenvolk bekriegtest,
 Ein Fürst des Karnevals den teutschen Wirbel flogst,
Ein Himmelreich in beiden Armen wiegtest,
 Und Nektarduft von Mädchenlippen zogst?

Ha Seladon! wenn damals aus den Achsen
 Gewichen wär so Erd als Sonnenball,
In Wirbelschwung mit Julien verwachsen,
 Du hättest überhört den Fall.

Und wenn nach manchen fehlgesprengten Minen
 Ihr eignes Blut, von wilder Lust geglüht,
Die stolze Tugend deiner Schönen
 Zulezt an deine Brust verrieth?

Wie? oder wenn romantisch im Gehölze
 Ein leiser Laut zu deinen Ohren drang,
Und in der Wellen silbernem Gewälze
 Ein Mädchen Sammetglieder schwang?

Wie schlug dein Herz! wie stürmete! wie kochte
 Aufrührerisch das scharfgejagte Blut!
Zukt jede Senn — und jeder Muskel pochte
 Wollüstig in die Flut!

Wenn dann gewahr des Diebs, der sie belauschte,
    Purpurisch angehaucht von jüngferlicher Schaam,
Ins blaue Bett die Schöne niederrauschte,
    Und hintennach mein strenger Zeno — schwamm.

Ja hintennach — und sey's auch nur zu baden!
    Mit Rok und Kamisol und Strumpf —
— — — — — — — — — —
— — — — — — — — — —
Leis flöteten die lüsternen Najaden
    Der Grazien Triumf!

O denk zurük nach Deinen Rosentagen,
    Und lerne, die Philosophie
Schlägt um, wie unsre Pulse anders schlagen,
    Zu Göttern schafst du Menschen nie.

Wohl! wenn ins Eis des klügelnden Verstandes
    Das warme Blut ein bischen muntrer springt!
Laß den Bewohnern eines bessern Landes
    Was ewig nie dem Erdensohn gelingt.

Zwingt doch der thierische Gefährte
    Den gottgebornen Geist in Sklavenmauren ein —
Er wehrt mir, daß ich Engel werde;
    Ich will ihm folgen Mensch zu seyn.

GRABSCHRIFT
eines gewissen — Physiognomen

Weß Geistes Kind im Kopf gesessen,
Konnt' er auf jeder Nase lesen:
Und doch — daß er es nicht gewesen,
Den Gott zu diesem Werk erlesen,
Konnt' er nicht auf der seinen lesen.

EINE LEICHENFANTASIE

(in Musik zu haben beim Herausgeber)

Mit erstorbnem Scheinen
Steht der Mond auf todenstillen Haynen,
  Seufzend streicht der Nachtgeist durch die Luft —
    Nebelwolken schauern
      Sterne trauern 5
  Bleich herab, wie Lampen in der Gruft.
Gleich Gespenstern, stumm und hohl und hager
Zieht in schwarzem Todenpompe dort
Ein Gewimmel nach dem Leichenlager
Unterm Schauerflor der Grabnacht fort. 10

    Zitternd an der Krüke
Wer mit düstern rükgesunknem Blike
  Ausgegossen in ein heulend Ach,
Schwer genekt vom eisernen Geschike
  Schwankt dem stummgetragnen Sarge nach? 15
Floß es, Vater, von des Jünglings Lippe?
  Nasse Schauer schauern fürchterlich
Durch sein gramgeschmolzenes Gerippe,
  Seine Silberhaare bäumen sich. —

  Aufgerissen seine Feuerwunde! 20
Durch die Seele Höllenschmerz!
  Vater floß es von des Jünglings Munde,
Sohn gelispelt hat das Vaterherz.
Eißkalt, eißkalt liegt er hier im Tuche,
  Und dein Traum so golden einst so süß! 25
Süß und golden Vater dir zum Fluche!
Eißkalt, eißkalt liegt er hier im Tuche!
  Deine Wonne und dein Paradis. —

Mild, wie umweht von Elisiumslüften,
   Wie aus Auroras Umarmung geschlüpft,
Himmlisch umgürtet mit rosigten Düften,
   Florens Sohn über das Blumenfeld hüpft,
Flog er einher auf den lachenden Wiesen
   Nachgespiegelt von silberner Flut,
Wollustflammen entsprühten den Küssen,
   Jagten die Mädchen in liebende Glut.

Mutig sprang er im Gewüle der Menschen,
   Wie auf Gebirgen ein jugendlich Reh,
Himmelum flog er in schweifenden Wünschen,
   Hoch wie die Adler in wolkigter Höh,
Stolz wie die Rosse sich sträuben und schäumen,
   Werfen im Sturme die Mähnen umher,
Königlich wider den Zügel sich bäumen,
   Trat er vor Sklaven und Fürsten daher.

Heiter wie Frühlingstag schwand ihm das Leben,
   Floh ihm vorüber in Hesperus Glanz,
Klagen ertränkt' er im Golde der Reben,
   Schmerzen verhüpft' er im wirbelnden Tanz.
Welten schliefen im herrlichen Jungen,
   Ha! wenn er einsten zum Manne gereift —
Freue dich Vater! — im herrlichen Jungen
   Wenn einst die schlafenden Keime gereift.

Nein doch Vater — Horch! die Kirchhofthüre brauset,
   Und die eh'rnen Angel klirren auf —
Wie's hinein ins Grabgewölbe grauset! —
   Nein doch laß den Thränen ihren Lauf. —
Geh du holder, geh im Pfad der Sonne
   Freudig weiter der Vollendung zu,
Lösche nun den edeln Durst nach Wonne
   Gramentbundner, in Walhallas Ruh —

Wiedersehen — himmlischer Gedanke! —
   Wiedersehen dort an Edens Thor!

Horch! der Sarg versinkt mit dumpfigem Geschwanke,
  Wimmernd schnurrt das Todenseil empor!
Da wir trunken um einander rollten, 65
  Lippen schwiegen, und das Auge sprach —
Haltet! haltet! da wir boshaft grollten —
  Aber Thränen stürzten wärmer nach — —

Mit erstorbnem Scheinen
Steht der Mond auf todenstillen Haynen, 70
  Seufzend streicht der Nachtgeist durch die Luft.
    Nebelwolken schauern,
    Sterne trauern
  Bleich herab wie Lampen in der Gruft.
Dumpfig schollerts überm Sarg zum Hügel, 75
  O um Erdballs Schäze nur noch einen Blik!
Starr und ewig schließt des Grabes Riegel,
Dumpfer — dumpfer schollerts über'm Sarg zum Hügel,
  Nimmer gibt das Grab zurük.

AKTÄON

Wart! Deine Frau soll dich betrügen,
Ein andrer soll in ihren Armen liegen,
  Und Hörner dir hervor zum Kopfe blühn!
Entsezlich! mich im Bad zu überraschen,
(Die Schande kann kein Aetherbad verwaschen,)
  Und mir nichts, dir nichts — fortzufliehn.

ZUVERSICHT DER UNSTERBLICHKEIT

Zum neuen Leben ist der Todte hier erstanden,
  Das weiß und glaub ich festiglich.
Mich lehrens schon die Weisen ahnden,
  Und Schurken überzeugen mich.

VORWURF
an Laura

Mädchen halt — wohin mit mir du Lose?
Bin ich noch der stolze Mann? der Grose?
   Mädchen, war das schön?
Sieh! Der Riese schrumpft durch dich zum Zwerge,
Weggehaucht die aufgewälzten Berge
   Zu des Ruhmes Sonnenhöhn.

Abgepflücket hast du meine Blume,
Hast verblasen all die Glanzfantome
   Narrentheidigst in des Helden Raub.
Meiner Plane stolze Pyramiden
Trippelst du mit leichten Zefyrtritten
   Schäkernd in den Staub.

Zu der Gottheit flog ich Adlerpfade,
Lächelte Fortunens Gaukelrade,
   Unbesorgt wie ihre Kugel fiel.
Jenseits dem Kozytus wollt' ich schweben,
Und empfange sklavisch Tod und Leben,
   Leben, Tod von einem Augenspiel.

Siegern gleich, die wach von Donnerlanzen
In des Ruhmes Eisenfluren tanzen
   Losgerissen von der Frynen Brust,
Wallet aus Aurorens Rosenbette
Gottes Sonne über Fürstenstädte
   Lacht die junge Welt in Lust!

Hüpft der Heldin noch dis Herz entgegen?
Trink ich, Adler, noch den Flammenregen
   Ihres Auges das vernichtend brennt?
In den Bliken die vernichtend blinken
Seh ich meine Laura Liebe winken,
   Seh's, und weine wie ein Kind.

Meine Ruhe, gleich dem Sonnenbilde
In der Welle, wolkenlos und milde,
  Mädchen hast du hingemordt.
Schwindelnd schwank ich auf der gähen Höhe,
Laura? — wenn mich — wenn mich Laura flöhe?
  Und hinunterstrudelt mich das Wort.

Hell ertönt das Evoe der Zecher,
Freuden winken vom bekränzten Becher,
  Scherze springen aus dem goldnen Wein.
Seit das Mädchen meinen Sinn beschworen,
Haben mich die Jünglinge verloren,
  Freundlos irr ich und allein.

Lausch ich noch des Ruhmes Donnergloken?
Reizt mich noch der Lorbeer in den Loken?
  Deine Leyr Apollo Zynthius?
Nimmer, nimmer wiederhallt mein Busen,
Traurig fliehen die beschämten Musen,
  Flieht Apollo Zynthius?

Will ich gar zum Weibe noch erlahmen?
Hüpfen noch bei Vaterlandes Namen
  Meine Pulse lebend aus der Gruft?
Will ich noch nach Varus Adler ringen?
Wünsch ich noch in Römerblut zu springen,
  Wenn mein Hermann ruft? —

Köstlich ists — der Schwindel starrer Augen,
Seiner Tempel Weihrauchduft zu saugen,
  Stolzer, kühner schwillt die Brust. —
Kaum erbettelt izt ein halbes Lächeln
Was in Flammen jeden Sinn zu fächeln
  Zu empören jede Kraft gewußt. —

Daß mein Ruhm sich zum Orion schmiegte,
Hoch erhoben sich mein Name wiegte
  In des Zeitstroms woogendem Gewühl.

Daß dereinst an meinem Monumente
Stolzer thürmend nach dem Firmamente 65
   Chronos Sense splitternd niederfiel —

Lächelst du? — Nein! nichts hab ich verloren!
Stern und Lorbeer neid ich nicht den Thoren,
   Leichen ihre Marmor nie —
Alles hat die Liebe mir errungen, 70
Ueber Menschen hätt' ich mich geschwungen,
   Izo lieb ich sie!

EIN VATER
an
seinen Sohn

Wie die Himmelslüfte mit den Rosen
An den Frühlingsmorgen zärtlich kosen;
   Kind, so schmeichelt dir
Izt das äusre Glük in deinen Jugendtagen,
Thränen sahst du nur; noch rangen keine Klagen
   Sich aus deiner Brust herfür.

Aber sieh! der Hain, der kaum entzüket,
Neigt sich, plözlich rast der Sturm, zerkniket
   Liegt die Rosenblum!
O so ist es, Sohn, mit unsern Sinnesfreuden,
Unserm Golde, unsern lichten Herrlichkeiten,
   So mit unserm Flitterruhm.

Nur des Höchsten Abglanz, der Gerechte,
Welcher in dem schröklichen Gefechte
   Zwischen Lust und Pflicht
Jener sich entringt, der höhern Weisheit Stimme
Folgt, troz der Selbstsucht heißem Grimme,
   Die sein Herz mit Schwerdern sticht.

Dessen Wollust trägt von hier die Bahre
Nicht, es löscht sie nicht der Strom der Jahre,
   Nicht die Ewigkeit:
Angeleuchtet könnt' er in den lezten Blizen,
Und vom Weltenumsturz angeschwungen sizen
   Ohne Menschenbangigkeit.

DIE MESSIADE

Religion beschenkte diß Gedicht,
Auch umgekehrt? — Das fragt mich nicht.

KASTRATEN UND MÄNNER

Ich bin ein Mann! — wer ist es mehr?
  Wers sagen kann, der springe
Frei unter Gottes Sonn einher
  Und hüpfe hoch und singe!

Zu Gottes schönem Ebenbild
  Kann ich den Stempel zeigen,
Zum Born woraus der Himmel quillt
  Darf ich hinunter steigen.

Und wol mir, daß ichs darf und kann!
  Geht's Mädchen mir vorüber,
Rufts laut in mir, Du bist ein Mann!
  Und küsse sie so lieber.

Und röther wird das Mädchen dann,
  Und 's Mieder wird ihr enge —
Das Mädchen weißt, ich bin ein Mann,
  Drum wird ihr 's Mieder enge.

Wie wird sie erst um Gnade schrei'n,
  Ertapp ich sie im Bade?
Ich bin ein Mann, das fällt ihr ein,
  Wie schrie sie sonst um Gnade?

Ich bin ein Mann, mit diesem Wort,
  Begegn' ich ihr alleine,
Jag ich des Kaisers Tochter fort,
  So lumpicht ich erscheine.

Und dieses goldne Wörtchen macht
  Mir manche Fürstin holde,
Mich ruft sie — habt indessen Wacht
  Ihr Buben dort im Golde!

KASTRATEN UND MÄNNER

Ich bin ein Mann, das könnt ihr schon
  An meiner Leier riechen,
Sie donnert wie im Sturm davon,
  Sonst würde sie ja kriechen.

Zum Feuergeist im Rückenmark
  Sagt meine Mannheit: Bruder;
Und herrschen beide löwenstark
  Umarmend an dem Ruder.

Aus eben diesem Schöpferfluß,
  Woraus wir Menschen sprudeln,
Quillt Götterkraft und Genius,
  Nur leere Pfeifen dudeln.

Tyrannen haßt mein Talisman
Und schmettert sie zu Boden,
Und kann er's nicht, führt er die Bahn
Freiwillig zu den Todten.

Pompejen hat mein Talisman
  Bei Pharsalus bezwungen,
Roms Wollüstlinge Mann für Mann
  Auf teutschen Sand gerungen.

Saht ihr den Römer stolz und kraus
  In Afrika dort sizen?
Sein Aug speit Feuerflammen aus
  Als säht ihr Hekla blizen.

Da kommt ein Bube wolgemut,
  Gibt manches zu verstehen —
„Sprich, du hättst auf Karthago's Schutt
  Den Marius gesehen!" —

So spricht der stolze Römersmann,
  Der Bub thät fürbaß eilen;
Das dankt der stolze Römersmann,
  Das dankt er seinen Pfeilen!

Drauf thäten seine Enkel sich
  Ihr Erbtheil gar abdrehen,
Und huben jedermänniglich
  Anmuthig an zu krähen. —

O Pfui, und Pfui und wieder Pfui 65
  Den Elenden! — sie haben
Verlüderlicht in einem Hui
  Des Himmels beste Gaben.

Dem lieben Herrgott sündiglich
  Sein Konterfei verhunzet, 70
Und in die Menschheit schweiniglich
  Von diesem Nu gegrunzet.

Und schlendern elend durch die Welt,
  Wie Kürbisse von Buben
Zu Menschenköpfen ausgehölt, 75
  Die Schädel leere Stuben!

Wie Wein von einem Chemikus
  Durch die Retort getrieben,
Zum Teufel ist der Spiritus,
  Das Flegma ist geblieben. 80

Und fliehen jedes Weibsgesicht,
  Und zittern es zu sehen, —
Und dörften sie — und können nicht!
  Da möchten sie vergehen! —

Und wenn das blonde Seidenhaar, 85
  Und wenn die Kugelwaden,
Wenn lüstern Mund und Augenpaar
  Zum Lustgenusse laden,

Und zehenmal das Halstuch fällt,
  Und aus den losen Schlingen, 90
Halbkugeln einer bessern Welt,
  Die vollen Brüste springen, —

Führt gar der höllsche Schadenfroh
　　Sie hin, wo Nimfen baden,
Daß ihre Herzen lichterloh
　　Von diebschen Flammen braten,

Wo ihrem Blik der Spiegelfluß
　　Elisium entziffert,
Arkana die kein Genius
　　Dem Aug je blos geliefert,

Und Ja! die tollen Wünsche schrei'n,
　　Und Nein! die Sinne brummen —
O Tantal! stell dein Murren ein!
　　Du bist noch gut durchkommen! —

Kein kühler Tropfen in den Brand!
　　Das heiß' ich auch beteufeln!
Gefühl ist Ihnen Kontreband,
　　Sonst müssen sie verzweifeln!

Drum fliehn sie jeden Ehrenmann,
　　Sein Glük wird sie betrüben —
Wer keinen Menschen machen kann,
　　Der kann auch keinen lieben.

Drum tret ich frei und stolz einher,
　　Und brüste mich und singe:
Ich bin ein Mann! — Wer ist es mehr?
　　Der hüpfe hoch und springe.

AN DEN FRÜHLING

Willkommen schöner Jüngling!
Du Wonne der Natur!
Mit deinem Blumenkörbchen
Willkommen auf der Flur!

Ey! Ey! da bist ja wieder! 5
Und bist so lieb und schön!
Und freun wir uns so herzlich
Entgegen dir zu gehn.

Denkst auch noch an mein Mädchen?
Ey lieber denke doch! 10
Dort liebte mich das Mädchen,
Und 's Mädchen liebt mich noch!

Fürs Mädchen manches Blümchen
Erbettelt' ich von dir —
Ich komm und bettle wieder, 15
Und du? — du gibst es mir?

Willkommen schöner Jüngling!
Du Wonne der Natur!
Mit deinem Blumenkörbchen
Willkommen auf der Flur. 20

HYMNE

an den Unendlichen

Zwischen Himmel und Erd, hoch in der Lüfte Meer,
In der Wiege des Sturms trägt mich ein Zakenfels,
    Wolken thürmen
    Unter mir sich zu Stürmen,
Schwindelnd gaukelt der Blik umher
Und ich denke dich, Ewiger.

Deinen schauernden Pomp borge dem Endlichen
Ungeheure Natur! Du der Unendlichkeit
    Riesentochter!
    Sei mir Spiegel Jehovahs!
Seinen Gott dem vernünftgen Wurm
Orgle prächtig, Gewittersturm!

Horch! er orgelt — Den Fels wie er herunterdrönt!
Brüllend spricht der Orkan Zebaoths Namen aus.
    Hingeschrieben
    Mit dem Griffel des Blizes:
Kreaturen, erkennt ihr mich?
Schone, Herr! wir erkennen dich.

DIE GRÖSE DER WELT

Die der schaffende Geist einst aus dem Chaos schlug,
Durch die schwebende Welt flieg ich des Windes Flug,
    Bis am Strande
    Ihrer Wogen ich lande.
Anker werf', wo kein Hauch mehr weht
Und der Markstein der Schöpfung steht.

Sterne sah ich bereits jugendlich auferstehn,
Tausendjährigen Gangs durchs Firmament zu gehn,
    Sah sie spielen
    Nach den lokenden Zielen,
Irrend suchte mein Blik umher,
Sah die Räume schon — sternenleer.

Anzufeuren den Flug weiter zum Reich des Nichts,
Steur' ich muthiger fort, nehme den Flug des Lichts
    Neblicht trüber
    Himmel an mir vorüber
Weltsysteme, Fluten im Bach
Strudeln dem Sonnenwandrer nach.

Sieh, den einsamen Pfad wandelt ein Pilger mir
Rasch entgegen — „Halt an! Waller, was suchst du hier?"
    „„Zum Gestade
    Seiner Welt meine Pfade!
Seegle hin wo kein Hauch mehr weht,
Und der Markstein der Schöpfung steht!""

„Steh! du seegelst umsonst — vor dir Unendlichkeit!"
„„Steh! du seegelst umsonst — Pilger auch hinter mir! —
    Senke nieder
    Adlergedank dein Gefieder,
Kühne Seeglerin, Fantasie,
Wirf ein muthloses Anker hie.""

MEINE BLUMEN

Schöne Frühlingskinder lächelt,
 Jauchzet Veilchen auf der Au!
Süser Balsamathem fächelt
 Aus des Kelches Himmelblau.
Schön das Kleid mit Licht gestiket,
Schön hat Flora euch geschmüket
 Mit des Busens Perlenthau!
Holde Frühlingskinder weinet!
Seelen hat sie euch verneinet,
 Trauert Blümchen auf der Au!

Nachtigall und Lerche flöten
 Minnelieder über euch,
Und in euren Balsambeeten
 Gattet sich das Fliegenreich.
Schuf nicht für die süsen Triebe
Euren Kelch zum Thron der Liebe
 So wollüstig die Natur.
Sanfte Frühlingskinder weinet,
Liebe hat sie euch verneinet,
 Trauert Blümchen auf der Flur!

Aber wenn, vom Dom umzingelt,
 Meine Laura euch zerknikt,
Und in einen Kranz geringelt
 Thränend ihrem Dichter schikt —
Leben, Sprache, Seelen, Herzen
Flügelboten süser Schmerzen!
 Goß euch diß Berühren ein.
Von Dionen angefächelt,
Schöne Frühlingskinder lächelt,
 Jauchzet Blumen in dem Hayn!

DAS GEHEIMNISS DER REMINISZENZ

An Laura

Ewig starr an Deinem Mund zu hangen,
Wer enträzelt dieses Wutverlangen?
Wer die Wollust, Deinen Hauch zu trinken,
In Dein Wesen, wenn sich Blike winken,
    Sterbend zu versinken?   5

Fliehen nicht verrätherisch, — wie Sklaven,
Weggeworfen faigen Muths die Waffen, —
Meine Geister, hin im Augenblike!
Stürmend über meines Lebens Brüke,
    Wenn ich Dich erblike?   10

Sprich, warum entlaufen sie dem Meister?
Suchen dort die Heimat meine Geister?
Oder küssen die getrennten Brüder,
Losgeraft vom Kettenband der Glieder,
    Dort bei Dir sich wieder? —   15

Laura? träum' ich? ras' ich? — die Gedanken
Ueberwirbeln des Verstandes Schranken —
Sieh! der Wahnsinn ist des Räzels kunder,
Staune Weisheit auf des Wahnsinns Wunder
    Neidischbleich herunter.   20

Waren unsre Wesen schon verflochten?
War es darum, daß die Herzen pochten?
Waren wir im Stral erloschner Sonnen
In den Tagen lang begrabner Wonnen
    Schon in Eins zerronnen?   25

Ja wir warens — Eins mit Deinem Dichter
Warst du Laura — warst ein Weltzernichter! —

DAS GEHEIMNISS DER REMINISZENZ

Meine Muse sah es auf der trüben
Tafel der Vergangenheit geschrieben:
    Eins mit deinem Lieben!

Aber ach! — die sel'gen Augenblike
Weinen leiser in mein Ohr zurüke —
Könnten Grolls die Gottheit Sünder schelten,
Laura — den Monarchen aller Welten
    Würd' ich Neides schelten.

Aus den Angeln drehten wir Planeten,
Badeten in lichten Morgenröthen,
In den Loken spielten Edens Düfte
Und den Silbergürtel unsrer Hüfte
    Wiegten Mayenlüfte.

Uns entgegen gossen Nektarquellen
Tausendrörigt ihre Wollustwellen,
Unserm Winke sprangen Chaosriegel,
Zu der Wahrheit lichtem Sonnenhügel
    Schwang sich unser Flügel.

Unsern Augen riss' der Dinge Schleyer,
Unsre Blike, flammender und freyer,
Sahen in der Schöpfung Labyrinthen,
Wo die Augen Lyonets verblinden,
    Sich noch Räder winden —

Tief o Laura unter jener Wonne
Wälzte sich des Glükes Nietentonne,
Schweifend durch der Wollust weite Lande
Warfen wir der Sätt'gung Ankerbande
    Ewig nie am Strande —

Weine Laura — dieser Gott ist nimmer,
Du und ich des Gottes schöne Trümmer,
Und in uns ein unersättlich Drängen
Das verlorne Wesen einzuschlingen,
    Gottheit zu erschwingen.

Darum Laura dieses Wutverlangen,
Ewig starr an deinem Mund zu hangen,
Und die Wollust, deinen Hauch zu trinken,
In dein Wesen, wenn sich Blike winken,
　　Sterbend zu versinken.　　　　　　65

Darum fliehn, verrätherisch, wie Sklaven,
Weggeworfen faigen Muts die Waffen
Meine Geister, hin im Augenblike!
Stürmend über meines Lebens Brüke
　　Wenn ich Dich erblike!　　　　　　70

Darum nur entlaufen sie dem Meister,
Ihre Heimat suchen meine Geister,
Losgeraft vom Kettenband der Glieder,
Küssen sich die langgetrennten Brüder
　　Wiederkennend wieder.　　　　　　75

Töne! Flammen! zitterndes Entzüken!
Wesen lechzt an Wesen anzurüken —
Wie, beim Anblik einer Freundsgaleere,
Friedensflaggen im Ostindermeere
　　Wehen lassen Heere;　　　　　　80

Aufgejagt von froher Pulverweke,
Springt das Schiffsvolk freudig auf's Verdeke,
Hoch im Winde schwingen sie die Hüte,
Posidaons woogendes Gebiete
　　Drönt von ihrem Liede. —　　　　　85

War es nicht dis freudige Entsezen,
Als mir's ward an Lauren mich zu lezen?
Ha! das Blut, voll wütendem Verlangen,
Drängte sich muthwillig zu den Wangen
　　Lauren zu empfangen —　　　　　　90

Und auch Du — da mich dein Auge spähte,
Was verrieth der Wangen Morgenröthe? — —

Floh'n wir nicht als wären wir verwandter,
Freudig, wie zur Heimat ein Verbannter,
    Brennend an einander? —

Sieh, o Laura, deinen Dichter weinen! —
Wie verlor'ne Sterne wieder scheinen,
Flimmen öfters, flüchtig, gleich dem Blize,
Traurigmahnend an die Göttersize,
    Stralen durch die Rize —

Oftmals lispeln der Empfindung Saiten
Leise Ahndung jener goldnen Zeiten —
Wenn sich schüchtern unsre Augen grüsen,
Seh ich träumend in den Paradiesen
    Nektarströme fliesen. —

Ach zu oft nur waffn' ich meine Mächte,
Zu erobern die verlornen Rechte —
Klimme kühner bis zur Nektarquelle,
Poche siegend an des Himmels Schwelle, —
    Taumle rük zur Hölle!

Wenn dein Dichter sich an deine süsen
Lippen klammert mit berauschten Küssen,
Fremde Töne um die Ohren schwirren,
Unsre Wesen aus den Fugen irren
    Strudelnd sich verwirren,

Und verkauft vom Meineid der Vasallen
Unsre Seelen ihrer Welt entfallen,
Mit des Staubs Tyrannensteuer pralen,
Tod und Leben zu wollüstgen Qualen
    Gaukeln in den Schaalen,

Und wir beide — näher schon den Göttern —
Auf der Wonne gähe Spize klettern,
Mit den Leibern sich die Geister zanken,
Und der Endlichkeit despotsche Schranken —
    Sterbend — überschwanken —

Waren, Laura, diese Lustsekunden
Nicht ein Diebstal jener Götterstunden?
Nicht Entzüken, die uns einst durchfuhren?
Ineinanderzukender Naturen,
    Ach! nur matte Spuren?   130

Hat dir nicht ein Stral zurükgeglostet?
Hast du nicht den Göttertrank gekostet? —
Ach! ich sah den Purpur deiner Wangen! —
War es doch der Wesen die sich schlangen
    Eitles Unterfangen! — —   135

Laura — majestätisch anzuschauen
Stand ein Baum in Edens Blumenauen;
„Seine Frucht vernein' ich eurem Gaume,
„Wißt! der Apfel an dem Wunderbaume
    „Labt — mit Göttertraume."   140

Laura — weine unsers Glükes Wunde! —
Saftig war der Apfel ihrem Munde — — —
Bald — als sie sich Unschuldsvoll umrollten —
Sieh! — wie Flammen ihr Gesicht vergoldten! —
    — Und die Teufel schmollten.   145

GRUPPE AUS DEM TARTARUS

Horch — wie Murmeln des empörten Meeres,
Wie durch holer Felsen Beken weint ein Bach,
Stöhnt dort dumpfigtief ein schweres — leeres
Qualerpreßtes Ach!

    Schmerz verzerret
Ihr Gesicht — Verzweiflung sperret
Ihren Rachen fluchend auf.
Hohl sind ihre Augen — ihre Blike
Spähen bang nach des Kozytus Brüke
Folgen tränend seinem Trauerlauf. —

Fragen sich einander ängstlich leise:
Ob noch nicht Vollendung sey? —
Ewigkeit schwingt über ihnen Kraise
Bricht die Sense des Saturns entzwey.

DIE FREUNDSCHAFT

(aus den Briefen Julius an Raphael; einem noch ungedruckten Roman)

Freund! genügsam ist der Wesenlenker —
Schämen sich kleinmeisterische Denker,
   Die so ängstlich nach Gesezen spähn —
Geisterreich und Körperweltgewüle
Wälzet Eines Rades Schwung zum Ziele,
   Hier sah es mein Newton gehn.

Sfären lehrt es Sklaven eines Zaumes
Um das Herz des grosen Weltenraumes
   Labyrinthenbahnen ziehn —
Geister in umarmenden Systemen
Nach der grosen Geistersonne strömen,
   Wie zum Meere Bäche fliehn.

War's nicht diß allmächtige Getriebe,
Das zum ew'gen Jubelbund der Liebe
   Unsre Herzen aneinander zwang?
Raphael, an deinem Arm — o Wonne!
Wag auch ich zur grosen Geistersonne
   Freudigmutig den Vollendungsgang.

Glüklich! glüklich! Dich hab ich gefunden,
Hab aus Millionen Dich umwunden,
   Und aus Millionen mein bist Du —
Laß das Chaos diese Welt umrütteln,
Durcheinander die Atomen schütteln;
   Ewig fliehn sich unsre Herzen zu.

Muß ich nicht aus Deinen Flammenaugen
Meiner Wollust Wiederstralen saugen?
   Nur in Dir bestaun ich mich —
Schöner malt sich mir die schöne Erde,
Heller spiegelt in des Freunds Gebärde
   Reizender der Himmel sich.

Schwermut wirft die bange Thränenlasten,
Süßer von des Leidens Sturm zu rasten,
   In der Liebe Busen ab; —
Sucht nicht selbst das folternde Entzüken
In des Freunds beredten Stralenbliken
   Ungedultig ein wollüstges Grab? —

Stünd im All der Schöpfung ich alleine,
Seelen träumt' ich in die Felsensteine,
   Und umarmend küßt' ich sie —
Meine Klagen stöhnt' ich in die Lüfte,
Freute mich, antworteten die Klüfte,
   Thor genug! der süßen Sympathie.

Tode Gruppen sind wir — wenn wir hassen,
Götter — wenn wir liebend uns umfassen!
   Lechzen nach dem süsen Fesselzwang —
Aufwärts durch die tausendfache Stufen
Zalenloser Geister die nicht schufen
   Waltet göttlich dieser Drang.

Arm in Arme, höher stets und höher,
Vom Mogolen bis zum griechschen Seher,
   Der sich an den lezten Seraf reyht,
Wallen wir, einmüth'gen Ringeltanzes,
Bis sich dort im Meer des ew'gen Glanzes
   Sterbend untertauchen Maaß und Zeit —

Freundlos war der grose Weltenmeister,
Fühlte Mangel — darum schuf er Geister,
   Sel'ge Spiegel seiner Seligkeit! —
Fand das höchste Wesen schon kein Gleiches,
Aus dem Kelch des ganzen Seelenreiches
   Schäumt ihm — die Unendlichkeit.

DER WIRTEMBERGER

Der Name Wirtemberg
Schreibt sich von Wirt am Berg —
Ein Wirtemberger ohne Wein
Kann der ein Wirtemberger seyn?

MELANCHOLIE

an Laura

Laura — Sonnenaufgangsglut
Brennt in deinen goldnen Bliken,
  In den Wangen springt purpurisch Blut,
  Deiner Thränen Perlenflut
Nennt noch Mutter das Entzücken — 5
  Dem der schöne Tropfe thaut,
  Der darinn Vergöttrung schaut,
Ach dem Jüngling der belohnt wimmert,
Sonnen sind ihm aufgedämmert!

Deine Seele gleich der Spiegelwelle 10
  Silberklar und Sonnenhelle
Mayet noch den trüben Herbst um dich,
  Wüsten öd und schauerlich
Lichten sich in deiner Stralenquelle,
Düstrer Zukunft Nebelferne 15
Goldet sich in deinem Sterne;
Lächelst du der Reizeharmonie?
Und ich weine über sie. —

Untergrub denn nicht der Erde Veste
  Lange schon das Reich der Nacht? 20
Unsre stolz aufthürmenden Palläste,
  Unsrer Städte majestätsche Pracht

MELANCHOLIE

Ruhen all auf modernden Gebeinen,
Deine Nelken saugen süßen Duft
Aus Verwesung, deine Quellen weinen
Aus dem Beken einer — Menschengruft.

Blik empor — die schwimmenden Planeten,
Laß dir Laura seine Welten reden!
Unter ihrem Zirkel flohn
Tausend bunte Lenze schon,
Thürmten tausend Throne sich
Heulten tausend Schlachten fürchterlich
In den eisernen Fluren,
Suche ihre Spuren.
Früher später reif zum Grab
Laufen ach die Räder ab
An Planetenuhren.

Blinze dreimal — und der Sonnen Pracht
Löscht im Meer der Todennacht!
Frage mich von wannen Deine Stralen lodern!
Pralst du mit des Auges Glut?
Mit der Wangen frischem Purpurblut?
Abgeborgt von mürben Modern?
Wuchernd fürs geliehne Roth,
Wuchernd Mädchen wird der Tod
Schwere Zinsen fodern!

Rede Mädchen nicht dem Starken Hohn!
Eine schönre Wangenröthe
Ist doch nur des Todes schönrer Thron,
Hinter dieser blumigten Tapete
Spannt den Bogen der Verderber schon —
Glaub es — glaub es Laura deinem Schwärmer,
Nur der Tod ist's dem dein schmachtend Auge winkt,
Jeder deiner Stralenblike trinkt
Deines Lebens karges Lämpchen ärmer;
Meine Pulse, pralest Du,

Hüpfen noch so jugendlich von dannen —
Ach! die Kreaturen des Tyrannen
Schlagen tükisch der Verwesung zu.

Aus einander bläßt der Tod geschwind 60
Dieses Lächeln, wie der Wind
Regenbogenfarbigtes Geschäume,
   Ewig fruchtlos suchst du seine Spur,
   Aus dem Frühling der Natur
Aus dem Leben, wie aus seinem Keime, 65
   Wächst der ew'ge Würger nur.

Weh! entblättert seh ich deine Rosen liegen,
   Bleich erstorben deinen süßen Mund,
   Deiner Wangen wallendes Rund
Werden rauhe Winterstürme pflügen, 70
   Düstrer Jahre Nebelschein
Wird der Jugend Silberquelle trüben,
Dann wird Laura — Laura nicht mehr lieben,
   Laura nicht mehr liebenswürdig seyn.

Mädchen — stark wie Eiche stehet noch dein Dichter, 75
   Stumpf an meiner Jugend Felsenkraft
   Niederfällt des Todenspeeres Schaft,
Meine Blike brennend wie die Lichter
   Seines Himmels — feuriger mein Geist,
Denn die Lichter seines ew'gen Himmels, 80
Der im Meere eignen Weltgewimmels
   Felsen thürmt und niederreißt.
Kühn durchs Weltall steuern die Gedanken,
Fürchten nichts — als seine Schranken.

Glühst du Laura? Schwillt die stolze Brust? 85
Lern' es Mädchen, dieser Trank der Lust,
   Dieser Kelch, woraus mir Gottheit düftet —
   Laura — ist vergiftet!
Unglükselig! Unglükselig! die es wagen

MELANCHOLIE

90 Götterfunken aus dem Staub zu schlagen.
Ach die kühnste Harmonie
Wirft das Saitenspiel zu Trümmer,
Und der lohe Aetherstral Genie
Nährt sich nur vom Lebenslampenschimmer —
95 Wegbetrogen von des Lebens Thron
Frohnt ihm jeder Wächter schon!
Ach! schon schwören sich mißbraucht zu frechen Flammen
Meine Geister wider mich zusammen!
Laß — ich fühls — laß Laura noch zween kurze
100 Lenze fliegen — und diß Moderhaus
Wiegt sich schwankend über mir zum Sturze,
Und in eignem Strale lösch ich aus. — —

Weinst du Laura? — Thräne sei verneinet,
Die des Alters Strafloos mir erweinet,
105 Weg! Versiege Thräne Sünderin!
Laura will, daß meine Kraft entweiche,
Daß ich zitternd unter dieser Sonne schleiche,
Die des Jünglings Adlergang gesehn? —
Daß des Busens lichte Himmelsflamme
110 Mit erfrornem Herzen ich verdamme,
Daß die Augen meines Geists verblinden,
Daß ich fluche meinen schönsten Sünden?
Nein! versiege Thräne Sünderin! —
Brich die Blume in der schönsten Schöne,
115 Lösch, o Jüngling mit der Trauermiene!
Meine Fakel weinend aus,
Wie der Vorhang an der Trauerbühne
Niederrauschet bei der schönsten Scene,
Fliehn die Schatten — und noch schweigend
    horcht das Haus. —

DIE PEST

eine Fantasie

Gräßlich preisen Gottes Kraft
Pestilenzen würgende Seuchen,
Die mit der grausen Brüderschaft
Durchs öde Thal der Grabnacht schleichen.

Bang ergreifts das klopfende Herz,   5
Gichtrisch zuckt die starre Sehne,
Gräßlich lacht der Wahnsinn in das Angstgestöhne,
In heulende Triller ergeußt sich der Schmerz.

Raserei wälzt tobend sich im Bette —
Gift'ger Nebel wallt um ausgestorbne Städte   10
  Menschen — hager — hohl und bleich —
  Wimmeln in das finstre Reich.
Brütend liegt der Tod auf dumpfen Lüften,
Häuft sich Schäze in gestopften Grüften
  Pestilenz sein Jubelfest.   15
Leichenschweigen — Kirchhofstille
Wechseln mit dem Lustgebrülle,
  Schröklich preiset Gott die Pest.

DAS MUTTERMAL

Mann

Sieh Schäzchen wie der Bub mir gleicht,
  Selbst meine Narbe von den Poken!

Frau

Mein Engel, das begreif ich leicht,
  Bin auch 'nmal recht an dir erschroken.

MONUMENT
Moors des Räubers

Vollendet!
Heil dir! Vollendet!
Majestätischer Sünder!
Deine furchtbare Rolle vollbracht.

Hoher Gefallener!
Deines Geschlechts Beginner und Ender!
Seltner Sohn ihrer schröklichsten Laune,
Erhabner Verstoß der Mutter Natur!

Durch wolkigte Nacht ein prächtiger Bliz!
Hui! hinter ihm schlagen die Pforten zusammen!
Geizig schlingt ihn der Rachen der Nacht!
Zuken die Völker
Unter seiner verderbenden Pracht!
Aber Heil dir! vollendet!
Majestätischer Sünder!
Deine furchtbare Rolle vollbracht!

Modre — verstieb
In der Wiege des offnen Himmels!
Fürchterlich jedem Sünder zur Schau,
Wo dem Thron gegenüber
Heißer Ruhmsucht furchtbare Schranke steigt!
Siehe! der Ewigkeit übergibt dich die Schande!
Zu den Sternen des Ruhms
Klimmst du auf den Schultern der Schande!
Einst wird unter dir auch die Schande zerstieben,
Und dich reicht — die Bewunderung.

Nassen Auges an deinem schauernden Grabe
Männer vorüber —
Freue dich der Thräne der Männer,
Des Gerichteten Geist!

Nassen Auges an deinem schauernden Grabe
   Jüngst ein Mädchen vorüber,
   Hörte die furchtbare Kunde
Deiner Thaten vom steinernen Herold,
Und das Mädchen — freue dich! freue dich! 35
   Wischte die Thräne nicht ab.
Ferne stand ich — sah die Perle fallen,
   Und ich rief ihr: Amalia!

   Jünglinge! Jünglinge!
Mit des Genies gefährlichem Aetherstral 40
   Lernt behutsamer spielen.
Störrig knirscht in den Zügel das Sonnenroß,
   Wie's am Seile des Meisters
Erd und Himmel in sanfterem Schwunge wiegt,
   Flammts am kindischen Zaume 45
Erd und Himmel in lodernden Brand!
   Unterging in den Trümmern
   Der muthwillige Phaëton.

   Kind des himmlischen Genius,
   Glüendes thatenlechzendes Herz! 50
   Reizet dich das Mal meines Räubers?
War wie du glüenden thatenlechzenden Herzens,
War wie du des himmlischen Genius Kind.
   Aber du lächelst und gehst —
Dein Blik durchfliegt den Raum der Weltgeschichte, 55
   Moorn den Räuber findest du nicht —
   Steh und lächle nicht Jüngling!
Seine Sünde lebt — lebt seine Schande,
Räuber Moor nur — ihr Name nicht.

                    Vom Verfasser der Räuber

MORGENFANTASIE

Frisch athmet des Morgens lebendiger Hauch,
  Purpurisch zukt durch düstre Tannenrizen
Das junge Licht, und äugelt aus dem Strauch,
    In goldnen Flammen blizen
    Der Berge Wolkenspizen,
Mit freudig melodisch gewirbeltem Lied
  Begrüßen erwachende Lerchen die Sonne,
  Die schon in lachender Wonne
Jugendlichschön in Auroras Umarmungen glüht.

    Sei Licht mir gesegnet!
    Dein Stralenguß regnet
Erwärmend hernieder auf Anger und Au.
    Wie silberfarb flittern
    Die Wiesen, wie zittern
Tausend Sonnen in perlendem Thau!
    In säuselnder Kühle
    Beginnen die Spiele
      Der jungen Natur,
    Die Zephyre kosen
    Und schmeicheln um Rosen,
Und Düfte beströmen die lachende Flur.

Wie hoch aus den Städten die Rauchwolken dampfen,
Laut wiehern, und schnauben und knirschen und strampfen
    Die Rosse, die Farren,
    Die Wagen erknarren
      Ins ächzende Thal.
    Die Waldungen leben
Und Adler, und Falken und Habichte schweben,
Und wiegen die Flügel im blendenden Stral.

    Den Frieden zu finden,
    Wohin soll ich wenden
      Am elenden Stab?

        Die lachende Erde
        Mit Jünglingsgebärde
        Für mich nur ein Grab!

Steig empor, o Morgenroth, und röthe
    Mit purpurnem Kusse Hain und Feld,
Säusle nieder Abendroth und flöte
    Sanft in Schlummer die erstorbne Welt
        Morgen — ach! du röthest
          Eine Todenflur,
Ach! und du o Abendroth umflötest
    Meinen langen Schlummer nur.

AN MINNA

    Träum' ich? Ist mein Auge trüber?
      Nebelt's mir ums Angesicht?
    Meine Minna geht vorüber?
      Meine Minna kennt mich nicht?
    Die am Arme seichter Laffen
      Blähend mit dem Fächer ficht,
    Nimmer satt sich zu begaffen? —
      Meine Minna ist es nicht.

    Von dem Sonnenhute niken
      Stolze Federn, mein Geschenk,
    Schlaifen, die den Busen schmüken,
      Rufen: Minna, sei gedenk!
    Blumen, die ich selbst erzogen,
      Zieren Brust und Loken noch —
    Ach die Brust, die mir gelogen! —
      Und die Blumen blühen doch!

Geh! umhüpft von leeren Schmeichlern!
  Geh! vergiß auf ewig mich.
Ueberliefert feilen Heuchlern,
  Eitles Weib, veracht' ich dich.
Geh! dir hat ein Herz geschlagen,
  Dir ein Herz das edel schlug,
Groß genug, den Schmerz zu tragen,
  Daß es einer Hure schlug.

Schönheit hat dein Herz verdorben,
  Dein Gesichtgen! schäme dich.
Morgen ist sein Glanz erstorben,
  Seine Rose blättert sich.
Schwalben, die im Lenze minnen,
  Fliehen wenn der Nordwind weht,
Buler scheucht dein Herbst von hinnen,
  Einen Freund hast du verschmäht.

In den Trümmern deiner Schöne
  Seh ich dich verlassen gehn,
Weinend in die Blumenscene
  Deines Mays zurüke sehn.
Die mit heißem Liebesgeize
  Deinem Kuß entgegen flohn,
Zischen dem erloschnen Reize,
  Lachen deinem Winter Hohn.

Schönheit hat Dein Herz verdorben,
  Dein Gesichtgen! — schäme dich.
Morgen ist sein Glanz erstorben,
  Seine Rose blättert sich —
Ha! wie will ich dann dich höhnen!
  Höhnen? Gott bewahre mich!
Weinen will ich bittre Thränen,
  Weinen Minna über dich.

ELISIUM

Eine Kantate

Chor

Vorüber die störende Klage
Elisiums Freudengelage
    Ersäufen jedwedes Ach —
Elisiums Leben
Ewige Wonne, ewiges Schweben
Durch lachende Fluren ein flötender Bach.

Erste Stimme

    Jugendlich milde
    Beschwebt die Gefilde
    Ewiger May,
Die Stunden entfliehen in goldenen Träumen,
Die Seele schwillt aus in unendlichen Räumen,
Wahrheit reißt hier den Schleyer entzwei.

Zweite Stimme

    Unendliche Freude
    Durchwallet das Herz.
Hier mangelt der Name dem trauernden Leyde,
Sanfter Entzüken nur heißet hier Schmerz.

Dritte Stimme

Hier streket der wallende Pilger die matten
Brennenden Glieder im säuselnden Schatten,
    Leget die Bürde auf ewig dahin —
Seine Sichel entfällt hier dem Schnitter,
Eingesungen von Harfengezitter,
    Träumt er geschnittene Halmen zu sehn.

Vierte Stimme

Dessen Fahne Donnerstürme wallte,
Dessen Ohren Mordgebrüll umhallte,
    Berge bebten unter dessen Donnergang,
Schläft hier linde bei des Baches Rieseln,
Der wie Silber spielet über Kieseln,
    Ihm verhallet wilder Speere Klang.

Fünfte Stimme

Hier umarmen sich getreue Gatten,
Küssen sich auf grünen sammtnen Matten
    Liebgekoßt vom Balsamwest,
Ihre Krone findet hier die Liebe,
Sicher vor des Todes strengem Hiebe,
    Feyert sie ein ewig Hochzeitfest.

QUIRL

Euch wundert, daß Quirls Wochenblatt
Heut um ein Heft gewonnen hat
Und hörtet doch den Stadtausrufer sagen,
Daß Brod und Rindfleisch aufgeschlagen.

DIE SCHLIMMEN MONARCHEN

Euren Preiß erklimme meine Leyer —
Erdengötter — die der süsen Feyer
  Anadyomenens sanft nur klang;
Leiser um das pompende Getöse,
Schüchtern um die Purpurflammen eurer Gröse
  Zittert der Gesang.

Redet! soll ich goldne Saiten schlagen,
Wenn vom Jubelruf empor getragen
  Euer Wagen durch den Wahlplaz rauscht?
Wenn ihr, schlapp vom eisernen Umarmen,
Schwere Panzer mit den weichen Rosenarmen
  Eurer Phrynen tauscht? —

Soll vielleicht im Schimmer goldner Raifen,
Götter, euch die kühne Hymne greifen
  Wo in mystisch Dunkel eingemummt
Euer Spleen mit Donnerkeilen tändelt,
Mit Verbrechen eine Menschlichkeit bemäntelt
  Bis — das Grab verstummt?

Sing ich Ruhe unter Diademen?
Soll ich, Fürsten, eure Träume rühmen? —
  Wenn der Wurm am Königsherzen zehrt
Weht der goldne Schlummer um den Mohren,
Der den Schatz bewacht an des Pallastes Thoren,
  Und — ihn nicht begehrt.

Zeig o Muse, wie mit Rudersklaven
Könige auf einem Polster schlafen,
  Die gelöschten Blize freundlich thun,
Wo nun nimmer ihre Launen foltern,
Nimmer die Theaterminotaure poltern,
  Und — die Löwen ruhn.

DIE SCHLIMMEN MONARCHEN

Auf! Betaste mit dem Zaubersiegel,
Hekate, des Gruftgewölbes Riegel!
　Horch! die Flügel donnern jach zurük!
Wo des Todes Odem dumpfig säuselt,
Schauerluft die starren Loken aufwärts kräuselt,
　Sing ich — Fürstenglük. — —

Hier das Ufer? — Hier in diesen Grotten
Stranden eurer Wünsche stolze Flotten?
　Hier — wo eurer Gröse Flut sich stößt?
Ewig nie dem Ruhme zu erwarmen,
Schmiedet hier die Nacht mit schwarzen Schauerarmen
　Potentaten fest.

Traurig funkelt auf dem Todenkasten
Eurer Kronen, der umperlten Lasten,
　Eurer Szepter undankbare Pracht.
Wie so schön man Moder übergoldet!
Doch nur Würmer werden mit dem Leib besoldet,
　Dem — die Welt gewacht.

Stolze Pflanzen in so niedern Beeten!
Seht doch! — wie mit welken Majestäten
　Garstig spaßt der unverschämte Tod!
Die durch Nord und Ost und West geboten —
Dulden sie des Unholds ekelhafte Zoten,
　Und — kein Sultan droht?

Springt doch auf, ihr störrige Verstummer,
Schüttelt ab den tausendpfundgen Schlummer,
　Siegespauken trommeln aus der Schlacht,
Höret doch, wie hell die Zinken schmettern!
Wie des Volkes wilde Vivat euch vergöttern!
　Könige erwacht!

Siebenschläfer! — o so hört die hellen
Hörner klingen und die Doggen bellen!
　Tausendrörigt knallt das Jagdenfeu'r;

Muntre Rosse wiehern nach dem Forste,
Blutig wälzt der Eber seine Stachelborste, 65
Und — der Sieg ist eu'r!

Was ist das? — Auch Fürsten schweigen selber?
Neunfach durch die heulenden Gewölber
  Spottet mir ein schleifend Echo nach —
Hört doch nur den Kammerjunker düßeln: 70
Euch beehrt Madonna mit geheimen Schlüsseln
  In — ihr Schlafgemach.

Keine Antwort — Ernstlich ist die Stille —
Fällt denn auch auf Könige die Hülle,
  Die die Augen des Trabanten dekt? — 75
Und ihr fodert Anbetung in Asche,
Daß die blinde Meze Glük in eure Tasche
  Eine — Welt gestekt?

Und ihr rasselt, Gottes Riesenpuppen,
Hoch daher in kindischstolzen Gruppen, 80
  Gleich dem Gaukler in dem Opernhaus? —
Pöbelteufel klatschen dem Geklimper,
Aber weinend zischen den erhabnen Stümper
  Seine Engel aus.

Ins Gebiet der leiseren Gedanken, 85
Würden — überwänden sie die Schranken —
  Schlangenwirbel eure Mäkler drehn;
Lernt doch, daß die euren zu entfalten,
Blike, die auch Pharisäerlarven spalten,
  Von dem Himmel sehn. 90

Prägt ihr zwar — Hohn ihrem falschen Schalle! —
Euer Bild auf lügende Metalle,
  Schnödes Kupfer adelt ihr zu Gold —
Eure Juden schachern mit der Münze, —
Doch wie anders klingt sie über jener Gränze, 95
  Wo die Waage rollt!

Deken euch Seraile dann und Schlösser,
Wann des Himmels fürchterlicher Presser
   An des grosen Pfundes Zinsen mahnt?
Ihr bezahlt den Bankerott der Jugend
Mit Gelübden, und mit lächerlicher Tugend,
   Die — Hanswurst erfand.

Berget immer die erhabne Schande
Mit des Majestätsrechts Nachtgewande!
   Bübelt aus des Thrones Hinterhalt.
Aber zittert für des Liedes Sprache,
Kühnlich durch den Purpur bohrt der Pfeil der Rache
   Fürstenherzen kalt.

GRAF EBERHARD DER GREINER VON WIRTEMBERG

Kriegslied

Ihr — ihr dort aussen in der Welt
    Die Nasen eingespannt!
Auch manchen Mann, auch manchen Held,
Im Frieden gut, und stark im Feld
    Gebahr das Schwabenland. 5

Prahlt nur mit Karl und Eduard
    Mit Fridrich, Ludewig.
Karl, Fridrich, Ludwig, Eduard
Ist uns der Grav, der Eberhard,
    Ein Wettersturm im Krieg. 10

Und auch sein Bub, der Ulerich,
    War gern, wo's eisern klang;
Des Grafen Bub der Ulerich,
Kein Fußbreit rükwärts zog er sich,
    Wenns drauf und drunter sprang. 15

Die Reutlinger, auf unsern Glanz
    Erbittert, kochten Gift,
Und bulten um den Siegeskranz,
Und wagten manchen Schwerdertanz,
    Und gürteten die Hüft — 20

Er grif sie an — und siegte nicht,
    Und kam gepantscht nach Haus,
Der Vater schnitt ein falsch Gesicht,
Der junge Kriegsmann floh das Licht,
    Und Thränen drangen raus. 25

Das wurmt ihm — Ha! Ihr Schurken wart!
    Und trugs in seinem Kopf.

Auswezen, bei des Vaters Bart!
Auswezen wollt er diese Schart
    Mit manchem Städtlerschopf.

Und Fehd entbrannte bald darauf,
    Und zogen Roß und Mann
Bei Döffingen mit hellem Hauf,
Und heller gings dem Junker auf,
    Und hurrah! heiß gings an.

Und unsers Heeres Losungswort
    War die verlohrne Schlacht:
Das riss' uns wie die Windsbraut fort,
Und schmiss' uns tief in Blut und Mord
    Und in die Lanzennacht.

Der junge Grav voll Löwengrimm
    Schwung seinen Heldenstab,
Wild vor ihm ging das Ungestüm,
Geheul und Winseln hinter ihm,
    Und um ihn her das Grab.

Doch weh! ach weh! ein Säbelhieb
    Sunk schwer auf sein Genik,
Schnell um ihn her der Helden Trieb,
Umsonst! Umsonst! erstarret blieb
    Und sterbend brach sein Blik.

Bestürzung hemmt des Sieges Bahn,
    Laut weinte Feind und Freund —
Hoch führt der Grav die Reuter an:
Mein Sohn ist wie ein andrer Mann!
    Marsch! Kinder! In den Feind!

Und Lanzen sausen feuriger,
    Die Rache spornt sie all,
Rasch über Leichen gings daher,
Die Städtler laufen kreuz und queer
    Durch Wald und Berg und Thal.

Und zogen wir mit Hörnerklang
   Ins Lager froh zurük,
Und Weib und Kind im Rundgesang
Beim Walzer und beim Becherklang
   Lustfeyren unser Glük. 65

Doch unser Grav — was thät er izt? —
   Vor ihm der todte Sohn.
Allein in seinem Zelte sizt
Der Grav, und eine Thräne blizt
   Im Aug auf seinen Sohn. 70

Drum hangen wir so treu und warm
   Am Graven unserm Herrn.
Allein ist er ein Heldenschwarm,
Der Donner ras't in seinem Arm,
   Er ist des Landes Stern. 75

Drum ihr dort aussen in der Welt,
   Die Nasen eingespannt,
Auch manchen Mann, auch manchen Held,
Im Frieden gut und stark im Feld,
   Gebahr das Schwabenland. 80

BAURENSTÄNDCHEN

Mensch! Ich bitte guk heraus!
Kleken nicht zwo Stunden,
Steh ich so vor deinem Haus,
Stehe mit den Hunden.
S'regnet was vom Himmel mag,
S'g'wittert wie zum jüngsten Tag
Pudelnaß die Hosen!
Platschnaß Rok und Mantel ey!
Rok und Mantel nagelneu,
  Alles dieser Loosen.
Draussen, draussen Sauß und Brauß!
Mensch! ich bitte guk heraus.

Ey zum Henker guk heraus!
  Löscht mir die Laterne —
Weit am Himmel Nacht und Grauß!
  Weder Mond noch Sterne.
Stoß ich schier an Stein und Stok,
Reisse Wams und Ueberrok,
  Ach daß Gott erbarme!
Heken, Stauden rings umher,
Gräben, Hügel kreuz und queer,
  Breche Bein und Arme.
Draussen, draussen Nacht und Grauß!
Ey zum Henker guk heraus!

Ey zum Teufel! guk heraus!
  Höre mein Gesuche!
Beten, Singen geht mir aus,
  Willst du, daß ich fluche?
Muß ich doch ein Hans Dampf seyn,
Frör ich nicht zu Stein und Bein
  Wenn ich länger bliebe?
Liebe das verdank ich dir,
Winterbeulen machst du mir,
  Du vertrakte Liebe!

Draussen, draussen Kalt und Grauß! 35
Ey zum Teufel guk heraus.

Donner alle! Was ist das,
　Das vom Fenster regnet,
Garstge Hexe, kothignaß,
　Hast mich eingeseegnet. 40
Regen, Hunger, Frost und Wind
Leid ich für das Teufelskind,
　Werde noch gehudelt!
Wetter auch! Ich pake mich!
Böser Dämon tummle dich, 45
　Habe satt gedudelt!
Draussen, draussen Sauß und Brauß!
Fahre wol — Ich geh nach Haus.

DIE WINTERNACHT

Ade! Die liebe Herrgottssonne gehet,
    Grad über tritt der Mond!
Ade! Mit schwarzem Rabenflügel wehet
    Die stumme Nacht ums Erdenrund.

Nichts hör ich mehr durchs winternde Gefilde
    Als tief im Felsenloch
Die Murmelquell, und aus dem Wald das wilde
    Geheul des Uhus hör ich noch.

Im Wasserbette ruhen alle Fische,
    Die Schneke kriecht ins Dach,
Das Hündchen schlummert sicher unterm Tische,
    Mein Weibchen nikt im Schlafgemach.

Euch Brüderchen von meinen Bubentagen,
    Mein herzliches Willkomm!
Ihr sizt vielleicht mit traulichem Behagen
    Um einen teutschen Krug herum.

Im hochgefüllten Deckelglase malet
    Sich purpurfarb die Welt,
Und aus dem goldnen Traubenschaume stralet
    Vergnügen das kein Neid vergällt.

Im Hintergrund vergangner Jahre findet
    Nur Rosen euer Blik,
Leicht, wie die blaue Knasterwolke, schwindet
    Der trübe Gram von euch zurük.

Vom Schaukelgaul bis gar zum Doktorhute
    Stört ihr im Zeitbuch um,
Und zählt nunmehr mit federleichtem Mute
    Schweißtropfen im Gymnasium.

Wie manchen Fluch — noch mögen unterm Boden
  Sich seine Knochen drehn — 30
Terenz erpreßt, troz Herrn Minellis Noten,
  Wie manch verzogen Maul gesehn.

Wie ungestüm dem grimmen Landexamen
  Des Buben Herz geklopft;
Wie ihm, sprach izt der Rektor seinen Namen, 35
  Der helle Schweiß aufs Buch getropft —

Wohl redt man auch von einer — e — gewissen —
  Die sich als Frau nun spreißt,
Und mancher will der Leker baß nun wissen,
  Was doch ihr Mann baß — gar nicht weißt — 40

Nun ligt diß all im Nebel hinterm Rüken,
  Und Bube heißt nun Mann,
Und Fridrich schweigt der weiseren Perüken
  Was einst der kleine Friz gethan —

Man ist — Poz gar! — zum Doktor ausgesprochen, 45
  Wohl gar — beim Regiment!
Und hat vielleicht — doch nicht zu früh, gerochen,
  Daß Plane — Saifenblasen sind.

Hauch immer zu — und laß die Blasen springen;
  Bleibt nur diß Herz noch ganz! 50
Und bleibt mir nur — errungen mit Gesängen —
  Zum Lohn ein teutscher Lorbeerkranz.

AUF DER FLUCHT
1782—1783

AUS „TEUFEL AMOR"

Süßer Amor verweile
Im melodischen Flug.

HOCHZEITGEDICHT
auf
die Verbindung
Henrietten N. mit N. N.
von einem Freunde der Braut

Zum erstenmal — noch langer Musse —
Dir, gutes Kind, zum Hochzeitgrusse,
 Ergreif ich meinen Dichterkiel.
Die Schäferstunde schlägt mir wieder —
Vom Herzen strömen warme Lieder
 Ins braachgelegne Saytenspiel.

Darf sich in Deinen Jubeltagen
Auch ernste Weisheit zu Dir wagen? —
 Sie kommt aus Deines Freundes Brust.
Die Weißheit ist der Freude Schwester,
Sie trennt sie nicht — sie knüpft sie vester,
 Und lächelt zu erlaubter Lust.

Wenn Tugenden den Kranz gewinnen,
Da will die Freudenträne rinnen,
 Da denk ich an die schönre Welt —
So selten lohnt das Glük den Besten! —
Oft weint die Tugend an den Festen,
 Die das gekrönte Laster hält.

Du Mädchen mit dem besten Herzen,
Du hast Gefühl für fremde Schmerzen,
 Für fremde Wonne Sympathie —
Erröthe nicht! — Ich sahe Proben —
Und meine Leyer — frag' dort oben! —
 Die stolze Leyer schmeichelt nie.

Wie mühsam sucht durch Rang und Ahnen
Die leidende Natur sich Bahnen!
 Gefül erstikt in Ziererey.

Oft drüken ja, gleich Felsenbürden,
Mit Seelenruh bezahlte Würden
   Der Grosen kleines Herz entzwey!!! — 30

Dein Herz, das noch kein Neid getadelt,
Dein reines Herz hat Dich geadelt,
   Und Ehrfurcht zwingt die Tugend ab —
Ich fliege Pracht und Hof vorüber,
Bei einer Seele steh ich lieber, 35
   Der die Empfindung — Ahnen gab.

Wer war der Engel deiner Jugend?
Wer rettete die junge Tugend? —
   Hast Du auch schon an sie gedacht?
Die Freundin, die Dir Gott gegeben? 40
Ihr Adelbrief — ein schönes Leben!
   (Den haß ich, den sie mitgebracht.)

Sie riss dich weg von Pöbelseelen —
— Dein Brautgebet wird's Gott erzählen! —
   Du giengst Ihr nach, und wurdest gut. 45
Sie schuf dich zu des Gatten Wonne,
Erwärmte, gleich der FrülingsSonne,
   Zur Tugend deinen jungen Mut.

Wie eilte sie mit Muttergüte
Zu Hilfe jeder jungen Blüthe, 50
   Biß Leben in die Wurzel floß!
Wie pflegte sie mit Flammeneifer
Des zarten Sprößlings, bis er reifer,
   Ein stolzer Wuchs, zum Himmel schoß.

So eile denn zum Brautaltare! 55
Die Liebe zeigt Dir goldne Jahre —
   Mein warmer Seegen eilt voran.
Du kennst der Gattin Schuldigkeiten!
Du hast ein Herz für ihre Freuden,
   Und glüklich preiß ich Deinen Mann. 60

Wie schön ist doch das Band der Liebe!
Sie knüpft uns, wie das Weltgetriebe,
 Auf ewig an den Schöpfer an.
Wenn Augen sich in Augen stehlen,
Mit Tränen Tränen sich vermählen,
 Ist schon der süße Bund gethan.

Wie göttlich süß ist das Vergnügen
An's Herz des Gatten sich zu schmiegen,
 Wie süß, sich seines Glüks zu freun!
Wie süßer — sich für ihn zu quälen!
Auch Wehmut kettet schöne Seelen,
 Und Wollustvoll ist diese Pein!

Du wirst mit liebevollem Eilen
Das Schiksal Deines Mannes theilen,
 Und schnell in seine Seele sehn.
Wie zärtlich wirst Du jeden Träumen,
Die kaum in seinem Busen keimen,
 Wie zärtlich rasch entgegengehn!

Wenn unter drükenden Gewichten
Des Kummers und der Bürgerpflichten
 Der müde Gatte niederfiel,
Wirst Du mit einem holden Lächeln
Erfrischung ihm entgegenfächeln, —
 Und spielend trägt er sie zum Ziel.

Wenn Schmerz in seinem Busen wüthet,
Und über ihm die Schwermut brütet,
 In seinem Herzen Stürme wehn,
Wirst Du mit heiterem Gesichte
Erquikend, gleich dem Sonnenlichte,
 Durch seines Grames Nebel sehn.

Wenn selbst der Wonne süße Bürde
Dem Einsamen zu lästig würde,
 (Auch Lust gesellt sich Helfer bey.)

Wirst Du die schönste Hälfte tragen,
Und erst Dein Auge wird ihm sagen, 95
 Wie gros des Glükes Fülle sey?

Ja — darf ich über Jahre fliehen,
Den Schleier von der Zukunft ziehen? —
 Ein Neues Glük erwartet Dein!! —
Das Gröste, so der Mensch empfindet, 100
Das nur im Himmel Muster findet —
 Die Mutter eines Kinds zu seyn!!! —

Die Mutter eines Kinds zu werden! —
Was droben süß ist, und auf Erden,
 Das Wonnewort schließt alles ein. 105
Das kleine Wesen — welch Vergnügen! —
Im mütterlichen Schooß zu wiegen!
 Was kann im Himmel schöner seyn?

Die Seligkeit — Du wirst sie kennen,
Wenn stammelnd dich die Kinder nennen, 110
 Und herzlich Dir entgegenfliehn —
Die bange Lust — — die süße Quaalen — —
Umsonst! kein Jüngling kann sie mahlen —
 Hier werf ich meinen Pinsel hin —

Was Lieder nicht zu singen wagen, 115
Laß Dir der Mütter Beste sagen,
 „Was einer Mutterfreude glich?"
Du hörtest ihre Seufzer hallen,
Du sahest ihre Tränen fallen,
 Du liebst sie — darum lieb ich Dich. 120

Laß Dir der Mütter Beste sagen
Wie himmlisch alle Pulse schlagen,
 Wenn nur des Kindes Name klingt?
Wie selbst das Land sich schöner malet,
Wie heller selbst der Himmel stralet, 125
 Der über ihren Kindern hängt?

Wie süß der Gram um Kleinigkeiten? —
Wie süß die Angst: es möchte leiden?
Die Träne, die sie still vergießt?
Die Ungeduld, ihm zuzufliegen?
Wie unerträglich das Vergnügen,
Das nicht das Kind auch mitgenießt?

Die Herrscherin der Welt zu scheinen?
Die Wollust, um ihr Kind zu weinen? —
  Laß ihr die Wahl — Was wird sie thun?
Die Krone wirft sie auf die Erde —
Und fliegt mit jauchzender Gebärde
Und fliegt dem lieben Kinde zu.

Nun freu Dich denn — Du wirsts geniessen,
Das stille Glük, das viele missen, —
  Was wünsch ich dir? — Entweih es nie!
Die Freundin, die Dein Herz gemildet,
Zur guten Mutter Dich gebildet, —
  Was wünsch ich Dir? — Vergiß Sie nie!

Vergiß Sie nie — wenn Deine Lieben
Im Kinderspiel sich um Dich üben,
  So führe sie der Besten zu:
Ihr sollen sie zu Füßen fallen,
Unschuldig ihr entgegenlallen:
  „Die gute Mutter gabest Du!"

WUNDERSELTSAME HISTORIA DES BERÜHMTEN FELDZUGES
als welchen
HUGO SANHERIB
König von Aßyrien
ins Land Juda
unternehmen wollte
aber unverrichteter Ding wieder einstellen mußte
Aus einer alten Chronika gezogen
und in schnakische Reimlein bracht
von SIMEON KREBSAUGE
Bakkalaur

In Juda — schreibt die Chronika —
   War olim schon ein König,
Dem war von Dan bis Berseba
   Bald alles unterthänig.
Und war dabei ein wakrer Fürst
Desgleichen selten finden wirst.

Der war nun kürzlich, wie bekannt,
   Vom Freien heimgekommen,
Und hatte vom Kaldäer Land
   Ein Weibchen mitgenommen.
Im Herzen Himmel — und im Blik;
Ich küßte sie den Augenblik.

Die Trauung war schon angestellt,
   Die Hochzeitkleider fertig,
Der Bräutigam, frisch wie ein Held,
   Des Wonnetags gewärtig —
Als plözlich — zitternd schreibts mein Kiel —
Ein Fieber diesen Herrn befiel.

Ein groser Herre, wie man weißt,
　　Ist nicht wie unser einer —
Wenn unsre Seele weiter reis't,
　　Drob kümmert sich wol keiner —
Ein Schnuppen den ein Groser klagt,
Wird in der Welt herumgesagt.

Drum nimmt Frau Fama, nimmerfaul,
　　Das Hifthorn von dem Naken,
(Man kennt ja schon ihr groses Maul,
　　Und ihre diken Baken)
„Fürst Josaphat ligt todkrank da"
Posaunt sie durch ganz Asia.

Sogleich vernahm den Trauerton
　　Fürst Sanherib, sein Vetter, —
Zu Assur hat er seinen Tron
　　Und ehret fremde Götter.
Die Balle Lüge kommt so recht
Zu statten meinem Gözenknecht.

„Da fischt sich was — Hol mich der Dachs!" —
　　Und huy! spizt er die Ohren.
„Stirbt Josaphat, so zieh ich straks
　　„Hinein zu Hebrons Thoren.
„Er braucht Arzney — er treibts nicht lang!
„Und Juda ist ein fetter Fang."

Gleich läuft die Ordre aus dem Schloß
　　Durch Stadt und Wachparade,
Der Junggesellen faulen Troß
　　Zu werben ohne Gnade.
Schon springen Bomben aus dem Guß,
Und freun sich auf den nächsten Schuß.

Die Wache vor dem Thor bekommt
　　Gemessene Befehle,

Daß undurchsucht — unangebrummt
  Entwische keine Seele.
Brieftaschen und Patent heraus —
Sonst — Marsch ihr Herrn ins Narrenhaus!

„Woher mein Freund?" brüllt auf und ab   55
  Die Schildwach' an die Fremde.
„Wohin die Reis'? Wo steigt ihr ab?
  „Was führt ihr unterm Hemde?
„Thorschreiber 'raus! — Der Herr bleibt stehn!
„Man wird ihn heissen weiter gehn"   60

Da war nun mancher *Passagier*
  Dem Korporal verdächtig,
Die Fragen gehn zur Folter schier,
  Gott aber ist allmächtig:
Man visitiert von Pak zu Pak,   65
Doch zeigt sich nichts — als Schnupftobak.

Indeßen schikt der Werber Fleiß
  Rekrouten, Sand am Meere,
Sie stehen blau und roth und weiß
  Und ordnen sich in Heere.   70
Das Kriegsgeräthe — glaubt mir kek
Fraß (*) zehen Sekel Silbers weg.

Fürst Sanherib erzählte schon
  Den Damen seine Siege,
Aufs Wol des neuen Landes flohn   75
  Von Tisch zu Tisch die Krüge,
Schon moeubelt' man das neue Schloß —
Je glätter der Burgunder floß.

Wie prächtig König Sanherib
  Im reichen Gallakleide   80
Herum den stolzen Schimmel trieb,
  Und durch Judäa reite;

(*) Nach unserm Geld 2000 Thaler.

Die Damen in Karoßen nach,
Daß bald schon Rad und Deichsel brach.

85 Wie stolz von seinem Tron herab
    Er Judas Schriftgelehrten
Erlaubniß zu dem Handkuß gab,
    Und sie ihm Treue schwörten —
Und alles Volk im Staube tief
90 Hosjanna dem Gesalbten! rief.

Doch wärend daß der Vetter schon
    Nach Deiner Krone schielte,
Und auf dem noch besezten Tron
    Schon Davids Harfe spielte,
95 Lagst Du — o Fürst — beweint vom Land
Noch unversehrt — in Gottes Hand.

Gott stand auf Höhen Sinai's
    Und schaute nach der Erden,
Und sahe schon ein Paradies
100   Durch Deinen Zepter werden.
Und sahe mit erhabner Ruh
Dem Unfug Deines Vetters zu.

Schnell schikt er einen Cherub fort,
    Und spricht mit sanftem Lächeln:
105 ,,Geh Raphaël — dem Fürsten dort
    ,,Erfrischung zuzufächeln.
,,Er ist mein Sohn — mein treuer Knecht!
,,Er lebe! — denn ich bin gerecht.

Dem Willen Gottes Unterthan
110   Steigt Raphaël herunter,
Nimmt eines Arztes Bildung an
    Und heilt Dich durch ein Wunder.
Dein Fürst ersteht — Jauchz Vaterland!
Gerettet durch des Himmels Hand.

Die Post schleicht nach Aßyrien 115
  Wo Sanherib regieret,
Und eben seine Königin
  Vom Schlitten heimgeführet. —
„Ihr Durchlaucht! Ein Kourier!" — Herein!
Es werden Trauerbriefe seyn. 120

Schnell öffnet er den Brief, und ließt,
  Ließt — Ach! der Posten trübste —
„Daß Josaphat am Leben ist" —
  Und flucht an seine Liebste:
„Der Krieg ist aus! — Pest über Dich! 125
„Zweitausend Thaler schmerzen mich!!

PROLOG

Sie — die, gezeugt aus göttlichem Geschlechte,
In hoher königlicher Rechte
Den unbestochnen Spiegel trägt —
Hervorgewälzt aus ihren Finsternissen
Aus krummen Falten vorgerissen
Der Menschheit Ungeheuer schlägt,
Die grose Kunst mit Spott und Schreken zu beleren,
Die in den Strom des Lichts den künen Pinsel taucht,
Gleich unbarmherzig Tronen und Galeeren!
Den Firniß von dem Laster haucht,
Die mit Bewunderung und einer warmen Träne
Die unterdrükte Tugend ehrt,
Dem Faunentanz der Harlekiene
Mit heilsamem Gelächter wehrt,
Die unser Herz mit Zauberschlägen rühret,
Der Menschlichkeit erloschnen Funken wekt,
An Rosenketten zu dem Himmel führet,
Mit Donnern von dem Abgrund schrökt,
Die Göttin, die der ernstern Tugend
In das noch weiche Herz der Jugend
Mit Schwesterhand die Pfade gräbt;
Den Mann erdrükt von den Gewichten
Des Kummers und der Bürgerpflichten
Durch edle Spiele neubelebt —

Sie — gleichgeschikt zu stürmen und zu fächeln
Sie läßt sich heut mit sanfterm Lächeln
Zu Deiner Kinder Kreis herab.
Sie steht uns bei, Dein Wiegenfest zu schmüken,
Sie leihet jezt dem kindlichen Entzüken
Die Harfe und den Zauberstab!

Wir fülen sie — und folgen ihrem Winke,
Verschmähe nicht o Vater das Geschenke,
  Das Dankbarkeit aus unserm Herzen preßt.
Du führtest uns zum Silberquell der Musen,
Du goßest das Gefül in unsre zarte Busen, 35
  Wir bringen hier die Frucht zu Deinem Fest.

STAMMBUCHBLÄTTER
UND GELEGENHEITSGEDICHTE
1784—1786

FÜR RAHBEK

Das Liebesbündniß schöner Seelen
Knüpft oft der erste Augenblick.
Wenn andre, eh' sie Freunde wählen,
Was sich dabey gewinnt, erst emsig überzählen
Verbindet jene schon ein Wort, ein stiller Blick. 5
Gleich Spiegeln strahlet eins des andern Blick zurück,
Sie wählen nicht, sie fühlen sich getrieben,
Und lieben ihren Freund, wie sie sich selber lieben.

Der erste Augenblick entscheidet gewöhnlich, und so, glaub
ich, ward unsre Freundschaft entschieden. 10

FÜR SPANGENBERG

Sallustius

*Omnes homines, qui sese student præstare ceteris hominibus,
omni opera niti decet, vitam silentio ne transeant* — —

Leipzig d. 23. April. 1785.　　　　　　　Fridrich Schiller.

AN KÖRNER

In dessen Exemplar der Anthologie

Ihr waret nur für Wenige gesungen,
Und Wenige verstanden euch.
Heil euch! Ihr habt das schönste Band geschlungen,
Mein schönster Lorbeer ist durch euch errungen —
Die Ewigkeit vergesse euch. 5

UNSERM THEUREN KÖRNER
Am 2ten des Julius 1785

Sey willkommen an des Morgens goldnen Thoren
Sey willkommen unserm Freudegruß
Dieses Tages holder Genius
Der den Vielgeliebten uns geboren! —
     In erhabener Pracht —
Schimmernd tritt er aus der Nacht
     Wie der Erdensöhne keiner,
     Groß und trefflich, wie der Sieben einer,
     Die am Throne dienen, schwebt er her.
,,Streut mir Blumen — — Seht da bin ich wieder"
     (ruft er lächelnd von dem Himmel nieder)
,,Streut mir Blumen — Ich bin's wieder,
,,Der den Theuren euch gebahr,
,,Ich bin mehr, als meine andern Brüder,
     ,,Ihren Liebling nennt mich weit und breit
     ,,Unsre Mutter — Ewigkeit.
(Stolz und Würde sprach aus der Gebärde)
,,Einen Edeln gab ich dieser Erde!
,,Fühlt die Menschheit, wen ich ihr geboren?
     ,,Kennt die Erde meinen Liebling schon?
,,Oder schallen leiser in der Menschen Ohren
     ,,Seine Thaten als vor Gottes Thron?
,,Las die Welt in Seiner schönen Seele?
,,Beugte sich vor Seiner großen Seele
     ,,Ehrerbietig sein Jahrhundert schon?
,,Wuchsen zur Vollendung auf die Keime,
     ,,Die ich damals in sein Herz gesät?
,,Ist die Welt so schön, wie seine Träume?
     ,,Fand er diesen, der ihn ganz versteht?
,,O dann laßt mich stolzer durch den Himmel schweben,
     ,,Ich hab ihn gegeben!

,,Jetzt vollend ich meinen Sonnenlauf
,,Aber hinter meinem Rücken leuchtet

,,Schon ein neuer — schönrer Morgen auf.
,,Einen Engel tragen seine goldnen Flügel, 35
,,In des Engels silberklarem Spiegel
,,Liegt ein Himmel — und die Ewigkeit.
,,Schamroth stürz ich in das Meer der Zeit,
,,Nur das Leben
,,Konnt ich meinem theuren Liebling geben — 40
,,Dieser Engel — wie erbleicht mein Ruhm —
,,Wandelts in Elysium.

Der Seraph sprachs — — — Du liegst in unsern Armen —
Wir fühlen daß du u n s e r bist.

AN KÖRNER
Zu dessen Hochzeit, 7. August 1785

Heil Dir, edler deutscher Mann,
Heil zum ew'gen Bunde!
Heute fängt Dein Himmel an,
Sie ist da, die Stunde!
Sprich der blassen Mißgunst Hohn
Und dem Kampf der Jahre,
Großer Tugend großer Lohn
Winkt Dir zum Altare.

Nichts, was enge Herzen füllt,
Was die Meinung weihet,
Was des Thoren Wünsche stillt,
Was der Geck oft freiet;
Reichthum nicht und Ahnenruhm
Nicht verbot'ne Triebe —
Nein in dieses Heiligthum
Führte Dich nur Liebe.

Nach der Menge Lobgesang
Hast Du nie geschmachtet,
Der Gewohnheit Kettenklang
Hast Du nie geachtet.
Ehrsucht mag um Ehre frei'n,
Gold sich Gold vermählen,
Liebe will geliebet sein,
Seelen suchen Seelen.

Deinem großen Schwur getreu
Trotzest Du Verächtern;
Männlich stolz gingst Du vorbei
An der Mode Töchtern.
Flitterputz und Tändelei'n
Mag der Stutzer lieber;
Doch, Du wolltest glücklich sein
Und Du gingst vorüber.

Weiberherzen sind so gern
Kästchen zum vexiren,
Manchen lockt der gold'ne Stern,   35
Perlen, die nur zieren;
Hundert werden aufgethan,
Neun und neunzig trügen,
Aber nur in einem kann
Die Juwele liegen.   40

Glücklich macht die Gattin nicht,
Die sich selbst nur liebet,
Ewig mit dem Spiegel spricht,
Sich in Blicken übet,
Geizig nach dem Ruhm der Welt   45
In der neuen Robe,
Stolzer, schöner sich gefällt
Als in Deinem Lobe.

Keine witz'ge Spötterin,
Keiner Gauklertruppe   50
Zugestutzte Schülerin,
Keine Modepuppe,
Keine, die mit Bücherkram
Ihre Liebe pinselt,
Was nicht aus dem Herzen kam   55
Aus Romanen winselt.

Glücklich macht die Gattin nicht,
Die nach Siegen trachtet,
Männerherzen Netze flicht,
Deines nur verachtet,   60
Die bei Spiel und bunten Reih'n,
Assembleen und Bällen,
Freuden suchet, die allein
Aus dem Herzen quellen.

Glücklich macht die Gattin nur,   65
Die für Dich nur lebet

Und mit herzlicher Natur
Liebend an Dir klebet;
Die um Deiner werth zu sein,
Für die Welt erblindet
Und in Deinem Arm allein
Ihren Himmel findet,

Jauchzet, wenn Du fröhlich bist,
Trauert, wenn Du klagest,
Lächelt, wenn Du freundlich siehst
Zittert, wenn Du wagest;
Die in schöner Sympathie
Dein Gefühl erreichet
Und in Seelenharmonie
Deiner Minna gleichet.

Sie allein ist Dir genug,
Welten kannst Du missen;
Wunden, die das Schicksal schlug,
Heilet sie mit Küssen.
Deine Wonne sendet sie
Mit dem Engelblicke
Schwesterlicher Sympathie
Wuchernd Dir zurücke.

Wenn die ernste Männerpflicht
Deinen Geist ermüdet,
Wenn der Sorgen Bleigewicht
Finster auf Dir brütet,
Falsche Freunde von Dir flieh'n,
Feinde Dich verhöhnen,
Wetter Dir entgegenziehn,
Donner um Dich dröhnen,

Wenn Dein ganzer Himmel fällt,
Wenn Dein Engel weichet,
Wenn um Dich die ganze Welt
Einer Wüste gleichet: —

O, dann wird ihr sanfter Blick
Dir Erquickung fächeln;
Die Verzweiflung tritt zurück,
Weicht vor ihrem Lächeln.

Nie wird dieser Bund vergehn, 105
Keine Zeit ihn mindern,
Schöner wird er auferstehn
In geliebten Kindern.
Wenn die Freuden untergehn,
Die Dir heute scheinen, 110
Wirst Du froh Dich wiedersehn
In den lieben Kleinen.

Aussicht voll von Seeligkeit! —
Mit prophet'schen Blicken
Seh' ich in die künft'ge Zeit, 115
Sehe mit Entzücken
Töchter, reizend, sanft und gut,
Nach der Mutter Bilde,
Söhne von des Vaters Blut,
Feurig, kühn und milde. 120

Lieblich, wie ein Rosenflor
An den Gartenwänden,
Herrlich wachsen sie empor
Unter Deinen Händen.
Freudenthränen im Gesicht 125
Sammelst Du die Blüthen,
Wie der Gärtner Blumen bricht,
Die ihn oft bemühten.

Dich ereilt der Jahre Ziel,
Deine Kräfte schwinden, 130
Uns'res Lebens kurzes Spiel
Muß zuletzt doch enden.
Um Dein Bette drängt sich dann
Eine schöne Jugend,

135 Dein Gedächtniß, edler Mann,
Lebt in ihrer Tugend.

Jede Erdenwonne muß
Sich mit Leiden gatten,
Lüste würgen im Genuß,
140 Ehre speist mit Schatten; —
Weisheit tödtet oft die Glut
Uns'rer schönsten Triebe,
Tugend kämpft mit heißem Blut
Glücklich macht nur Liebe!

145 Preißt den armen Weisen nicht,
Der sie nie empfunden,
Dem des Lebens Traumgesicht
Ohne sie verschwunden,
Dessen rauhe Seele nie
150 In der Gattin Armen
Schmolz in süßer Sympathie —
Weinet um den Armen;

Der die Wonne nie gekannt,
Nie der Liebe Gaben,
155 Den man Vater nie genannt,
Kinderlos begraben.
Wer in Amors süßen Bann
Nie sich hingegeben,
Was verspricht der arme Mann
160 Sich vom andern Leben?

Sei's ein Weiser, sei's ein Held,
Still und schnell vergessen
Schleicht er zu der Unterwelt
Und ist nie gewesen. —
165 Freund, Du hast auf Gott vertraut,
Gott hat Dich belohnet!
Frage Deine frohe Braut,
Wo Dein Himmel wohnet.

> Unauslöschlich, wie die Glut
> Deiner reinen Triebe,
> Unerschüttert, wie Dein Muth,
> Stark, wie Deine Liebe,
> Ewig, wie Du selber bist,
> Dau're Deine Freude;
> Wenn die Sonne nicht mehr ist,
> Liebe noch wie heute!

AM 7. AUGUST 1785

Heute vor fünftausend Jahren hatte Zeus die unsterblichen Götter auf dem Olympus bewirthet. Als man sich niedersetzte, entstand ein Rangstreit unter drei Töchtern Jupiters. Die Tugend wollte der Liebe vorangehen, die Liebe der Tugend nicht weichen, und die Freundschaft behauptete ihren Rang vor Beiden. Der ganze Himmel kam in Bewegung und die streitenden Göttinnen zogen sich vor den Thron des Saturnius.

Es gilt nur ein Adel auf dem Olympus, rief Chronos Sohn, und nur ein Gesetz, wonach man die Götter richtet. Der ist der Erste, der die glücklichsten Menschen macht.

Ich habe gewonnen, rief triumphirend die Liebe. Selbst meine Schwester die Tugend kann ihren Lieblingen keine größere Belohnung bieten als mich — und ob ich Wonne verbreite, das beantworte Jupiter und alle anwesende unsterbliche Götter.

Und wie lange bestehen Deine Entzückungen? unterbrach sie ernsthaft die Tugend. Wen ich mit der unverwundbaren Aegide beschütze, verlacht selbst das furchtbare Fatum, dem auch sogar die Unsterblichen huldigen. Wenn Du mit dem Beispiel der Götter prahlst, so kann ich es auch — der Sohn des Saturnus ist sterblich, sobald er nicht tugendhaft ist.

Die Freundschaft stand von ferne, und schwieg.

Und Du, kein Wort, meine Tochter? rief Jupiter — Was wirst Du Deinen Lieblingen Großes bieten?

Nichts von dem Allen, antwortete die Göttin, und wischte verstohlen eine Thräne von der erröthenden Wange. Mich lassen sie stehen, wenn sie glücklich sind, aber sie suchen mich auf, wenn sie leiden.

Versöhnet Euch meine Kinder, sprach jetzt der Göttervater. Euer Streit ist der schönste, den Zeus je geschlichtet hat, aber keine hat ihn verloren. Meine männliche Tochter, die Tugend, wird ihre Schwester Liebe Standhaftigkeit lehren, und die Liebe keinen Günstling beglücken, den die Tugend ihr nicht zugeführt hat. Aber zwischen Euch beide trete die Freundschaft und hafte mir für die Ewigkeit dieses Bundes.

UNTERTHÄNIGSTES PRO MEMORIA

an die Consistorialrath Körnerische weibliche Waschdeputation
in Loschwiz eingereicht von einem niedergeschlagenen Trauerspieldichter

Bittschrift

Dumm ist mein Kopf und schwer wie Blei,
    die Tobaksdose ledig
Mein Magen leer — der Himmel sei
    dem Trauerspiele gnädig.

Ich kraze mit dem Federkiel
    auf den gewalkten Lumpen;
Wer kann Empfindung und Gefühl
    aus hohlem Herzen pumpen?

Feur soll ich gießen aufs Papier
    mit angefrornem Finger? — —
O Phöbus, haßest du Geschmier,
    so wärm auch deine Sänger.

Die Wäsche klatscht vor meiner Thür,
    es scharrt die Küchenzofe —
und mich — mich ruft das Flügelthier
    nach König Philipps Hofe.

Ich steige mutig auf das Roß;
   in wenigen Sekunden
seh ich Madrid — am Königsschloß
   hab ich es angebunden.   20

Ich eile durch die Gallerie
   und — siehe da! — belausche
die junge Fürstin Eboli
   in süßem Liebesrausche.

Jezt sinkt sie an des Prinzen Brust,   25
   mit wonnevollem Schauer,
in ihren Augen Götterlust,
   doch in den seinen, Trauer.

Schon ruft das schöne Weib Triumph
   schon hör ich — Tod und Hölle!   30
Was hör ich? — einen naßen Strumpf
   geworfen in die Welle.

Und weg ist Traum und Feerey,
   Prinzessin, Gott befohlen!
Der Teufel soll die Dichterei   35
   beim Hemderwaschen hohlen.

      gegeben
in unserm jammervollem   F. Schiller.
      Lager   Haus- und Wirthschafts Dichter.
  ohnweit dem Keller.

THALIA
1786

FREIGEISTEREI DER LEIDENSCHAFT *)
Als Laura vermählt war im Jahr 1782

Nein — länger länger werd ich diesen Kampf nicht kämpfen,
    den Riesenkampf der Pflicht.
Kannst du des Herzens Flammentrieb nicht dämpfen,
    so fodre, Tugend, dieses Opfer nicht.

5 Geschworen hab ichs, ja, ich habs geschworen,
    mich selbst zu bändigen.
Hier ist dein Kranz. Er sey auf ewig mir verloren,
    nimm ihn zurük, und laß mich sündigen.

Sieh, Göttin, mich zu deines Trones Stuffen,
10   wo ich noch jüngst, ein frecher Beter, lag,
Mein übereilter Eid sey widerrufen,
    vernichtet sey der schrekliche Vertrag,

Den du im süßen Taumel einer warmen Stunde
    vom Träumenden erzwangst,
15 Mit meinem heißen Blut in unerlaubtem Bunde,
    betrügerisch aus meinem Busen rangst.

Wo sind die Feuer, die elektrisch mich durchwallten,
    und wo der starke kühne Talisman?
In jenem Wahnwiz will ich meinen Schwur dir halten,
20   worinn ich unbesonnen ihn gethan.

Zerrissen sey, was du und ich bedungen haben,
    Sie liebt mich — deine Krone sey verscherzt.
Glükselig, wer in Wonnetrunkenheit begraben,
    so leicht wie ich, den tiefen Fall verschmerzt.

---

*) Ich habe um so weniger Anstand genommen, die zwey folgenden Gedichte hier aufzunehmen, da ich von jedem Leser erwarten kann, er werde so billig seyn, eine Aufwallung der Leidenschaft nicht für ein philosophisches Sistem und die Verzweiflung eines erdichteten Liebhabers nicht für das Glaubensbekenntniß des Dichters anzusehen. Widrigenfalls möchte es übel um den dramatischen Dichter aussehen, dessen Intrigue selten ohne einen Bösewicht fortgeführt werden kann: und Milton und Klopstock müßten um so schlechtere Menschen seyn, je besser ihnen ihre Teufel glückten.   S.

Sie sieht den Wurm an meiner Jugend Blume nagen,
   und meinen Lenz entflohn,
Bewundert still mein heldenmütiges Entsagen
   und großmuthsvoll beschließt sie meinen Lohn.

Mistraue, schöne Seele, dieser Engelgüte!
   Dein Mitleid waffnet zum Verbrecher mich,
Gibts in des Lebens unermeßlichem Gebiete,
   gibts einen andern schönern Lohn — als Dich?

Als das Verbrechen, das ich ewig fliehen wolte?
   Entsezliches Geschik!
Der einzge Lohn der meine Tugend krönen sollte,
   ist meiner Tugend lezter Augenblik.

Des wollustreichen Giftes voll — vergessen,
   vor wem ich zittern muß,
Wag ich es stumm, an meinen Busen sie zu pressen,
   auf ihren Lippen brennt mein erster Kuß,

Wie schnell auf sein allmächtig glüendes Berühren,
   wie schnell o Laura floß
Das dünne Siegel ab von übereilten Schwüren,
   sprang deiner Pflicht Tirannenkette los,

Jezt schlug sie laut die heißerflehte Schäferstunde,
   jezt dämmerte mein Glük —
Erhörung zitterte auf deinem brennenden Munde,
   Erhörung schwamm in deinem feuchten Blick,

Mir schauerte vor dem so nahen Glüke,
   und ich errang es nicht.
Vor deiner Gottheit taumelte mein Muth zurüke,
   ich Rasender! und ich errang es nicht!

Woher diß Zittern, diß unnennbare Entsezen,
   wenn mich dein liebevoller Arm umschlang? —
Weil dich ein Eid, den auch schon Wallungen verlezen,
   in fremde Fesseln zwang?

Weil ein Gebrauch, den die Geseze heilig prägen,
   des Zufalls schwere Missethat geweiht?
Nein — unerschroken troz' ich einem Bund entgegen,
60   den die erröthende Natur bereut.

O zittre nicht — du hast als Sünderin geschworen,
   ein Meineid ist der Reue fromme Pflicht.
Das Herz war mein, das du vor dem Altar verloren,
   Mit Menschenfreuden spielt der Himmel nicht.

65 Zum Kampf auf die Vernichtung sey er vorgeladen,
   an den der feierliche Spruch dich band.
Die Vorsicht kann den überflüßgen Geist entrathen,
   für den sie keine Seligkeit erfand.

Getrennt von Dir — warum bin ich geworden?
70   Weil du bist, schuf mich Gott!
Er widerrufe, oder lerne Geister morden,
   und flüchte mich vor seines Wurmes Spott.

Sanftmütigster der fühlenden Dämonen,
   zum Wüterich verzerrt dich Menschenwahn?
75 Dich solten meine Quaalen nur belonen,
   und diesen Nero beten Geister an?

Dich hätten sie als den Allguten mir gepriesen,
   als Vater mir gemahlt?
So wucherst du mit deinen Paradiesen?
80   Mit meinen Tränen machst du dich bezahlt?

Besticht man dich mit blutendem Entsagen?
   Durch eine Hölle nur
Kannst du zu deinem Himmel eine Brüke schlagen?
   Nur auf der Folter merkt dich die Natur?

85 O diesem Gott laßt unsre Tempel uns verschließen,
   kein Loblied feire ihn,
Und keine Freudenträne soll ihm weiter fließen,
   er hat auf immer seinen Lohn dahin!

RESIGNATION

Eine Phantasie

Auch ich war in Arkadien geboren,
  auch mir hat die Natur
an meiner Wiege Freude zugeschworen,
auch ich war in Arkadien geboren,
  doch Tränen gab der kurze Lenz mir nur.

Des Lebens Mai blüht einmal und nicht wieder,
  Mir hat er abgeblüht.
Der stille Gott — o weinet meine Brüder —
der stille Gott taucht meine Fakel nieder,
  und die Erscheinung flieht.

Da steh ich schon auf deiner Schauerbrüke,
  Ehrwürdge Geistermutter — Ewigkeit.
Empfange meinen Vollmachtbrief zum Glüke,
ich bring ihn unerbrochen dir zurüke,
  mein Lauf ist aus. Ich weiß von keiner Seligkeit.

Vor deinem Tron erheb' ich meine Klage,
  verhüllte Richterin.
Auf jenem Stern gieng eine frohe Sage,
Du tronest hier mit des Gerichtes Waage
  und nennest dich Vergelterin.

Hier — spricht man — warten Schreken auf den Bösen,
  und Freuden auf den Redlichen.
Des Herzens Krümmen werdest du entblößen,
Der Vorsicht Räzel werdest du mir lösen,
  und Rechnung halten mit dem Leidenden.

Hier öfne sich die Heimat dem Verbannten,
  hier endige des Dulders Dornenbahn.
Ein Götterkind, das sie mir Wahrheit nannten
Die meisten flohen, wenige nur kannten,
  hielt meines Lebens raschen Zügel an.

„Ich zahle dir in einem andern Leben,
  gib deine Jugend mir,
Nichts kann ich dir als diese Weisung geben."
Ich nahm die Weisung auf das andre Leben,
35   und meiner Jugend Freuden gab ich ihr.

„Gib mir das Weib, so theuer deinem Herzen,
  gib deine Laura mir.
Jenseits der Gräber wuchern deine Schmerzen." —
Ich riß sie blutend aus dem wunden Herzen,
40   und weinte laut, und gab sie ihr.

„Du siehst die Zeit nach jenen Ufern fliegen,
  die blühende Natur
bleibt hinter ihr — ein welker Leichnam — liegen.
Wenn Erd und Himmel trümmernd aus einander fliegen,
45   daran erkenne den erfüllten Schwur."

„ „Die Schuldverschreibung lautet an die Todten," "
  hohnlächelte die Welt,
„ „Die Lügnerin, gedungen von Despoten
hat für die Wahrheit Schatten dir geboten,
50   du bist nicht mehr, wenn dieser Schein verfällt." "

Frech wizelte das Schlangenheer der Spötter:
  „ „Vor einem Wahn, den nur Verjährung weiht,
erzitterst du? Was sollen deine Götter,
des kranken Weltplans schlau erdachte Retter,
55   die Menschenwiz des Menschen Nothdurft leiht?" "

„ „Ein Gaukelspiel, ohnmächtigen Gewürmen
  von mächtigem gegönnt,
Schrekfeuer angestekt auf hohen Thürmen,
Die Phantasie des Träumers zu bestürmen,
60   wo des Gesezes Fakel dunkel brennt." "

„ „Was heißt die Zukunft, die uns Gräber deken?
  Die Ewigkeit, mit der du eitel prangst?

Ehrwürdig nur, weil schlaue Hüllen sie versteken,
der Riesenschatten unsrer eignen Schreken
im holen Spiegel der Gewissensangst;" "

„„Ein Lügenbild lebendiger Gestalten,
    die Mumie der Zeit
vom Balsamgeist der Hofnung in den kalten
Behausungen des Grabes hingehalten,
    das nennt dein Fieberwahn — Unsterblichkeit?" "

„„Für Hoffnungen — Verwesung straft sie Lügen —
gabst du gewiße Güter hin?
Sechstausend Jahre hat der Tod geschwiegen,
Kam je ein Leichnam aus der Gruft gestiegen
    der Meldung that von der Vergelterin?" "

Ich sah die Zeit nach deinen Ufern fliegen,
    die blühende Natur
blieb hinter ihr, ein welker Leichnam, liegen,
Kein Todter kam aus seiner Gruft gestiegen,
    und fest vertraut' ich auf den Götterschwur.

All meine Freuden hab ich dir geschlachtet,
    jezt werf ich mich vor deinen Richtertron.
Der Menge Spott hab ich beherzt verachtet,
nur deine Güte hab ich groß geachtet,
    Vergelterin, ich fodre meinen Lohn.

„Mit gleicher Liebe lieb ich meine Kinder,
    rief unsichtbar ein Genius.
Zwei Blumen, rief er — hört es Menschenkinder —
Zwei Blumen blühen für den weisen Finder,
    sie heißen Hofnung und Genuß.

„Wer dieser Blumen Eine brach, begehre
    die andre Schwester nicht.
Genieße wer nicht glauben kann. Die Lehre
ist ewig wie die Welt. Wer glauben kann, entbehre.
    Die Weltgeschichte ist das Weltgericht.

„Du hast gehoft, dein Lohn ist abgetragen,
    dein Glaube war dein zugewognes Glük.
Du konntest deine Weisen fragen,
    was man von der Minute ausgeschlagen
    gibt keine Ewigkeit zurük.

AN DIE FREUDE

Freude, schöner Götterfunken,
    Tochter aus Elisium,
Wir betreten feuertrunken
    Himmlische, dein Heiligthum.
Deine Zauber binden wieder,
    was der Mode Schwerd getheilt;
Bettler werden Fürstenbrüder,
    wo dein sanfter Flügel weilt.

Chor
Seid umschlungen Millionen!
    Diesen Kuß der ganzen Welt!
Brüder — überm Sternenzelt
muß ein lieber Vater wohnen.

Wem der große Wurf gelungen,
    eines Freundes Freund zu seyn;
wer ein holdes Weib errungen,
    mische seinen Jubel ein!
Ja — wer auch nur eine Seele
    sein nennt auf dem Erdenrund!
Und wer's nie gekonnt, der stehle
    weinend sich aus diesem Bund!

Chor
Was den großen Ring bewohnet
    huldige der Simpathie!
Zu den Sternen leitet sie,
Wo der Unbekannte tronet.

Freude trinken alle Wesen
   an den Brüsten der Natur,
Alle Guten, alle Bösen
   folgen ihrer Rosenspur.
Küße gab sie uns und Reben,
   einen Freund, geprüft im Tod.
Wollust ward dem Wurm gegeben,
   und der Cherub steht vor Gott.

      Chor
Ihr stürzt nieder, Millionen?
   Ahndest du den Schöpfer, Welt?
Such' ihn überm Sternenzelt,
   über Sternen muß er wohnen.

Freude heißt die starke Feder
   in der ewigen Natur.
Freude, Freude treibt die Räder
   in der großen Weltenuhr.
Blumen lockt sie aus den Keimen,
   Sonnen aus dem Firmament,
Sphären rollt sie in den Räumen,
   die des Sehers Rohr nicht kennt!

      Chor
Froh, wie seine Sonnen fliegen,
   durch des Himmels prächtgen Plan,
Laufet Brüder eure Bahn,
   freudig wie ein Held zum siegen.

Aus der Wahrheit Feuerspiegel
   lächelt sie den Forscher an.
Zu der Tugend steilem Hügel
   leitet sie des Dulders Bahn.
Auf des Glaubens Sonnenberge
   sieht man ihre Fahnen wehn,
Durch den Riß gesprengter Särge
   sie im Chor der Engel stehn.

AN DIE FREUDE

Chor
Duldet mutig Millionen!
Duldet für die beßre Welt!
Droben überm Sternenzelt
wird ein großer Gott belohnen.

Göttern kann man nicht vergelten,
schön ists ihnen gleich zu seyn.
Gram und Armut soll sich melden
mit den Frohen sich erfreun.
Groll und Rache sei vergessen,
unserm Todfeind sei verziehn
Keine Thräne soll ihn pressen,
keine Reue nage ihn.

Chor
Unser Schuldbuch sei vernichtet!
ausgesöhnt die ganze Welt!
Brüder — überm Sternenzelt
richtet Gott wie wir gerichtet.

Freude sprudelt in Pokalen,
in der Traube goldnem Blut
trinken Sanftmut Kannibalen,
Die Verzweiflung Heldenmut — —
Brüder fliegt von euren Sitzen,
wenn der volle Römer kraißt,
Laßt den Schaum zum Himmel sprützen:
Dieses Glas dem guten Geist.

Chor
Den der Sterne Wirbel loben,
den des Seraphs Hymne preist,
Dieses Glas dem guten Geist,
überm Sternenzelt dort oben!

Festen Mut in schwerem Leiden,
Hülfe, wo die Unschuld weint,
Ewigkeit geschwornen Eiden,
Wahrheit gegen Freund und Feind,

Männerstolz vor Königstronen, —
Brüder, gält' es Gut und Blut — 90
Dem Verdienste seine Kronen,
Untergang der Lügenbrut!

Chor

Schließt den heilgen Zirkel dichter,
   schwört bei diesem goldnen Wein:
   Dem Gelübde treu zu sein, 95
schwört es bei dem Sternenrichter!

Rettung von Tirannenketten,
   Großmut auch dem Bösewicht,
Hoffnung auf den Sterbebetten,
   Gnade auf dem Hochgericht! 100
Auch die Toden sollen leben!
   Brüder trinkt und stimmet ein,
Allen Sündern soll vergeben,
   und die Hölle nicht mehr seyn.

Chor

Eine heitre Abschiedsstunde! 105
   süßen Schlaf im Leichentuch!
   Brüder — einen sanften Spruch
aus des Todtenrichters Munde!

DIE UNÜBERWINDLICHE FLOTTE

Sie kömmt — sie kömmt des Mittags stolze Flotte,
   das Weltmeer wimmert unter ihr,
mit Kettenklang und einem neuen Gotte
   und tausend Donnern, naht sie dir —
Ein schwimmend Heer furchtbarer Citadellen
   (der Ocean sah ihres gleichen nie)
unüberwindlich nennt man sie,
   zieht sie einher auf den erschroknen Wellen;
den stolzen Namen weiht
   der Schreken, den sie um sich speit.

Mit majestätisch-stillem Schritte
trägt seine Last der zitternde Neptun,
   Weltuntergang in ihrer Mitte,
naht sie heran und alle Stürme ruhn.

   Dir gegenüber steht sie da,
Glükselge Insel — Herrscherin der Meere,
dir drohen diese Gallionenheere,
   großherzige Britannia.
Weh deinem freigebohrnen Volke!
Da steht sie, eine wetterschwangre Wolke.

Wer hat das hohe Kleinod dir errungen,
   das zu der Länder Fürstin dich gemacht?
Hast du nicht selbst von stolzen Königen gezwungen,
   der Reichsgeseze weisestes erdacht,
das große Blatt, das deine Könige zu Bürgern,
   zu Fürsten deine Bürger macht?
Der Segel stolze Obermacht
hast du sie nicht von Millionen Würgern
   erstritten in der Wasserschlacht?
Wem dankst du sie — erröthet Völker dieser Erde —
wem sonst als deinem Geist und deinem Schwerde?

Unglükliche —blik hin auf diese feuerwerfenden Kolossen,
blik hin und ahnde deines Ruhmes Fall,
   bang schaut auf dich der Erdenball,
und aller freien Männer Herzen schlagen,   35
und alle gute schöne Seelen klagen
   theilnehmend deines Ruhmes Fall.

Gott der Allmächtge sah herab,
sah deines Feindes stolze Löwenflaggen wehen,
   sah drohend offen dein gewisses Grab —   40
Soll, sprach er, soll mein Albion vergehen,
   erlöschen meiner Helden Stamm,
   der Unterdrükung lezter Felsendamm
zusammenstürzen, die Tirannenwehre
vernichtet sein von dieser Hemisphäre?   45
 Nie, rief er, soll der Freiheit' Paradies,
der Menschenwürde starker Schirm verschwinden!
 Gott der Allmächtge blies,
und die Armada flog nach allen Winden.

Die zween leztern Verse sind eine Anspielung auf die Medaille, welche
Elisabeth zum Andenken ihres Sieges schlagen ließ. Es wird auf
derselben eine Flotte vorgestellt, welche im Sturm untergeht, mit
der bescheidenen Inschrift: *Afflavit Deus et dissipati sunt.*

DRESDEN

1787

EIN WECHSELGESANG

Leontes

Delia — mein dich zu fühlen!
Mein durch ein ewiges Band.
Göttern auf irrdischen Stühlen
gönn' ich den dürftigen Tand.
5 Dich in die Arme zu drüken —
O wie verdien ich mein Glük!
Geb ich auch dir diß Entzüken,
dir dieser Seligkeit Fülle zurük?

Delia

Ach nur ein einziges Leben,
10   theurer Leontes, ist mein.
Tausende, könnt ich sie geben,
tausende wollt ich dir weihn.
Einmal nur kann ich mich schenken,
einmal durchschauert von Lust
15 einmal auf ewig nur sinken
sinken an deine hochschlagende Brust.

Beide

Höre den Dank deiner glüklichen Seelen
glüklich durch deinen allmächtigen Wink,
Glüenden Dank dir! Du lehrtest uns wählen,
20   glüenden Dank für dein bestes Geschenk.

Leontes

Delia, da wir uns fanden,
hört' ich den himmlischen Ruf:
„Wilst du mein Himmelreich ahnden,
liebe dis Mädchen! Ich schuf.
25 Menschen, besudelt von Sünden,
bleibt meine Gottheit verhüllt.
Wilst du den Ewigen finden
such ihn in diesem bescheidenen Bild.

Delia

Da mir Leontes erschienen,
   flüsterten Engel mir ein:
Trokne die heimlichen Tränen,
   Mädchen, der Jüngling ist dein.
Aus den erwärmenden Sonnen
   seines beseelenden Bliks
sind deine Himmel gesponnen,
   fließen dir Stralen unsterblichen Glüks.

Beide

Höre den Dank deiner glüklichen Seelen
   glüklich durch deinen allmächtigen Wink,
Glüenden Dank dir: Du lehrtest uns wählen,
   glüenden Dank für dein bestes Geschenk.

Delia

Wenn wir uns liebend umschlingen,
   Küße vor Küßen entfliehn,
flattern auf eilenden Schwingen
   goldene Stunden dahin.
Mir reicht Leontes die Hände
   in den gefürchteten Kahn,
Weil ich Leontes dort finde,
   loken Elisiums Fluren mich an.

Leontes

Stille Vergnügungen (pflüken
   wird der Verschwender sie nie)
klimmen empor zum Entzüken,
   theil ich mit Delia sie.
Pfeile, die fern auf mich zielen
   wehrt deine Liebe zurük.
Schmerzen, die still mich durchwühlen,
   schmelzen an deinem empfindenden Blik.

Beide

Höre den Dank deiner glüklichen Seelen
    glüklich durch deinen allmächtigen Wink,
Glüenden Dank dir: Du lehrtest uns wählen,
    glüenden Dank für dein bestes Geschenk.

AN ELISABETH HENRIETTE VON ARNIM

Ein treffend Bild von diesem Leben,
Ein Maskenball hat Dich zur Freundin mir gegeben.
Mein erster Anblick war — Betrug.
Doch unsern Bund, geschloßen unter Scherzen
Bestätigte die Sympathie der Herzen
Ein Blick war uns genug;
Und durch die Larve, die ich trug,
Las dieser Blick in meinem Herzen
Das warm in meinem Busen schlug!

Der Anfang unsrer Freundschaft war nur — Schein!
Die Fortsezung soll Wahrheit sein.

In dieses Lebens buntem Lottospiele
Sind es so oft nur Niethen, die wir ziehn.
Der Freundschaft stolzes Siegel tragen Viele,
Die in der Prüfungsstunde treulos fliehn.
Oft sehen wir das Bild, das unsre Träume mahlen,
Aus MenschenAugen uns entgegen strahlen,
Der, rufen wir, der muß es seyn!
Wir haschen es — und es ist Stein.

Den edlen Trieb der weichgeschaffne Seelen
Magnetisch aneinander hängt —
Der uns, bei fremden Leiden uns zu quälen,
Bei fremdem Glück zu jauchzen zwingt —

Der uns des Lebens schwere Lasten tragen
Des Todes Schrecken selbst besiegen lehrt, 25
Durch den wir uns der Gottheit näher wagen,
Und leichter selbst das Paradieß entbehrt —
Den edeln Trieb — du hast ihn ganz empfunden,
Der Freundschaft seltnes schönes Loos ist Dein.
Den höchsten Schaz, der Tausenden verschwunden, 30
Hast Du gesucht — hast Du gefunden,
Die Freundin eines Freunds zu seyn.

Auch mir bewahre diesen stolzen Nahmen.
Ein Plaz in deinem Herzen bleibe mein.
Spät führte das Verhängniß uns zusammen, 35
Doch ewig soll das Bündniß seyn.
Ich kan dir nichts als treue Freundschaft geben,
Mein Herz allein ist mein Verdienst
Dich zu verdienen will ich streben —
Dein Herz bleibt mir — wenn du das meine kennst! 40

WEIMAR, RUDOLSTADT, VOLKSTEDT
1787—1788

AN CAROLINE SCHMIDT

In ein Exemplar des Dom Karlos

Kein Lebender und keine Lebende
Saß diesem Bild, der süßen Sympathie
Und Freundschaft aufgestellt. Aus nicht vorhandenen Welten
Entlehnte es — ich kannte dich noch nie —
5 Ein volles Herz und warme Phantasie.
Wenn das, was ich für Schatten hier empfunden,
In deinem Herzen mächtig wiederklingt,
Aus deinem Auge schöne Thränen zwingt,
Wenn es in stillen schwärmerischen Stunden
10 Zu sanfter Rührung dich erweicht,
So weißt du, was der Dichter dann empfunden,
Hätt' er ein lebend Bild gefunden,
Das deinem, Caroline, gleicht.

PROLOG

Der Frühling kam. Wir flohen in die Ferne.
Der großen Freudegeberinn Natur
Verließen wir den schönen Schauplatz gerne.
Sie flieht und schmucklos ligt die Flur.
Ein düstrer Flor sinkt auf die Erde nieder, 5
Sie flieht — und wir erscheinen wieder.
An ihre Freuden wagen wir
Die unsrigen bescheiden anzuschließen,
Das bange Lebewohl von ihr
vielleicht durch unsre Spiele zu versüßen, 10
durch frohen Scherz und ein gefühltes Lied
des Winters traurge Nächte zu betrügen
und edle Menschen edel zu vergnügen; —
Was Mode, Zwang und Schiksal schied
durch süße Angst und wonnevolles Weinen 15
in Banden schöner Gleichheit zu vereinen,
auf wen'ge Augenblicke nur
der Menschheit schönes Jubelfest zu feyern,
den süßen Stand noch einmal zu erneuern,
den ersten Stand der heiligen Natur. 20
Wir, die mit Zittern vor den Pöbel
der Afterkenner uns gewagt —
Wir nahen Ihnen unverzagt
Wir stehen kühn und dreist vor Ihnen!
Wir fürchten nichts. Nur kleine Geister spotten 25
des zagenden Talentes. Sie allein
sind reich durch fremde Armuth! Rein
durch fremde Schuld. Sie brauchen mühsam durch
Verkleinerung der Andern, sich zu heben!
Der große Mann verachtet nicht!! 30
Der gnädigste von allen Richtern ist
Der Kenner! — Was der große Mann vermißt,
ersetzt er gern von seinem Ueberfluße!
Er winkt mit freundlichsanftem Gruße
dem zagenden Talent hervor, 35

Mit großmuthsvollem Wohlgefallen
    Trägt er die junge Kunst empor!
In seine Hände bitten wir zu fallen!
    Doch schweige über uns — der Thor!

40 Diß Haus — und diese glänzende Versammlung
    sah unsern Anfang — und verzieh!
Was wir geworden, wurden wir durch Sie!
Wir geben Ihr, was Sie uns gab, zurücke. — —
Wird sie die Blume, die sie selbst
45   Mit eigner Hand gezogen, die
   zu ihren Füßen dankbar blüht, zertreten?
     Das wird sie nicht! — In Wüsten, wo man sie nicht suchte,
Erfreut uns eine wilde Rose mehr,
als in Hesperiens verschwenderischen Gärten
50   ein ganzes Blumenheer.

Die Muse, noch zu furchtsam sich zu zeigen
schickt mich voran — ein Sinnbild ihrer Schwäche
und ihrer Schüchternheit — ein Kind!!

Was Männer nicht erbitten dürfen, darf
55 ein Kind vielleicht erflehen. Seine Unschuld
besticht, entwaffnet den gerührten Richter.
Die fürchterliche Waage sinkt
aus seinen Händen. Er vergißt, daß er
gerecht seyn wollte und verzeyht.

DIE PRIESTERINNEN DER SONNE

Zum 30. Jänner 1788 zu einem Maskenball

Der Tag kam, der der Sonne Dienst
    Auf ewig enden sollte;
Wir sangen ihr das lezte Lied
Und Quito's schöner Tempel glüht'
    In ihrem lezten Golde.   5

Da trat vor unsern starren Blick,
    Wie Himmlische gebildet,
Umfloßen von ätherischem Licht,
Ein Weib mit ernstem Angesicht,
    Durch sanften Gram gemildet.   10

Der Sonne Dienst ist aus! rief sie;
    Und ihre Zähren fließen.
Löscht, ruft sie, eure Fackeln aus,
Von nun an wird kein irdisch Haus,
    Kein Tempel mich verschließen.   15

Altar und Tempel stürzen ein,
    Ich will mir beßre wählen,
Zerstreuet euch durch Land und Meer,
In keinen Mauern sucht mich mehr,
    Sucht mich in schönen Seelen.   20

Wo künftig meine Gottheit wohnt,
    Soll euch dies Zeichen sagen: —
,,Seht ihr in einer Fürstin Brust
,,Für fremde Leiden, fremde Lust,
    ,,Ein Herz empfindend schlagen;   25

„Seht ihr der Seele Wiederschein
„In schönen Blicken leuchten,
„Und Thränen süßer Sympathie,
„Entlockt durch süße Harmonie,
„Ihr sprechend Aug befeuchten;

„Darf sich zu ihrem weichen Ohr
„Die kühne Wahrheit wagen,
„Und ist sie stolzer Mensch zu sein,
„Mit Menschen menschlich sich zu freun,
„Als über sie zu ragen;

„Noch groß, wenn statt dem Purpurkleid
Ein Hirtenkleid sie deckte;
„Noch liebenswerth durch sie allein,
„Wenn ihrer Hoheit Zauberschein
„Auch Schmeichler nie erweckte;

„Durchbebt in ihrer Gegenwart
„Euch nie gefühlte Wonne:
„Da, Priesterinnen! betet an,
„Da zündet eure Fackeln an!
„Da findet ihr die Sonne!"

Die Göttin spricht's, und schwindet hin,
Der Altar stürzt zusammen;
Schnell löscht das heil'ge Feuer aus;
In Trümmern liegt das Sonnenhaus,
Und Quito steht in Flammen.

Fern, fern von unserm Vaterland,
Durchirrten wir die Meere,
Durchzogen Hügel, Thal und Fluß,
Und endlich sezten wir den Fuß
Auf diese Hemisphäre.

Da sahen wir mit Grazien
Die Musen sich vereinen,

Wir folgten diesem Götterzug,
Sie senkten ihren sanften Flug
    Herab zu diesen Hainen. 60

„Zwey Fürsten-Töchter wollen wir,
 „Sie riefen's mit Entzücken,
„Zwey Fürsten-Töchter sanft und gut,
 „In ihren Busen Götterglut,
 „Mit diesem Kranze schmücken." 65

Fühlt ihr die nahe Gottheit nicht,
    Die wir im Tempel feyern? —
Das Zeichen, Schwestern! ist erfüllt!
Hier, vor der Sonne schönem Bild,
    Laßt uns den Dienst erneuern. 70

IN DAS STAMMBUCH
CHARLOTTENS VON LENGEFELD

Ein blühend Kind, von Grazien und Scherzen
    umhüpft — so, Lotte, spielt um dich die Welt.
Doch so, wie sie sich mahlt in Deinem Herzen,
    in Deiner Seele schönen Spiegel fällt,
So ist sie doch nicht! — Die Eroberungen,
    die jeder deiner Blicke siegreich zählt,
die deine sanfte Seele dir erzwungen,
    die Statuen, die — Dein Gefühl beseelt,
die Herzen, die dein eignes dir errungen,
    die Wunder die du selbst gethan,
die Reitze, die Dein Daseyn ihm gegeben,
die rechnest du für Schätze diesem Leben,
    für Tugenden uns Erdenbürgern an.
Dem holden Zauber nie entweyhter Jugend,
    der Engelgüte mächtgem Talisman,
Der Majestät der Unschuld und der Tugend,
    den will ich sehn — der Diesen trotzen kann!
Froh taumelst Du im süßen Ueberzählen
der Glücklichen, die du gemacht, der Seelen
    die du gewonnen hast, dahin.
Sei glücklich in dem lieblichen Betruge,
nie stürze von des Traumes stolzem Fluge
    ein trauriges Erwachen dich herab.
Den Blumen gleich, die deine Beete schmücken,
so pflanze sie — nur den entfernten Blicken,
    Betrachte sie! — doch pflücke sie nicht ab!
Geschaffen, nur die Augen zu vergnügen,
welk werden sie zu deinen Füßen liegen,
    je näher dir — je näher ihrem Grab.

Weimar d. 3. April. 1788.
                                    Fridrich Schiller.

DIE GÖTTER GRIECHENLANDES

Da ihr noch die schöne Welt regiertet,
an der Freude leichtem Gängelband
glücklichere Menschenalter führtet,
schöne Wesen aus dem Fabelland!
Ach! da euer Wonnedienst noch glänzte,
wie ganz anders, anders war es da!
Da man deine Tempel noch bekränzte,
Venus Amathusia!

Da der Dichtkunst mahlerische Hülle
sich noch lieblich um die Wahrheit wand! —
Durch die Schöpfung floß da Lebensfülle,
und, was nie empfinden wird, empfand.
An der Liebe Busen sie zu drücken,
gab man höhern Adel der Natur.
Alles wies den eingeweyhten Blicken
alles eines Gottes Spur.

Wo jezt nur, wie unsre Weisen sagen,
seelenlos ein Feuerball sich dreht,
lenkte damals seinen goldnen Wagen
Helios in stiller Majestät.
Diese Höhen füllten Oreaden,
eine Dryas starb mit jenem Baum,
aus den Urnen lieblicher Najaden
sprang der Ströme Silberschaum.

Jener Lorbeer wand sich einst um Hilfe*)
Tantals Tochter**) schweigt in diesem Stein,
Syrinx Klage tönt' aus jenem Schilfe,
Philomelens Schmerz in diesem Hayn.
Jener Bach empfieng Demeters Zähre,
die sie um Persephonen geweint,
und von diesem Hügel rief Cythere
ach vergebens! ihrem schönen Freund.

*) Daphne vom Apollo verfolgt.
**) Niobe.

Zu Deukalions Geschlechte stiegen
damals noch die Himmlischen herab,
Pyrrha's schöne Töchter zu besiegen,
nahm Hyperion den Hirtenstab.
Zwischen Menschen, Göttern und Heroen
knüpfte Amor einen schönen Bund.
Sterbliche mit Göttern und Heroen
huldigten in Amathunt.

Betend an der Grazien Altären
kniete da die holde Priesterinn,
sandte stille Wünsche an Cytheren
und Gelübde an die Charitinn.
Hoher Stolz, auch droben zu gebieten,
lehrte sie den göttergleichen Rang,
und des Reizes heilgen Gürtel hüten,
der den Donn'rer selbst bezwang.

Himmlisch und unsterblich war das Feuer,
das in Pindars stolzen Hymnen floß,
niederströmte in Arions Leier,
in den Stein des Phidias sich goß.
Beßre Wesen, edlere Gestalten
kündigten die hohe Abkunft an.
Götter, die vom Himmel niederwallten,
sahen hier ihn wieder aufgethan.

Werther war von eines Gottes Güte
theurer jede Gabe der Natur.
Unter Iris schönem Bogen blühte
reizender die perlenvolle Flur.
Prangender erschien die Morgenröthe
in Himerens rosigtem Gewand,
schmelzender erklang die Flöte
in des Hirtengottes Hand.

Liebenswerther mahlte sich die Jugend,
blühender in Ganymeda's*) Bild,

---

*) Hebe. Ihr älterer Nahme war Ganymeda sagt Pausanias Corinth. c. 13.

heldenkühner göttlicher die Tugend
mit Tritoniens Medusenschild.
Sanfter war, da Hymen es noch knüpfte,
heiliger der Herzen ew'ges Band. 70
Selbst des Lebens zarter Faden schlüpfte
weicher durch der Parzen Hand.

Das Evoe muntrer Thyrsusschwinger,
und der Panther prächtiges Gespann
meldeten den großen Freudebringer. 75
Faun und Satyr taumeln ihm voran,
um ihn springen rasende Mänaden,
ihre Tänze loben seinen Wein,
und die Wangen des Bewirthers laden
lustig zu dem Becher ein. 80

Höher war der Gabe Werth gestiegen,
die der Geber freundlich mit genoß,
näher war der Schöpfer dem Vergnügen,
das im Busen des Geschöpfes floß.
Nennt der Meinige sich dem Verstande? 85
Birgt ihn etwa der Gewölke Zelt?
Mühsam späh' ich im Ideenlande,
fruchtlos in der Sinnenwelt.

Eure Tempel lachten gleich Pallästen,
euch verherrlichte das Heldenspiel 90
an des Isthmus kronenreichen Festen,
und die Wagen donnerten zum Ziel.
Schön geschlungne seelenvolle Tänze
kreisten um den prangenden Altar,
eure Schläfe schmückten Siegeskränze, 95
Kronen euer duftend Haar.

Seiner Güter schenkte man das Beste,
seiner Lämmer liebstes gab der Hirt,
und der Freudetaumel seiner Gäste
lohnte dem erhabnen Wirth. 100

DIE GÖTTER GRIECHENLANDES

Wohin tret ich? Diese traurge Stille
kündigt sie mir meinen Schöpfer an?
Finster, wie er selbst, ist seine Hülle,
mein Entsagen — was ihn feiern kann.

105 Damals trat kein gräßliches Gerippe
vor das Bett des Sterbenden. Ein Kuß
nahm das lezte Leben von der Lippe,
still und traurig senkt' ein Genius
seine Fackel. Schöne lichte Bilder
110 scherzten auch um die Nothwendigkeit,
und das ernste Schicksal blickte milder
durch den Schleyer sanfter Menschlichkeit.

Nach der Geister schrecklichen Gesetzen
richtete kein heiliger Barbar,
115 dessen Augen Thränen nie benetzen,
zarte Wesen, die ein Weib gebahr.
Selbst des Orkus strenge Richterwaage
hielt der Enkel einer Sterblichen,
und der Thrakers seelenvolle Klage
120 rührte die Erinnyen.

Seine Freuden traf der frohe Schatten
in Elysiens Haynen wieder an;
Treue Liebe fand den treuen Gatten
und der Wagenlenker seine Bahn;
125 Orpheus Spiel tönt die gewohnten Lieder,
in Alcestens Arme sinkt Admet,
seinen Freund erkennt Orestes wieder,
seine Waffen Philoktet.

Aber ohne Wiederkehr verloren
130 bleibt, was ich auf dieser Welt verließ,
jede Wonne hab ich abgeschworen,
alle Bande die ich selig prieß.
Fremde, nie verstandene Entzücken
schaudern mich aus jenen Welten an,

und für Freuden, die mich jetzt beglücken, 135
tausch' ich neue, die ich missen kann.

Höh're Preise stärkten da den Ringer
auf der Tugend arbeitvoller Bahn:
Großer Thaten herrliche Vollbringer
klimmten zu den Seligen hinan; 140
Vor dem Wiederforderer der Todten*)
neigte sich der Götter stille Schaar.
Durch die Fluthen leuchtet dem Piloten
vom Olymp das Zwillingspaar.

Schöne Welt, wo bist du? — Kehre wieder, 145
holdes Blüthenalter der Natur!
Ach! nur in dem Feenland der Lieder
lebt noch deine goldne Spur.
Ausgestorben trauert das Gefilde,
keine Gottheit zeigt sich meinem Blik, 150
Ach! von jenem lebenwarmen Bilde
blieb nur das Gerippe mir zurück.

Alle jene Blüthen sind gefallen
von des Nordes winterlichem Wehn.
Einen zu bereichern, unter allen, 155
mußte diese Götterwelt vergehn.
Traurig such ich an dem Sternenbogen,
dich, Selene, find ich dort nicht mehr;
Durch die Wälder ruf ich, durch die Wogen,
ach! sie wiederhallen leer! 160

Unbewußt der Freuden, die sie schenket,
nie entzückt von ihrer Treflichkeit,
nie gewahr des Armes, der sie lenket,
reicher nie durch meine Dankbarkeit,
fühllos selbst für ihres Künstlers Ehre, 165
gleich dem todten Schlag der Pendeluhr,
dient sie knechtisch dem Gesetz der Schwere
die entgötterte Natur!

*) Hercules.

Morgen wieder neu sich zu entbinden,
wühlt sie heute sich ihr eignes Grab,
und an ewig gleicher Spindel winden
sich von selbst die Monde auf und ab.
Müßig kehrten zu dem Dichterlande
heim die Götter, unnütz einer Welt
die, entwachsen ihrem Gängelbande,
sich durch eignes Schweben hält.

Freundlos, ohne Bruder, ohne Gleichen,
keiner Göttinn, keiner Irrd'schen Sohn,
Herrscht ein Andrer in des Aethers Reichen
auf Saturnus umgestürztem Thron.
Selig, eh sich Wesen um ihn freuten,
selig im entvölkerten Gefild,
sieht er in dem langen Strom der Zeiten
ewig nur — sein eignes Bild.

Bürger des Olymps konnt' ich erreichen,
jenem Gotte, den sein Marmor preißt,
konnte einst der hohe Bildner gleichen;
Was ist neben Dir der höchste Geist
derer, welche Sterbliche gebahren?
Nur der Würmer Erster, Edelster.
Da die Götter menschlicher noch waren,
waren Menschen göttlicher.

Dessen Stralen mich darnieder schlagen,
Werk und Schöpfer des Verstandes! dir
nach zu ringen, gib mir Flügel, Waagen
dich zu wägen — oder nimm von mir
nimm die ernste strenge Göttin wieder,
die den Spiegel blendend vor mir hält;
Ihre sanft're Schwester sende nieder,
spare jene für die andre Welt.

IN DIE HOLY BIBLE FÜR FRAU VON LENGEFELD

Nicht in Welten, wie die Weisen träumen,
auch nicht in des Pöbels Paradies
nicht in Himmeln, wie die Dichter reimen
— aber wir begegnen uns gewiß.

Volkstädt d. 2. August 1788
                von Friedrich Schiller zur Erinnerung.

DIE BERÜHMTE FRAU
Epistel eines Ehemanns an einen andern

Beklagen soll ich dich? Mit Thränen bittrer Reue
wird Hymens Band von dir verflucht?
Warum? Weil deine Ungetreue
in eines andern Armen sucht,
was ihr die Deinigen versagen? 5
Freund, höre fremde Leiden an,
und lerne Deine leichter tragen.

Dich schmerzt, daß sich in Deine Rechte
ein zweyter theilt? — Beneidenswerther Mann!
Mein Weib gehört dem ganzen menschlichen Geschlechte. 10
Vom Belt bis an der Mosel Strand,
bis an die Apenninenwand,
bis in die Vaterstadt der Moden,
wird sie in allen Buden feil geboten,
muß sie auf Diligencen, Packetbooten 15
von jedem Schulfuchs jedem Haasen
kunstrichterlich sich mustern lassen,
muß sie der Brille des Philisters stehn,
und wie's ein schmutzger Aristarch befohlen,
auf Blumen oder heißen Kohlen 20
zum Ehrentempel oder Pranger gehn.

Ein Leipziger — daß Gott ihn strafen wollte!
nimmt topographisch sie wie eine Vestung auf,
und bietet Gegenden dem Publikum zu Kauf,
25 wovon ich billig doch allein nur sprechen sollte.

Dein Weib — Dank den kanonischen Gesetzen!
weiß deiner Gattinn Titel doch zu schätzen.
Sie weiß warum? und thut sehr wohl daran.
Mich kennt man nur als Ninons Mann.
30 Du klagst, daß im Parterr' und an den Pharotischen,
erscheinst du, alle Zungen zischen?
O Mann des Glücks! Wer einmal das von sich
zu rühmen hätte! — Mich, Herr Bruder, mich,
bescheert mir endlich eine Molkenkur
35 das rare Glück — den Platz an ihrer Linken,
mich merkt kein Aug', und alle Blicke winken
auf meine stolze Hälfte nur.

Kaum ist der Morgen grau,
so kracht die Treppe schon von blau und gelben Röcken,
40 mit Briefen, Ballen, unfrankierten Päcken,
signiert: an die berühmte Frau.
Sie schläft so süß! — Doch darf ich sie nicht schonen
„Die Zeitungen, Madam, aus Jena und Berlin!"
Rasch öfnet sich das Aug der holden Schläferinn,
45 ihr erster Blick fällt — auf Recensionen.
Das schöne blaue Auge! — Mir
nicht Einen Blick! — Durchirrt ein elendes Papier.
(Laut hört man in der Kinderstube weinen)
Sie legt es endlich weg und frägt nach ihren Kleinen.

50 Die Toilette wartet schon,
Doch halbe Blicke nur beglücken ihren Spiegel.
Ein mürrisch ungeduldig Drohn
gibt der erschrocknen Zofe Flügel.
Von ihrem Putztisch sind die Grazien entflohn
55 und an der Stelle holder Amorinen
sieht man Erinnyen den Lockenbau bedienen.

Karossen rasseln jezt heran,
und Miethlakayen springen von den Tritten,
dem düftenden Abbee, dem Reichsbaron, dem Britten,
der — nur nichts Deutsches lesen kann, 60
Großing und Compagnie, dem Z** Wundermann
Gehör bey der Berühmten zu erbitten.
Ein Ding, das Demuthsvoll sich in die Ecke drückt
und Ehmann heißt, wird vornehm angeblickt.
Hier darf ihr — wird Dein Hausfreund soviel wagen? — 65
der dümmste Fat, der ärmste Wicht,
wie sehr er sie bewundre, sagen;
und darfs vor meinem Angesicht!
Ich steh dabey, und, will ich artig heißen,
muß ich ihn bitten, mitzuspeisen. 70

Bey Tafel, Freund, beginnt erst meine Noth,
da geht es über meine Flaschen,
mit Weinen von Burgund, die mir der Arzt verbot,
muß ich die Kehlen ihrer Lober waschen.
Mein schwer verdienter Bissen Brod 75
wird hungriger Schmarotzer Beute;
O diese leidige vermaledeyte
Unsterblichkeit ist meines Nierensteiners Tod.
Den Wurm an alle Finger welche drucken!
Was, meinst du, sey mein Dank? Ein Achselzucken, 80
ein Minenspiel, ein ungeschliffenes Beklagen;
Erräthst du's nicht? O ich versteh's genau!
Daß diesen Brillant von einer Frau
ein solcher Pavian davon getragen.

Der Frühling kommt. Auf Wiesen und auf Feldern 85
streut die Natur den bunten Teppich hin
die Blumen kleiden sich in angenehmes Grün,
die Lerche singt, es lebt in allen Wäldern.
— Ihr ist der Frühling wonneleer.
Die Sängerinn der süßesten Gefühle, 90
der schöne Hayn, der Zeuge unsrer Spiele,
sagt ihrem Herzen jezt nichts mehr.

```
        Die Nachtigallen haben nicht gelesen,
        die Lilien bewundern nicht.
 95     Der allgemeine Jubelruf der Wesen
        begeistert sie — zu einem Sinngedicht.
        Doch nein! Die Jahrszeit ist so schön — zum reisen.
        Wie drängend voll mags jezt in Pyrmont seyn!
        Auch hört man überall das Karlsbad preisen.
100     Husch ist sie dort — in jenem ehrenvollen Reyhn,
        wo Griechen untermischt mit Weisen
        Celebritäten aller Art,
        vertraulich wie in Charons Kahn gepaart,
        an Einem Tisch zusammen speisen;
105     wo eingeschickt von fernen Meilen
        zerrißne Tugenden von ihren Wunden heilen,
        noch andre — sie mit Würde zu bestehn!
        um die Versuchung lüstern flehn —
        dort Freund — o lerne dein Verhängniß preisen!
110     Dort wandelt meine Frau, und läßt mir sieben Waysen.

        O meiner Liebe erstes Flitterjahr!
        Wie schnell — ach wie so schnell bist du entflogen!
        Ein Weib, wie keines ist, und keines war,
        mir von des Reitzes Göttinnen erzogen,
115     mit hellem Geist, mit aufgethanem Sinn
        und weichen leicht beweglichen Gefühlen,
        so sah ich sie, die Herzenfeßlerinn,
        gleich einem Maytag, mir zur Seite spielen.
        Das süße Wort: Ich liebe dich:
120     sprach aus dem holden Augenpaare.
        So führt' ich sie zum Traualtare,
        O wer war glücklicher als ich!
        Ein Blüthenfeld beneidenswerther Jahre
        sah lachend mich aus diesem Spiegel an.
125     Mein Himmel war mir aufgethan.
        Schon sah ich schöne Kinder um mich scherzen,
        in ihrem Kreis die schönste sie,
        die glücklichste von allen sie,
        und mein, durch Seelenharmonie,
```

durch ewig festen Bund der Herzen. 130
Und nun erscheint — o mög ihn Gott verdammen!
ein großer Mann — ein schöner Geist.
Der große Mann thut eine That! — und reißt
mein Kartenhaus von Himmelreich zusammen.

Wen hab ich nun? — Beweinenswerther Tausch! 135
Erwacht aus diesem Wonnerausch,
was ist von diesem Engel mir geblieben?
Ein starker Geist in einem zarten Leib,
ein Zwitter zwischen Mann und Weib,
gleich ungeschickt zum Herrschen und zum Lieben. 140
Ein Kind mit eines Riesen Waffen,
Ein Mittelding von Weisen und von Affen!
Um kümmerlich dem stärkern nachzukriechen,
dem schöneren Geschlecht entflohn,
herabgestürzt von einem Thron, 145
des Reitzes heiligen Mysterien entwichen,
aus Cythereas goldnem Buch gestrichen*)
für — einer Zeitung Gnadenlohn.

---

*) Goldnes Buch; so wird in einigen italiänischen Republiken das Verzeichniß genannt, in welchem die adelichen Familien eingeschrieben stehen.

DIE KÜNSTLER

Wie schön, o Mensch, mit deinem Palmenzweige
stehst du an des Jahrhunderts Neige,
in edler stolzer Männlichkeit,
mit aufgeschloßnem Sinn, mit Geistesfülle,
voll milden Ernsts, in thatenreicher Stille,
der reifste Sohn der Zeit,
frey durch Vernunft, stark durch Gesetze,
durch Sanftmuth groß, und reich durch Schätze
die lange Zeit dein Busen dir verschwieg,
Herr der Natur, die deine Fesseln liebet,
die deine Kraft in tausend Kämpfen übet,
und prangend unter dir aus der Verwildrung stieg!

Berauscht von dem errungnen Sieg,
verlerne nicht die Hand zu preisen,
die an des Lebens ödem Strand
den weinenden verlaßnen Waisen
des wilden Zufalls Beute fand,
die frühe schon der künftgen Geisterwürde
dein junges Herz im Stillen zugekehrt,
und die befleckende Begierde
von deinem zarten Busen abgewehrt,
die Gütige, die deine Jugend
in hohen Pflichten spielend unterwieß,
und das Geheimniß der erhabnen Tugend
in leichten Räthseln dich errathen ließ,
die, reifer nur ihn wieder zu empfangen,
in fremde Arme ihren Liebling gab,
o falle nicht mit ausgeartetem Verlangen
zu ihren niedern Dienerinnen ab!
Im Fleiß kann dich die Biene meistern,
in der Geschicklichkeit ein Wurm dein Lehrer seyn,
dein Wissen theilest du mit vorgezognen Geistern,
die Kunst, o Mensch, hast du allein.

Nur durch das Morgenthor des Schönen
drangst du in der Erkenntniß Land. 35
An höhern Glanz sich zu gewöhnen,
übt sich am Reitze der Verstand.
Was bey dem Saitenklang der Musen
mit süßem Beben dich durchdrang,
erzog die Kraft in deinem Busen, 40
die sich dereinst zum Weltgeist schwang.

Was erst, nachdem Jahrtausende verflossen,
die alternde Vernunft erfand,
lag im Symbol des Schönen und des Großen
voraus geoffenbart dem kindischen Verstand. 45
Ihr holdes Bild hieß uns die Tugend lieben,
ein zarter Sinn hat vor dem Laster sich gesträubt,
eh noch ein Solon das Gesetz geschrieben,
das matte Blüthen langsam treibt.
Eh vor des Denkers Geist der kühne 50
Begriff des ew'gen Raumes stand,
wer sah hinauf zur Sternenbühne,
der ihn nicht ahndend schon empfand?

Die, eine Glorie von Orionen
um's Angesicht, in hehrer Majestät, 55
nur angeschaut von reineren Dämonen,
verzehrend über Sternen geht,
geflohn auf ihrem Sonnenthrone,
die furchtbar herrliche Urania,
mit abgelegter Feuerkrone 60
steht sie — als Schönheit vor uns da.
Der Anmuth Gürtel umgewunden,
wird sie zum Kind, daß Kinder sie verstehn:
was wir als Schönheit hier empfunden,
wird einst als Wahrheit uns entgegen gehn. 65

Als der Erschaffende von seinem Angesichte
den Menschen in die Sterblichkeit verwieß,
und eine späte Wiederkehr zum Lichte
auf schwerem Sinnenpfad ihn finden hieß,

DIE KÜNSTLER

70 als alle Himmlischen ihr Antlitz von ihm wandten,
schloß sie, die Menschliche, allein
mit dem verlassenen Verbannten
großmüthig in die Sterblichkeit sich ein.
Hier schwebt sie, mit gesenktem Fluge,
75 um ihren Liebling, nah am Sinnenland,
und mahlt mit lieblichem Betruge
Elysium auf seine Kerkerwand.

Als in den weichen Armen dieser Amme
die zarte Menschheit noch geruht,
80 da schürte heil'ge Mordsucht keine Flamme,
da rauchte kein unschuldig Blut.
Das Herz, das sie an sanften Banden lenket,
verschmäht der Pflichten knechtisches Geleit;
ihr Lichtpfad, schöner nur geschlungen, senket
85 sich in die Sonnenbahn der Sittlichkeit.
Die ihrem keuschen Dienste leben
versucht kein niedrer Trieb, bleicht kein Geschick;
wie unter heilige Gewalt gegeben
empfangen sie das reine Geisterleben,
90 der Freyheit süßes Recht, zurück.

Glückselige, die sie — aus Millionen
die reinsten — ihrem Dienst geweiht,
in deren Brust sie würdigte zu thronen,
durch deren Mund die Mächtige gebeut,
95 die sie auf ewig flammenden Altären
erkohr das heil'ge Feuer ihr zu nähren,
vor deren Aug' allein sie hüllenloß erscheint,
die sie in sanftem Bund um sich vereint!
Freut euch der ehrenvollen Stufe,
100 worauf die hohe Ordnung euch gestellt:
In die erhabne Geisterwelt
war't ihr der Menschheit erste Stufe.

Eh ihr das Gleichmaas in die Welt gebracht,
dem alle Wesen freudig dienen —

ein unermeßner Bau, im schwarzen Flor der Nacht 105
nächst um ihn her mit mattem Strahle nur beschienen,
ein streitendes Gestaltenheer,
die seinen Sinn in Sklavenbanden hielten,
und ungesellig, rauh wie er,
mit tausend Kräften auf ihn zielten, 110
— so stand die Schöpfung vor dem Wilden.
Durch der Begierde blinde Fessel nur
an die Erscheinungen gebunden,
entfloh ihm, ungenossen, unempfunden,
die schöne Seele der Natur. 115

   Und wie sie fliehend jetzt vorüber fuhr,
ergriffet ihr die nachbarlichen Schatten
mit zartem Sinn, mit stiller Hand,
und lerntet in harmonschem Band
gesellig sie zusammen gatten. 120
Leichtschwebend fühlte sich der Blick
vom schlanken Wuchs der Ceder aufgezogen;
gefällig strahlte der Krystall der Wogen
die hüpfende Gestalt zurück.
Wie konntet ihr des schönen Winks verfehlen, 125
womit euch die Natur hilfreich entgegen kam?
Die Kunst, den Schatten ihr nachahmend abzustehlen,
wies euch das Bild, das auf der Woge schwamm.
Von ihrem Wesen abgeschieden,
ihr eignes liebliches Phantom, 130
warf sie sich in den Silberstrom,
sich ihrem Räuber anzubieten.
Die schöne Bildkraft ward in eurem Busen wach.
Zu edel schon, nicht müßig zu empfangen,
schuft ihr im Sand — im Thon den holden Schatten nach, 135
im Umriß ward sein Daseyn aufgefangen.
Lebendig regte sich des Wirkens süße Lust —
die erste Schöpfung trat aus eurer Brust.

   Von der Betrachtung angehalten,
von eurem Späheraug' umstrickt, 140

verriethen die vertraulichen Gestalten
den Talisman, wodurch sie euch entzückt.
Die wunderwirkenden Gesetze,
des Reitzes ausgeforschte Schätze
145 verknüpfte der erfindende Verstand
in leichtem Bund in Werken eurer Hand.
Der Obeliske stieg, die Pyramide,
die Herme stand, die Säule sprang empor,
des Waldes Melodie floß aus dem Haberrohr,
150 und Siegesthaten lebten in dem Liede.

Die Auswahl einer Blumenflur
mit weiser Wahl in einen Strauß gebunden,
so trat die erste Kunst aus der Natur;
jetzt wurden Sträuße schon in einen Kranz gewunden,
155 und eine zweyte höh're Kunst erstand
aus Schöpfungen der Menschenhand.
Das Kind der Schönheit, sich allein genug,
vollendet schon aus eurer Hand gegangen,
verliert die Krone, die es trug,
160 sobald es Wirklichkeit empfangen.
Die Säule muß, dem Gleichmaas unterthan,
an ihre Schwestern nachbarlich sich schließen,
der Held im Heldenheer zerfließen,
des Mäoniden Harfe stimmt voran.

165 Bald drängten sich die staunenden Barbaren
zu diesen neuen Schöpfungen heran.
Seht, riefen die erfreuten Schaaren,
seht an, das hat der Mensch gethan!
In lustigen geselligeren Paaren
170 riß sie des Sängers Zitter nach,
der von Titanen sang und Riesenschlachten,
und Löwentödtern, die, so lang der Sänger sprach,
aus seinen Hörern Helden machten.
Zum erstenmal genießt der Geist;
175 erquickt von ruhigeren Freuden,
die aus der Ferne nur ihn weiden,

die seine Gier nicht in sein Wesen reißt,
die im Genusse nicht verscheiden.

Jetzt wand sich von dem Sinnenschlafe
die freye schöne Seele loß, 180
durch euch entfesselt, sprang der Sklave
der Sorge in der Freude Schoos.
Jetzt fiel der Thierheit dumpfe Schranke,
und Menschheit trat auf die entwölkte Stirn,
und der erhabne Fremdling, der Gedanke 185
sprang aus dem staunenden Gehirn.
Jetzt stand der Mensch, und wies den Sternen
das königliche Angesicht,
schon dankte in erhabnen Fernen
sein sprechend Aug' dem Sonnenlicht. 190
Das Lächeln blühte auf der Wange,
der Stimme seelenvolles Spiel
entfaltete sich zum Gesange,
im feuchten Auge schwamm Gefühl,
und Scherz mit Huld in anmuthsvollem Bunde 195
entquollen dem beseelten Munde.

Begraben in des Wurmes Triebe,
umschlungen von des Sinnes Lust,
erkanntet ihr in seiner Brust
den edlen Keim der Geisterliebe. 200
Daß von des Sinnes niederm Triebe
der Liebe beßrer Keim sich schied,
dankt er dem ersten Hirtenlied.
Geadelt zur Gedankenwürde,
floß die verschämtere Begierde 205
melodisch aus des Sängers Mund.
Sanft glühten die bethauten Wangen,
das überlebende Verlangen
verkündigte der Seelen Bund.

Der Weisen weisestes, der Milden Milde, 210
der Starken Kraft, der Edeln Grazie,

vermähltet ihr in Einem Bilde
und stelltet es in eine Glorie.
Der Mensch erbebte vor dem Unbekannten,
er liebte seinen Wiederschein;
und herrliche Heroen brannten
dem großen Wesen gleich zu seyn.
Den ersten Klang vom Urbild alles Schönen
Ihr ließet ihn in der Natur ertönen.

Der Leidenschaften wilden Drang
des Glückes regellose Spiele,
der Pflichten und Instinkte Zwang
stellt ihr mit prüfendem Gefühle,
mit strengem Richtscheid nach dem Ziele.
Was die Natur auf ihrem großen Gange
in weiten Fernen auseinander zieht,
wird auf dem Schauplatz, im Gesange
der Ordnung leicht gefaßtes Glied.
Vom Eumenidenchor geschrecket,
zieht sich der Mord, auch nie entdecket,
das Loos des Todes aus dem Lied.
Lang, eh die Weisen ihren Ausspruch wagen,
löst eine Ilias des Schicksals Räthselfragen
der jugendlichen Vorwelt auf;
still wandelte von Thespis Wagen
die Vorsicht in den Weltenlauf.

Doch in den großen Weltenlauf
ward euer Ebenmaas zu früh getragen.
Als des Geschickes dunkle Hand,
was sie vor eurem Auge schnürte,
vor eurem Aug' nicht auseinander band,
das Leben in die Tiefe schwand,
eh' es den schönen Kreis vollführte —
Da führtet ihr aus kühner Eigenmacht
den Bogen weiter durch der Zukunft Nacht;
da stürzet ihr euch ohne Beben
in des Avernus schwarzen Ozean,

und trafet das entflohne Leben
jenseits der Urne wieder an:
Da zeigte sich mit umgestürztem Lichte, 250
an Kastor angelehnt, ein blühend Polluxbild;
der Schatten in des Mondes Angesichte,
eh sich der schöne Silberkreis erfüllt.

 Doch höher stets, zu immer höhern Höhen
schwang sich der schaffende Genie. 255
Schon sieht man Schöpfungen aus Schöpfungen erstehen,
aus Harmonien Harmonie.
Was hier allein das trunkne Aug' entzückt,
dient unterwürfig dort der höhern Schöne;
der Reiz, der diese Nymphe schmückt, 260
schmilzt sanft in eine göttliche Athene:
Die Kraft, die in des Fechters Muskel schwillt,
muß in des Gottes Schönheit lieblich schweigen;
das Staunen seiner Zeit, das stolze Jovisbild
im Tempel zu Olympia sich neigen. 265

 Die Welt, verwandelt durch den Fleiß,
das Menschenherz, bewegt von neuen Trieben
die sich in heißen Kämpfen üben,
erweitern euren Schöpfungskreis.
Der fortgeschrittne Mensch trägt auf erhobnen Schwingen 270
dankbar die Kunst mit sich empor,
und neue Schönheitswelten springen
aus der bereicherten Natur hervor.

 Des Wissens Schranken gehen auf,
Der Geist, in euren leichten Siegen 275
geübt mit schnell gezeitigtem Vergnügen
ein künstlich All von Reizen zu durcheilen,
stellt der Natur entlegenere Säulen,
ereilet sie auf ihrem dunkeln Lauf.
Jetzt wägt er sie mit menschlichen Gewichten, 280
mißt sie mit Maßen, die sie ihm geliehn;
verständlicher in seiner Schönheit Pflichten,
muß sie an seinem Aug' vorüber ziehn.

In selbstgefäll'ger jugendlicher Freude
leiht er den Sphären seine Harmonie,
und preiset er das Weltgebäude,
so prangt es durch die Symmetrie.

In allem was ihn jetzt umlebet
spricht ihn das holde Gleichmaas an.
Der Schönheit goldner Gürtel webet
sich mild in seine Lebensbahn;
die selige Vollendung schwebet
in euren Werken siegend ihm voran.
Wohin die laute Freude eilet,
wohin der stille Kummer flieht,
wo die Betrachtung denkend weilet,
wo er des Elends Thränen sieht,
wo tausend Schrecken auf ihn zielen,
folgt ihm ein Harmonienbach,
sieht er die Huldgöttinnen spielen,
und ringt in stillverfeinerten Gefühlen
der lieblichen Begleitung nach.
Sanft, wie des Reizes Linien sich winden,
wie die Erscheinungen um ihn
in weichem Umriß in einander schwinden
flieht seines Lebens leichter Hauch dahin.
Sein Geist zerrinnt im Harmonienmeere
das seine Sinne wollustreich umfließt,
und der hinschmelzende Gedanke schließt
sich still an die allgegenwärtige Cythere.
Mit dem Geschick in hoher Einigkeit,
gelassen hingestützt auf Grazien und Musen,
empfängt er das Geschoß, das ihn bedräut,
mit freundlich dargebotnem Busen,
vom sanften Bogen der Nothwendigkeit.

Vertraute Lieblinge der sel'gen Harmonie,
erfreuende Begleiter durch das Leben,
das Edelste, das theuerste, was sie
die Leben gab, zum Leben uns gegeben!

Daß der entjochte Mensch jetzt seine Pflichten denkt, 320
die Fessel liebet, die ihn lenkt,
kein Zufall mehr mit eh'rnem Zepter ihm gebeut,
dieß dankt euch — eure Ewigkeit,
und ein erhabner Lohn in eurem Herzen.
Daß um den Kelch, worin uns Freyheit rinnt, 325
der Freude Götter lustig scherzen,
der holde Traum sich lieblich spinnt,
dafür seyd liebevoll umfangen!

Dem prangenden, dem heitern Geist
der die Nothwendigkeit mit Grazie umzogen, 330
der seinen Ether, seinen Sternenbogen
mit Anmuth uns bedienen heißt,
der, wo er schreckt, noch durch Erhabenheit entzücket,
und zum Verheeren selbst sich schmücket,
Dem großen Künstler ahmt ihr nach. 335
Wie auf dem spiegelhellen Bach
die bunten Ufer tanzend schweben,
das Abendroth, das Blüthenfeld,
so schimmert auf dem dürft'gen Leben
der Dichtung muntre Schattenwelt. 340
Ihr führet uns im Brautgewande
die fürchterliche Unbekannte,
die unerweichte Parze vor.
Wie eure Urnen die Gebeine,
deckt ihr mit holdem Zauberscheine 345
der Sorgen schauervollen Chor.
Jahrtausende hab ich durcheilet,
der Vorwelt unabsehlich Reich:
wie lacht die Menschheit, wo ihr weilet,
wie traurig liegt sie hinter euch! 350

Die einst mit flüchtigem Gefieder
voll Kraft aus euren Schöpferhänden stieg,
in eurem Arm fand sie sich wieder,
als durch der Zeiten stillen Sieg,

355 des Lebens Blüthe von der Wange,
die Stärke von den Gliedern wich,
und traurig, mit entnervtem Gange,
der Greis an seinem Stabe schlich.
Da reichtet ihr aus frischer Quelle
360 dem Lechzenden die Lebenswelle.
Zweymal verjüngte sich die Zeit,
zweymal von Saamen, die ihr ausgestreut.

Vertrieben von Barbarenheeren,
entrisset ihr den letzten Opferbrand
365 des Orients entheiligten Altären,
und brachtet ihn dem Abendland.
Da stieg der schöne Flüchtling aus dem Osten,
der junge Tag, im Westen neu empor,
und auf Hesperiens Gefilden sproßten
370 verjüngte Blüthen Joniens hervor.
Die schönere Natur warf in die Seelen
sanft spiegelnd einen schönen Wiederschein,
und prangend zog in die geschmückten Seelen
des Lichtes große Göttin ein.
375 Da sah man Millionen Ketten fallen,
und über Sklaven sprach jetzt Menschenrecht,
wie Brüder friedlich mit einander wallen,
so mild erwuchs das jüngere Geschlecht.
Mit innrer hoher Freudenfülle
380 genießt ihr das gegebne Glück,
und tretet in der Demuth Hülle
mit schweigendem Verdienst zurück.

Wenn auf des Denkens frey gegebnen Bahnen
der Forscher jetzt mit kühnem Glücke schweift,
385 und, trunken von siegrufenden Päanen,
mit rascher Hand schon nach der Krone greift;
wenn er mit niederm Söldnerslohne
den edeln Führer zu entlassen glaubt,
und neben dem geträumten Throne
390 der Kunst den ersten Sklavenplatz erlaubt:

verzeiht ihm — der Vollendung Krone
schwebt glänzend über eurem Haupt.
Mit euch, des Frühlings erster Pflanze,
begann die Seelenbildende Natur,
mit euch, dem freud'gen Aerntekranze, 395
schließt die vollendende Natur.

Die von dem Thon, dem Stein bescheiden aufgestiegen,
die schöpferische Kunst, umschließt mit stillen Siegen
des Geistes unermeßnes Reich;
was in des Wissens Land Entdecker nur ersiegen, 400
entdecken sie, ersiegen sie für euch.
Der Schätze, die der Denker aufgehäufet,
wird er in euren Armen erst sich freun,
wenn seine Wissenschaft, der Schönheit zugereifet,
zum Kunstwerk wird geadelt seyn — 405
wenn er auf einen Hügel mit euch steiget,
und seinem Auge sich, in mildem Abendschein,
das mahlerische Thal — auf einmal zeiget.

Je reicher ihr den schnellen Blick vergnüget,
je höh're schön're Ordnungen der Geist 410
in einem Zauberbund durchflieget,
in einem schwelgenden Genuß umkreiß't;
je weiter sich Gedanken und Gefühle
dem üppigeren Harmonienspiele
dem reichern Strom der Schönheit aufgethan — 415
je schön're Glieder aus dem Weltenplan,
die jetzt verstümmelt seine Schöpfung schänden,
sieht er die hohen Formen dann vollenden,
je schönre Räthsel treten aus der Nacht,
je reicher wird die Welt, die er umschließet, 420
je breiter strömt das Meer mit dem er fließet,
je schwächer wird des Schicksals blinde Macht,
je höher streben seine Triebe,
je kleiner wird er selbst, je größer seine Liebe.

So führt ihn, in verborgnem Lauf, 425
durch immer reinre Formen, reinre Töne,

durch immer höh're Höhn und immer schön're Schöne
der Dichtung Blumenleiter still hinauf —
zuletzt, am reifen Ziel der Zeiten,
430 noch eine glückliche Begeisterung,
des jüngsten Menschenalters Dichterschwung,
und — in der Wahrheit Arme wird er gleiten.

Sie selbst, die sanfte Cypria,
umleuchtet von der Feuerkrone
435 steht dann vor ihrem mündgen Sohne
entschleyert — als Urania;
so schneller nur von ihm erhaschet,
je schöner er von ihr geflohn!
So süß so selig überraschet
440 stand einst Ulyssens edler Sohn,
da seiner Jugend himmlischer Gefährte
zu Jovis Tochter sich verklärte.

Der Menschheit Würde ist in eure Hand gegeben,
bewahret sie!
445 Sie sinkt mit euch! Mit euch wird die Gesunkene sich heben!
Der Dichtung heilige Magie
dient einem weisen Weltenplane,
still lenke sie zum Ozeane
der großen Harmonie!

450 Von ihrer Zeit verstoßen, flüchte
die ernste Wahrheit zum Gedichte,
und finde Schutz in der Camönen Chor.
In ihres Glanzes höchster Fülle,
furchtbarer in des Reitzes Hülle,
455 erstehe sie in dem Gesange
und räche sich mit Siegesklange
an des Verfolgers feigem Ohr.
Der freysten Mutter freye Söhne
schwingt euch mit festem Angesicht
460 zum Strahlensitz der höchsten Schöne,
um andre Kronen buhlet nicht.

Die Schwester, die euch hier verschwunden,
hohlt ihr im Schoos der Mutter ein;
was schöne Seelen schön empfunden
muß treflich und vollkommen seyn. 465
Erhebet euch mit kühnem Flügel
hoch über euren Zeitenlauf;
fern dämmre schon in euerm Spiegel
das kommende Jahrhundert auf.
Auf tausendfach verschlungnen Wegen 470
der reichen Mannigfaltigkeit
kommt dann umarmend euch entgegen
am Thron der hohen Einigkeit.
Wie sich in sieben milden Strahlen
der weisse Schimmer lieblich bricht, 475
wie sieben Regenbogenstrahlen
zerrinnen in das weiße Licht:
so spielt in tausendfacher Klarheit
bezaubernd um den trunknen Blick,
so fließt in Einen Bund der Wahrheit 480
in Einen Strohm des Lichts zurück!

STAMMBUCHBLÄTTER
1790—1797

FÜR KARL GRASS

Die Kunst lehrt die geadelte Natur
mit Menschentönen zu uns reden,
in todten seelenlosen Oeden
verbreitet sie der Seele Spur.
5 Bewegung zum Gedanken zu beleben,
der Elemente todtes Spiel
zum Rang der Geister zu erheben,
ist ihres Strebens edles Ziel.
Nehmt ihm den Blumenkranz vom Haupte,
10 womit der Kunst wohlthätge Hand
das bleiche Trauerbild umlaubte,
nehmt ihm das prangende Gewand,
das Kunst ihm umgethan, — was bleibt der Menschen Leben?
Ein ewig Fliehn vor dem nacheilenden Geschick,
15 ein langer letzter Augenblick!
O wie viel schöner, als der Schöpfer sie gegeben,
gibt ihm die Kunst die Welt zurück!

Jena den 28. März 1790
Fridrich Schiller.

FÜR JENS BAGGESEN

In frischem Duft, in ew'gem Lenze,
wenn Zeiten und Geschlechter fliehn,
sieht man des Ruhms verdiente Kränze
im Lied des Sängers unvergänglich blühn.
5 An Tugenden der Vorgeschlechter
entzündet er die Folgezeit.
Er sitzt, ein unbestochner Wächter,
im Vorhof der Unsterblichkeit.
Der Kronen schönste reicht der Richter
10 der Thaten — durch die Hand der Dichter.

Jena den 9. August 90.
Fridrich Schiller.

FÜR JOHANNES GROSS

Alles unser Wissen ist ein Darlehn der Welt und der Vorwelt. Der thätige Mensch trägt es an die Mitwelt und Nachwelt ab; der unthätige stirbt mit einer unbezahlten Schuld. Jeder der etwas Gutes wirkt, hat für die Ewigkeit gearbeitet.

Jena den 22. Sept. 90.

              F. Schiller

FÜR BEHAGHEL VON ADLERSKRON

Freund, wandle froh auf den betretnen Pfaden,
verborgen zwar schlingt sich des Schicksals Faden,
doch lenkt ihn deines Schöpfers Hand —
und an der Liebe leichtem Rosenband
will Freundschaft durch das neue Leben   5
ermunternd dir zur Seite schweben —
Vergiß des Belts beeißten Strand,
vergiß ein Glück, das du mit edelm Stolz verstoßen;
Ein freyer Geist der Wahrheit aufgeschloßen,
ein Muth, mit Prüfungen bekannt,   10
ein edles Herz, in Sympathie ergoßen
und eingeweyht im Schönen und im Großen,
macht froh bey jedem Loos und groß in jedem Stand,
macht jede Flur — zum Vaterland.

Jena 16 März 1791.   Fridrich Schiller

FÜR FRANZ PAUL v. HERBERT (?)

Geh und predige das neue Evangelium allen Kreaturen. Wer da glaubt der wird selig, wer aber nicht glaubt, der — läßt es bleiben.

Jena den 31. März 1791

Schiller.

FÜR GEORG FRIEDRICH CREUZER

Die Natur gab uns nur Daseyn; Leben gibt uns die Kunst und Vollendung die Weisheit.

Erfurt den 18. September 1791.   Fr. Schiller.

FÜR KARL WILHELM JUSTI

Summum crede nefas animum praeferre pudori
Et propter vitam vivendi perdere causas.

FÜR DENSELBEN

Doch auch die Weisheit kann Unsterblichkeit erwerben
Wie prächtig klingts, den fesselfreien Geist
Im reinen Quell des Lichts von seinen Flecken waschen,
Die Wahrheit, die sich sonst nie ohne Schleier weist,
5   Entkleidet überraschen!
Um wie viel mehr, als alle Weltbezwinger,
Ist der ein Held, der tugendhaft zu sein
Sich kühn entschließt, dem Lust kein Gut, und Pein
Kein Uebel ist, zu groß sich zu beklagen,
10 Zu weise sich zu freun, — der jede Leidenschaft
Als Sieger an der Tugend Wagen
Befestigt hat und im Triumphe führt,
Den nur sein eigener, kein fremder Beifall rührt.

FÜR H. v. T.

Hier wo deine Freundschaft guten Menschen
   ihre bessern Schätze aufgehäuft,
wenn der Geitz mit nimmersatten Wünschen
   durstgen Blicken todes Gold durchschweift,
Hier willst du ein Bürgerrecht mir geben,
   Haben wir uns denn gekannt?
Knüpft ein flüchtiges Vorüberschweben
   der Empfindung ewig festes Band?
Schnell verfliegt der Morgentraum des Lebens
   Ach und eines Menschen Herz ist klein
Und wir sammeln für den Traum des Lebens
   Geitzig wie für ein Jahrtausend ein.
Diese Habsucht, würdig schöner Seelen,
   nie auf dieser Welt wird sie gestillt.
So viel Schätze können wir nicht zählen,
   einen nur hieß uns der Himmel wählen,
     unser Ebenbild.

                  S.

FÜR SOPHIE NÖSSELT

Wenn Schaam und Weißheit sich vereinen,
sieht man die Grazien erscheinen,
und Sittlichkeit die fein entscheidet,
was ehrbar ist und edel kleidet.

Jena den 31. *Jul.*   Zum Andenken
   1793.   von Fridrich Schiller

FÜR EINEN KUNSTFREUND

Die Weisheit wohnte sonst auf großen Foliobogen,
Der Freundschaft war ein Taschenbuch bestimmt;
Jetzt, da die Wissenschaft in's Klein're sich gezogen,
Und leicht, wie Kork, in Almanachen schwimmt,
5 Hast du, ein hochbeherzter Mann,
Dies ungeheure Haus den Freunden aufgethan.
Wie? Fürchtest du denn nicht, ich muß dich ernstlich fragen,
An so viel Freunden allzuschwer zu tragen?

FÜR FRIEDERIKE BRUN

Keine Gottheit erschiene mehr? Sie erscheint mir in jedem,
Der in der edeln Gestalt mir das Unsterbliche zeigt.

       Zum Andenken
       von F. Schiller.
Jena den 9. Jul. 95

FÜR F. C. J. BODEMANN

Non fumum ex fulgore sed ex fumo lucem

Jena — Januar
1797   *Schiller*

MUSENALMANACH FÜR DAS JAHR 1796

DIE MACHT DES GESANGES

Ein Regenstrom aus Felsenrissen,
Er kommt mit Donners Ungestüm,
Bergtrümmer folgen seinen Güssen,
Und Eichen stürzen unter ihm.
Erstaunt mit wollustvollem Grausen
Hört ihn der Wanderer und lauscht,
Er hört die Flut vom Felsen brausen,
Doch weiß er nicht, woher sie rauscht;
So strömen des Gesanges Wellen
Hervor aus nie entdeckten Quellen.

Verbündet mit den furchtbarn Wesen,
Die still des Lebens Faden drehn,
Wer kann des Sängers Zauber lösen,
Wer seinen Tönen widerstehn?
Wie mit dem Stab des Götterboten
Beherrscht er das bewegte Herz,
Er taucht es in das Reich der Todten,
Er hebt es staunend himmelwärts,
Und wiegt es zwischen Ernst und Spiele
Auf schwanker Leiter der Gefühle.

Wie wenn auf einmal in die Kreise
Der Freude, mit Gigantenschritt,
Geheimnißvoll nach Geisterweise
Ein ungeheures Schicksal tritt.
Da beugt sich jede Erdengröße
Dem Fremdling aus der andern Welt,
Des Jubels nichtiges Getöse
Verstummt, und jede Larve fällt,
Und vor der Wahrheit mächt'gem Siege
Verschwindet jedes Werk der Lüge.

So raft von jeder eiteln Bürde,
Wenn des Gesanges Ruf erschallt,

Der Mensch sich auf zur Geisterwürde,
Und tritt in heilige Gewalt;
Den hohen Göttern ist er eigen, 35
Ihm darf nichts irrdisches sich nahn,
Und jede andre Macht muß schweigen,
Und kein Verhängniß fällt ihn an,
Es schwinden jedes Kummers Falten,
So lang des Liedes Zauber walten. 40

Und wie nach hofnungslosem Sehnen,
Nach langer Trennung bitterm Schmerz,
Ein Kind mit heißen Reuethränen
Sich stürzt an seiner Mutter Herz,
So führt zu seiner Jugend Hütten, 45
Zu seiner Unschuld reinem Glück,
Vom fernen Ausland fremder Sitten
Den Flüchtling der Gesang zurück,
In der Natur getreuen Armen
Von kalten Regeln zu erwarmen. 50

DAS KIND IN DER WIEGE

Glücklicher Säugling! Dir ist ein unendlicher Raum noch
                                        die Wiege,
Werde Mann, und dir wird eng die unendliche Welt.

ODYSSEUS

Alle Gewässer durchkreuzt' Odysseus, die Heimat zu finden,
  Durch der Scylla Gebell, durch der Charybde Gefahr,
Durch die Schrecken des feindlichen Meers, durch die Schrecken
                                        des Landes,
Selbst in des Aides Reich führt ihn die irrende Fahrt.
5 Endlich trägt das Geschick ihn schlafend an Ithakas Küste,
  Er erwacht, und erkennt jammernd das Vaterland nicht!

DAS UNWANDELBARE

„Unaufhaltsam enteilet die Zeit." — Sie sucht das Beständge.
  Sey getreu, und du legst ewige Fesseln ihr an.

ZEVS ZU HERKULES

Nicht aus meinem Nektar hast du dir Gottheit getrunken.
  Deine Götterkraft wars, die dir den Nektar errang.

DER TANZ

Sieh, wie sie durcheinander in kühnen Schlangen sich winden,
    Wie mit geflügeltem Schritt schweben auf schlüpfrigem Plan.
Seh' ich flüchtige Schatten von ihren Leibern geschieden?
    Ist es Elysiums Hain, der den Erstaunten umfängt?
Wie, vom Zephyr gewiegt, der leichte Rauch durch die Luft schwimmt,
    Wie sich leise der Kahn schaukelt auf silberner Flut,
Hüpft der gelehrige Fuß auf des Takts melodischen Wellen,
    Säuselndes Saitengetön hebt den ätherischen Leib.
Keinen drängend, von keinem gedrängt, mit besonnener Eile,
    Schlüpft ein liebliches Paar dort durch des Tanzes Gewühl.
Vor ihm her entsteht seine Bahn, die hinter ihm schwindet,
    Leis wie durch magische Hand öfnet und schließt sich der Weg.
Sieh! jetzt verliert es der suchende Blick. Verwirrt durcheinander
    Stürzt der zierliche Bau dieser beweglichen Welt.
Nein, dort schwebt es frohlockend herauf. Der Knoten entwirrt sich,
    Nur mit verändertem Reiz stellt sich die Ordnung mir dar.
Ewig zerstört und ewig erzeugt sich die drehende Schöpfung,
    Und ein stilles Gesetz lenkt der Verwandlungen Spiel.
Sprich, wie geschiehts, daß rastlos bewegt die Bildungen schwanken,
    Und die Regel doch bleibt, wenn die Gestalten auch fliehn?
Daß mit Herrscherkühnheit einher der einzelne wandelt,
    Keiner ihm sklavisch weicht, keiner entgegen ihm stürmt?
Willst du es wissen? Es ist des Wohllauts mächtige Gottheit,
    Die zum geselligen Tanz ordnet den tobenden Sprung,
Die, der Nemesis gleich, an des Rhythmus goldenem Zügel
    Lenkt die brausende Lust, und die gesetzlose zähmt.
Und der Wohllaut der großen Natur umrauscht dich vergebens?
    Dich ergreift nicht der Strom dieser harmonischen Welt?
Nicht der begeisternde Takt, den alle Wesen dir schlagen?
    Nicht der wirbelnde Tanz, der durch den ewigen Raum
Leuchtende Sonnen wälzt in künstlich schlängelnden Bahnen?
    Handelnd fliehst du das Maaß, das du im Spiele doch ehrst?

SPRUCH DES CONFUCIUS

Dreyfach ist der Schritt der Zeit.
Zögernd kommt die Zukunft hergezogen,
Pfeilschnell ist das Jetzt entflogen,
Ewig still steht die Vergangenheit.
Keine Ungeduld beflügelt
Ihren Schritt, wenn sie verweilt.
Keine Furcht, kein Zweifeln zügelt
Ihren Lauf, wenn sie enteilt.
Keine Reu, kein Zaubersegen
Kann die stehende bewegen.

Möchtest du beglückt und weise
Endigen des Lebens Reise?
Nimm die Zögernde zum Rath,
Nicht zum Werkzeug deiner That.
Wähle nicht die Fliehende zum Freund,
Nicht die Bleibende zum Feind.

WÜRDEN

Wie die Säule des Lichts auf des Baches Welle sich spiegelt,
Hell wie von eigener Glut flammt der vergoldete Saum,
Aber die Welle flieht mit dem Strom, durch die glänzende Straße
Drängt eine andre sich schon, schnell wie die erste zu fliehn,
So beleuchtet der Würden Glanz den sterblichen Menschen,
Nicht der Mensch, nur der Platz, den er durchwandelte, glänzt.

DEUTSCHLAND UND SEINE FÜRSTEN

Große Monarchen erzeugtest du, und bist ihrer würdig,
Den Gebietenden macht nur der Gehorchende groß.
Aber versuch es, o Deutschland, und mach' es deinen Beherrschern
Schwerer, als Könige groß, leichter, nur Menschen zu seyn!

PEGASUS IN DER DIENSTBARKEIT

Auf einen Pferdemarkt — vielleicht zu Haymarket,
Wo andre Dinge noch in Waare sich verwandeln,
Bracht' einst ein hungriger Poet
Der Musen Roß, es zu verhandeln.

Hell wieherte der Hippogryph,
Und bäumte sich in prächtiger Parade,
Erstaunt blieb jeder stehn, und rief:
Das edle, königliche Thier! Nur Schade,
Daß seinen schlanken Wuchs ein häßlich Flügelpaar
Entstellt! Den schönsten Postzug würd' es zieren.
Die Raçe, sagen sie, sey rar,
Doch wer wird durch die Luft kutschieren?
Und keiner will sein Geld verlieren.
Ein Pachter endlich faßte Muth.
Die Flügel zwar, spricht er, die schaffen keinen Nutzen,
Doch die kann man ja binden oder stutzen,
Dann ist das Pferd zum Ziehen immer gut.
Ein zwanzig Pfund, die will ich wohl dran wagen;
Der Täuscher, hoch vergnügt die Waare loszuschlagen,
Schlägt hurtig ein. „Ein Mann, ein Wort,"
Und Hans trabt frisch mit seiner Beute fort.

Das edle Thier wird eingespannt.
Doch fühlt es kaum die ungewohnte Bürde,
So rennt es fort mit wilder Flugbegierde,
Und wirft, von edelm Grimm entbrannt,
Den Karren um an eines Abgrunds Rand.
Schon gut, denkt Hans. Allein darf ich dem tollen Thiere
Kein Fuhrwerk mehr vertraun. Erfahrung macht schon klug.
Doch morgen fahr ich Paßagiere,
Da stell' ich es als Vorspann in den Zug.
Die muntre Krabbe soll zwei Pferde mir ersparen,
Der Koller giebt sich mit den Jahren.

Der Anfang gieng ganz gut. Das leicht beschwingte Pferd
Belebt der Klepper Schritt, und pfeilschnell fliegt der Wagen.
35 Doch was geschieht? Den Blick den Wolken zugekehrt,
Und ungewohnt, den Grund mit festem Huf zu schlagen,
Verläßt es bald der Räder sichre Spur,
Und treu der stärkeren Natur
Durchrennt es Sumpf und Moor, geackert Feld und Hecken,
40 Der gleiche Taumel faßt das ganze Postgespann,
Kein Rufen hilft, kein Zügel hält es an,
Bis endlich, zu der Wandrer Schrecken,
Der Wagen wohl gerüttelt und zerschellt,
Auf eines Berges steilem Gipfel hält.

45 Das geht nicht zu mit rechten Dingen,
Spricht Hans mit sehr bedenklichem Gesicht.
So wird es nimmermehr gelingen;
Laß sehn, ob wir den Tollwurm nicht
Durch magre Kost und Arbeit zwingen.
50 Die Probe wird gemacht. Bald ist das schöne Thier,
Eh noch drei Tage hingeschwunden,
Zum Schatten abgezehrt. Ich habs, ich habs gefunden,
Ruft Hans. Jetzt frisch, und spannt es mir
Gleich vor den Pflug mit meinem stärksten Stier.

55 Gesagt, gethan. In lächerlichem Zuge
Erblickt man Ochs und Flügelpferd am Pfluge.
Unwillig steigt der Greif, und strengt die letzte Macht
Der Sehnen an, den alten Flug zu nehmen.
Umsonst, der Nachbar schreitet mit Bedacht,
60 Und Phöbus stolzes Roß muß sich dem Stier bequemen,
Bis nun, vom langen Widerstand verzehrt,
Die Kraft aus allen Gliedern schwindet,
Von Gram gebeugt das edle Götterpferd
Zu Boden stürzt, und sich im Staube windet.

65 Verwünschtes Thier! bricht endlich Hansens Grimm
Laut scheltend aus, indem die Hiebe flogen.
So bist du denn zum Ackern selbst zu schlimm,
Mich hat ein Schelm mit dir betrogen.

Indem er noch in seines Zornes Wut
Die Peitsche schwingt, kommt flink und wohlgemuth 70
Ein lustiger Gesell die Straße hergezogen.
Die Zitter klingt in seiner leichten Hand,
Und durch den blonden Schmuck der Haare
Schlingt zierlich sich ein goldnes Band.
Wohin, Freund, mit dem wunderlichen Paare? 75
Ruft er den Bau'r von weitem an.
Der Vogel und der Ochs an Einem Seile,
Ich bitte dich, welch ein Gespann!
Willst du auf eine kleine Weile
Dein Pferd zur Probe mir vertraun, 80
Gieb acht, du sollst dein Wunder schaun!

Der Hippogryph wird ausgespannt,
Und lächelnd schwingt sich ihm der Jüngling auf den Rücken.
Kaum fühlt das Thier des Meisters sichre Hand,
So knirscht es in des Zügels Band, 85
Und steigt, und Blitze sprühn aus den beseelten Blicken.
Nicht mehr das vor'ge Wesen, königlich,
Ein Geist, ein Gott, erhebt es sich,
Entrollt mit einem mal in majestätschen Wogen
Der Schwingen Pracht, schießt brausend himmelan, 90
Und eh der Blick ihm folgen kann,
Verschwindet es am fernen Aetherbogen.

DER SPIELENDE KNABE

Spiele, Kind, in der Mutter Schooß! Auf der heiligen Insel
  Findet der trübe Gram, findet die Sorge dich nicht
Liebend halten die Arme der Mutter dich über dem Abgrund,
  Und in das flutende Grab lächelst du schuldlos hinab.
5 Spiele, liebliche Unschuld! Noch ist Arkadien um dich,
  Und die freie Natur folgt nur dem fröhlichen Trieb,
Noch erschaft sich die üppige Kraft erdichtete Schranken,
  Und dem willigen Muth fehlt noch die Pflicht und der Zweck.
Spiele, bald wird die Arbeit kommen, die hagre, die ernste,
10 Und der gebietenden Pflicht mangeln die Lust und der Muth.

DIE RITTER DES SPITALS ZU JERUSALEM

Herrlich kleidet sie euch, des Kreuzes furchtbare Rüstung,
  Wenn ihr, Löwen der Schlacht, Akkon und Rhodus beschützt,
Durch die syrische Wüste den bangen Pilgrim geleitet,
  Und mit der Cherubim Schwerdt steht vor dem heiligen Grab.
5 Aber schöner kleidet euch doch die Schürze des Wärters,
  Wenn ihr, Löwen der Schlacht, Söhne des edelsten Stamms,
Dient an des Kranken Bett', dem Lechzenden Labung bereitet,
  Und die ruhmlose Pflicht christlicher Milde vollbringt.
Religion des Kreuzes, nur du verknüpftest, in Einem
10 Kranze, der Demuth und Kraft doppelte Palme zugleich!

DER SÄMANN

Sieh! voll Hofnung vertraust du der Erde den goldenen Saamen,
  Und erwartest im Lenz fröhlich die keimende Saat.
Nur in die Furche der Zeit bedenkst du dich Thaten zu streuen,
  Die, von der Weisheit gesät, still für die Ewigkeit blühn?

DIE ZWEI TUGENDWEGE

Zwei sind der Pfade, auf welchen der Mensch zur Tugend
    emporstrebt.
Schließt sich der eine dir zu, thut sich der andre dir auf.
Handelnd erringt der Glückliche sie, der Leidende duldend!
Wohl dem, den sein Geschick liebend auf beiden geführt.

DIE IDEALE

So willst du treulos von mir scheiden,
Mit deinen holden Phantasien,
Mit deinen Schmerzen, deinen Freuden,
Mit allen unerbittlich fliehn?
Kann nichts dich, Fliehende! verweilen,   5
O! meines Lebens goldne Zeit?
Vergebens, deine Wellen eilen
Hinab ins Meer der Ewigkeit.

Erloschen sind die heitern Sonnen,
Die meiner Jugend Pfad erhellt,   10
Die Ideale sind zerronnen,
Die einst das trunkne Herz geschwellt,
Die schöne Frucht, die kaum zu keimen
Begann, da liegt sie schon erstarrt!
Mich weckt aus meinen frohen Träumen   15
Mit rauhem Arm die Gegenwart.

Die Wirklichkeit mit ihren Schranken
Umlagert den gebundnen Geist,
Sie stürzt, die Schöpfung der Gedanken,
Der Dichtung schöner Flor zerreißt.   20
Er ist dahin, der süße Glaube
An Wesen, die mein Traum gebahr,
Der feindlichen Vernunft zum Raube,
Was einst so schön, so göttlich war.

Wie einst mit flehendem Verlangen
Den Stein Pygmalion umschloß,
Bis in des Marmors kalte Wangen
Empfindung glühend sich ergoß,
So schlangen meiner Liebe Knoten
Sich um die Säule der Natur,
Bis durch das starre Herz der Todten
Der Strahl des Lebens zuckend fuhr.

Bis warm von sympathetschem Triebe,
Sie freundlich mit dem Freund empfand,
Mir wiedergab den Kuß der Liebe,
Und meines Herzens Klang verstand;
Da lebte mir der Baum, die Rose,
Mir sang der Quellen Silberfall,
Es fühlte selbst das Seelenlose
Von meines Lebens Wiederhall.

Es dehnte mit allmächtgem Streben
Die enge Brust ein kreisend All,
Heraus zu treten in das Leben
In That und Wort, in Bild und Schall.
Wie groß war diese Welt gestaltet,
So lang die Knospe sie noch barg,
Wie wenig, ach! hat sich entfaltet,
Dieß wenige, wie klein und karg.

Wie aus des Berges stillen Quellen
Ein Strom die Urne langsam füllt,
Und jetzt mit königlichen Wellen
Die hohen Ufer überschwillt,
Es werfen Steine, Felsenlasten
Und Wälder sich in seine Bahn,
Er aber stürzt mit stolzen Masten
Sich rauschend in den Ozean.

So sprang, von kühnem Muth beflügelt,
Ein reißend bergab rollend Rad,

Von keiner Sorge noch gezügelt,
Der Jüngling in des Lebens Pfad.
Bis an des Äthers bleichste Sterne
Erhub ihn der Entwürfe Flug,
Nichts war so hoch, und nichts so ferne,
Wohin ihr Flügel ihn nicht trug.

   Wie leicht ward er dahin getragen,
Was war dem Glücklichen zu schwer!
Wie tanzte vor des Lebens Wagen
Die luftige Begleitung her!
Die Liebe mit dem süßen Lohne,
Das Glück mit seinem goldnen Kranz,
Der Ruhm mit seiner Sternenkrone,
Die Wahrheit in der Sonne Glanz!

   Doch ach! schon auf des Weges Mitte
Verloren die Begleiter sich,
Sie wandten treulos ihre Schritte,
Und einer nach dem andern wich.
Leichtfüßig war das Glück entflogen,
Des Wissens Durst blieb ungestillt,
Des Zweifels finstre Wetter zogen
Sich um der Wahrheit Sonnenbild.

   Des Ruhmes Dunstgestalt berührte
Die Weisheit, da verschwand der Trug.
Der Liebe süßen Traum entführte
Ach! allzuschnell der Hore Flug.
Und immer stiller wards, und immer
Verlaßner auf dem rauhen Steg,
Kaum warf noch einen bleichen Schimmer
Die Hofnung auf den finstern Weg.

   Von all dem rauschenden Geleite,
Wer harrte liebend bei mir aus?
Wer steht mir tröstend noch zur Seite,
Und folgt mir bis zum finstern Haus?

         Du, die du alle Wunden heilest,
         Der Freundschaft leise zarte Hand,
95   Des Lebens Bürden liebend theilest,
         Du, die ich frühe sucht' und fand,

         Und du, die gern sich mit ihr gattet,
         Wie sie, der Seele Sturm beschwört,
         Beschäftigung, die nie ermattet,
100   Die langsam schaft, doch nie zerstört,
         Die zu dem Bau der Ewigkeiten
         Zwar Sandkorn nur für Sandkorn reicht,
         Doch von der großen Schuld der Zeiten
         Minuten, Tage, Jahre streicht.

DER KAUFMANN

Wohin segelt das Schiff? Es trägt Sidonische Männer,
  Die von dem frierenden Nord bringen den Bernstein,
                                                das Zinn.
Trag' es gnädig, Neptun, und wiegt es schonend, ihr Winde,
  In bewirthender Bucht rausch' ihm ein trinkbarer Quell.
5 Euch gehört der Kaufmann, ihr Götter. Er steuert nach
                                                Gütern,
  Aber, geknüpft an sein Schiff, folget das Gute ihm nach.

EIN WORT AN DIE PROSELYTENMACHER

Nur Etwas Erde außerhalb der Erde,
Sprach jener weise Mann, und staunen sollet ihr,
Wie leicht ich sie bewegen werde!
Da eben liegts, ihr Herrn. Vergönnet mir
Nur einen Augenblick aus Mir herauszutreten, 5
Gleich will ich Euren Gott anbeten!

DER BESTE STAAT

„Woran erkenn ich den besten Staat?" Woran du die beste
Frau kennst; daran mein Freund, daß man von beiden
nicht spricht.

DER ABEND
nach einem Gemählde

Senke, strahlender Gott, die Fluren dürsten
Nach erquickendem Thau, der Mensch verschmachtet,
    Matter ziehen die Rosse,
      Senke den Wagen hinab.

Siehe, wer aus des Meers krystallner Woge 5
Lieblich lächelnd dir winkt! Erkennt dein Herz sie?
    Rascher fliegen die Rosse,
      Thetis, die göttliche, winkt.

Schnell vom Wagen herab in ihre Arme
Springt der Führer, den Zaum ergreift Kupido, 10
    Stille halten die Rosse,
      Trinken die kühlende Flut.

An dem Himmel herauf mit leisen Schritten
Kommt die duftende Nacht; ihr folgt die süße
    Liebe. Ruhet und liebet, 15
      Phöbus, der liebende, ruht.

DER METAPHYSIKER

„Wie tief liegt unter mir die Welt,
Kaum seh ich noch die Menschlein unten wallen!
Wie trägt mich meine Kunst, die Höchste unter allen,
So nahe an des Himmels Zelt!"
5 So ruft von seines Thurmes Dache
Der Schieferdecker, so der kleine große Mann
Hans Metaphysikus in seinem Schreibgemache.
Sag an, du kleiner großer Mann,
Der Thurm, von dem dein Blick so vornehm niederschauet,
10 Wovon ist er — worauf ist er erbauet?
Wie kamst du selbst hinauf, — und seine kahlen Höhn,
Wozu sind sie dir nütz, als in das Thal zu sehn?

COLUMBUS

Steure muthiger Segler! Es mag der Witz dich verhöhnen,
  Und der Schiffer am Steur senken die lässige Hand.
Immer, immer nach West! Dort muß die Küste sich zeigen,
  Liegt sie doch deutlich und liegt schimmernd vor deinem
                        Verstand.
5 Traue dem leitenden Gott, und folge dem schweigenden
                                      Weltmeer,
  Wär' sie noch nicht, sie stieg' jetzt aus den Fluten empor,
Mit dem Genius steht die Natur in ewigem Bunde,
  Was der Eine verspricht, leistet die andre gewiß.

WÜRDE DER FRAUEN

Ehret die Frauen! Sie flechten und weben
Himmlische Rosen ins irrdische Leben,
Flechten der Liebe beglückendes Band.
Sicher in ihren bewahrenden Händen
Ruht, was die Männer mit Leichtsinn verschwenden, 5
Ruhet der Menschheit geheiligtes Pfand.

Ewig aus der Wahrheit Schranken
Schweift des Mannes wilde Kraft,
Und die irren Tritte wanken
Auf dem Meer der Leidenschaft. 10
Gierig greift er in die Ferne,
Nimmer wird sein Herz gestillt,
Rastlos durch entlegne Sterne
Jagt er seines Traumes Bild.

Aber mit zauberisch fesselndem Blicke 15
Winken die Frauen den Flüchtling zurücke,
Warnend zurück in der Gegenwart Spur.
In der Mutter bescheidener Hütte
Sind sie geblieben mit schamhafter Sitte,
Treue Töchter der frommen Natur. 20

Feindlich ist des Mannes Streben,
Mit zermalmender Gewalt
Geht der Wilde durch das Leben,
Ohne Rast und Aufenthalt.
Was er schuf, zerstört er wieder, 25
Nimmer ruht der Wünsche Streit,
Nimmer, wie das Haupt der Hyder
Ewig fällt und sich erneut.

Aber zufrieden mit stillerem Ruhme,
Brechen die Frauen des Augenblicks Blume, 30
Pflegen sie sorgsam mit liebendem Fleiß,

WÜRDE DER FRAUEN

Freier in ihrem gebundenen Wirken
Reicher, als er in des Denkens Bezirken,
Und in der Dichtung unendlichem Kreis.

35 Seines Willens Herrschersiegel
Drückt der Mann auf die Natur,
In der Welt verfälschtem Spiegel
Sieht er Seinen Schatten nur,
Offen liegen ihm die Schätze
40 Der Vernunft, der Phantasie,
Nur das Bild auf seinem Netze,
Nur das Nahe kennt er nie.

Aber die Bilder, die ungewiß wanken
Dort auf der Flut der bewegten Gedanken,
45 In des Mannes verdüstertem Blick,
Klar und getreu in dem sanfteren Weibe
Zeigt sie der Seele krystallene Scheibe,
Wirft sie der ruhige Spiegel zurück.

Immer widerstrebend, immer
50 Schaffend, kennt des Mannes Herz
Des Empfangens Wonne nimmer,
Nicht den süßgetheilten Schmerz,
Kennet nicht den Tausch der Seelen,
Nicht der Thränen sanfte Lust,
55 Selbst des Lebens Kämpfe stählen
Fester seine feste Brust.

Aber wie, leise vom Zephyr erschüttert,
Schnell die Äolische Harfe erzittert,
Also die fühlende Seele der Frau.
60 Zärtlich geängstigt vom Bilde der Qualen,
Wallet der liebende Busen, es strahlen
Perlend die Augen von himmlischem Thau.

In der Männer Herrschgebiete
Gilt der Stärke stürmisch Recht,
65 Mit dem Schwerdt beweist der Scythe,
Und der Perser wird zum Knecht.

Es befehden sich im Grimme
Die Begierden — wild und roh!
Und der Eris rauhe Stimme
Waltet, wo die Charis floh. 70

Aber mit sanftüberredender Bitte
Führen die Frauen den Zepter der Sitte,
Löschen die Zwietracht, die tobend entglüht,
Lehren die Kräfte, die feindlich sich hassen,
Sich in der lieblichen Form zu umfassen, 75
Und vereinen, was ewig sich flieht.

Seiner Menschlichkeit vergessen,
Wagt des Mannes eitler Wahn
Mit Dämonen sich zu messen,
Denen nie Begierden nahn. 80
Stolz verschmäht er das Geleite
Leise warnender Natur,
Schwingt sich in des Himmels Weite,
Und verliert der Erde Spur.

Aber auf treuerem Pfad der Gefühle 85
Wandelt die Frau zu dem göttlichen Ziele,
Das sie still, doch gewisser erringt,
Strebt, auf der Schönheit geflügeltem Wagen
Zu den Sternen die Menschheit zu tragen,
Die der Mann nur ertödtend bezwingt. 90

Auf des Mannes Stirne thronet
Hoch als Königinn die Pflicht,
Doch die Herrschende verschonet
Grausam das Beherrschte nicht.
Des Gedankens Sieg entehret 95
Der Gefühle Widerstreit,
Nur der ewge Kampf gewähret
Für des Sieges Ewigkeit.

Aber für Ewigkeiten entschieden
Ist in dem Weibe der Leidenschaft Frieden; 100
Der Nothwendigkeit heilige Macht

Hütet der Züchtigkeit köstliche Blüthe,
Hütet im Busen des Weibes die Güte,
Die der Wille nur treulos bewacht.

105 Aus der Unschuld Schooß gerissen
Klimmt zum Ideal der Mann
Durch ein ewig streitend Wissen,
Wo sein Herz nicht ruhen kann,
Schwankt mit ungewissem Schritte,
110 Zwischen Glück und Recht getheilt,
Und verliert die schöne Mitte,
Wo die Menschheit fröhlich weilt.

Aber in kindlich unschuldiger Hülle
Birgt sich der hohe geläuterte Wille
115 In des Weibes verklärter Gestalt.
Aus der bezaubernden Einfalt der Züge
Leuchtet der Menschheit Vollendung und Wiege,
Herrschet des Kindes, des Engels Gewalt.

STANZEN

an den Leser

Die Muse schweigt, mit jungfräulichen Wangen,
Erröthen im verschämten Angesicht,
Tritt sie vor dich, ihr Urtheil zu empfangen,
Sie achtet es, doch fürchtet sie es nicht.
Des Guten Beifall wünscht sie zu erlangen,   5
Den Wahrheit rührt, den Flimmer nicht besticht.
Nur wem ein Herz, empfänglich für das Schöne,
Im Busen schlägt, ist werth, daß er sie kröne.

Nicht länger wollen diese Lieder leben,
Als bis ihr Klang ein fühlend Herz erfreut,   10
Mit schönern Phantasieen es umgeben,
Zu höheren Gefühlen es geweiht;
Zur fernen Nachwelt wollen sie nicht schweben,
Sie tönten, sie verhallen in der Zeit.
Des Augenblickes Lust hat sie gebohren,   15
Sie fliehen fort im leichten Tanz der Horen.

Der Lenz erwacht, auf den erwärmten Triften
Schießt frohes Leben jugendlich hervor,
Die Staude würzt die Luft mit Nektardüften,
Den Himmel füllt ein muntrer Sängerchor,   20
Und jung und alt ergeht sich in den Lüften,
Und freuet sich, und schwelgt mit Aug und Ohr.
Der Lenz entflieht! Die Blume schießt in Saamen,
Und keine bleibt von allen, welche kamen.

DIE HOREN

1795—1796

DAS REICH DER SCHATTEN

Ewig klar und spiegelrein und eben
Fließt das zephyrleichte Leben
Im Olymp den Seligen dahin.
Monde wechseln und Geschlechter fliehen,
Ihrer Götterjugend Rosen blühen
Wandellos im ewigen Ruin.
Zwischen Sinnenglück und Seelenfrieden
Bleibt dem Menschen nur die bange Wahl.
Auf der Stirn des hohen Uraniden
Leuchtet ihr vermählter Strahl.

Führt kein Weg hinauf zu jenen Höhen?
Muß der Blume Schmuck vergehen,
Wenn des Herbstes Gabe schwellen soll?
Wenn sich Lunens Silberhörner füllen,
Muß die andre Hälfte Nacht umhüllen,
Wird die Strahlenscheibe niemals voll?
Nein, auch aus der Sinne Schranken führen
Pfade aufwärts zur Unendlichkeit.
Die von ihren Gütern nichts berühren,
Fesselt kein Gesetz der Zeit.

Wollt ihr schon auf Erden Göttern gleichen,
Frey seyn in des Todes Reichen,
Brechet nicht von seines Gartens Frucht.
An dem Scheine mag der Blick sich weiden,
Des Genußes wandelbare Freuden
Rächet schleunig der Begierde Flucht.
Selbst der Styx, der neunfach sie umwindet,
Wehrt die Rückkehr Ceres Tochter nicht,
Nach dem Apfel greift sie und es bindet
Ewig sie des Orkus Pflicht.

Nur der Körper eignet jenen Mächten,
Die das dunkle Schicksal flechten,
Aber frey von jeder Zeitgewalt,
Die Gespielin seliger Naturen
Wandelt oben in des Lichtes Fluren,

Göttlich unter Göttern, die Gestalt.
Wollt ihr hoch auf ihren Flügeln schweben,
Werft die Angst des Irrdischen von euch,
Fliehet aus dem engen dumpfen Leben
In der Schönheit Schattenreich! 40

Und vor jenen fürchterlichen Schaaren
Euch auf ewig zu bewahren,
Brechet muthig alle Brücken ab.
Zittert nicht, die Heimat zu verlieren,
Alle Pfade, die zum Leben führen, 45
Alle führen zum gewissen Grab.
Opfert freudig auf, was ihr besessen,
Was ihr einst gewesen, was ihr seyd,
Und in einem seligen Vergessen
Schwinde die Vergangenheit. 50

Keine Schmerzerinnerung entweye
Diese Freystatt, keine Reue,
Keiner Sorge, keiner Thräne Spur.
Losgesprochen sind von allen Pflichten,
Die in dieses Heiligthum sich flüchten, 55
Allen Schulden sterblicher Natur.
Aufgerichtet wandle hier der Sklave,
Seiner Feßeln glücklich unbewußt,
Selbst die rächende Erinne schlafe
Friedlich in des Sünders Brust. 60

Jugendlich, von allen Erdenmaalen
Frey, in der Vollendung Strahlen
Schwebe hier der Menschheit Götterbild,
Wie des Lebens schweigende Phantome
Glänzend wandeln an dem styg'schen Strome, 65
Wie sie stand im himmlischen Gefild,
Ehe noch zum traurgen Sarkophage
Die Unsterbliche herunter stieg.
Wenn im Leben noch des Kampfes Waage
Schwankt, erscheine hier der Sieg. 70

Nicht vom Kampf die Glieder zu entstricken,
Den Erschöpften zu erquicken,
Wehet hier des Sieges duftger Kranz.
Mächtig, selbst wenn eure Sehnen ruhten,
75 Reißt das Schicksal euch in seine Fluten,
Euch die Zeit in ihren Wirbeltanz.
Aber sinkt des Muthes kühner Flügel
Bey der Schranken peinlichem Gefühl,
Dann erblicket von der Schönheit Hügel
80 Freudig das erflogne Ziel.

Wenn es gilt, zu herrschen und zu schirmen,
Kämpfer gegen Kämpfer stürmen
Auf des Glückes, auf des Ruhmes Bahn,
Da mag Kühnheit sich an Kraft zerschlagen,
85 Und mit krachendem Getös die Wagen
Sich vermengen auf bestäubtem Plan.
Muth allein kann hier den Dank erringen,
Der am Ziel des Hippodromes winkt,
Nur der Starke wird das Schicksal zwingen,
90 Wenn der Schwächling untersinkt.

Aber der, von Klippen eingeschlossen,
Wild und schäumend sich ergossen,
Sanft und eben rinnt des Lebens Fluß
Durch der Schönheit stille Schattenlande,
95 Und auf seiner Wellen Silberrande
Mahlt Aurora sich und Hesperus.
Aufgelößt in zarter Wechselliebe,
In der Anmuth freyem Bund vereint,
Ruhen hier die ausgesöhnten Triebe,
100 Und verschwunden ist der Feind.

Wenn das Todte bildend zu beseelen,
Mit dem Stoff sich zu vermählen
Thatenvoll der Genius entbrennt,
Da, da spanne sich des Fleisses Nerve,
105 Und beharrlich ringend unterwerfe
Der Gedanke sich das Element.

Nur dem Ernst, den keine Mühe bleichet,
Rauscht der Wahrheit tief versteckter Born,
Nur des Meisels schwerem Schlag erweichet
Sich des Marmors sprödes Korn. 110

Aber dringt biß in der Schönheit Sphäre,
Und im Staube bleibt die Schwere
Mit dem Stoff, den sie beherrscht, zurück.
Nicht der Masse qualvoll abgerungen,
Schlank und leicht, wie aus dem Nichts gesprungen, 115
Steht das Bild vor dem entzückten Blick.
Alle Zweifel, alle Kämpfe schweigen
In des Sieges hoher Sicherheit,
Ausgestoßen hat es jeden Zeugen
Menschlicher Bedürftigkeit. 120

Wenn ihr in der Menschheit traurger Blöße
Steht vor des Gesetzes Größe,
Wenn dem Heiligen die Schuld sich naht,
Da erblasse vor der Wahrheit Strahle
Eure Tugend, vor dem Ideale 125
Fliehe muthlos die beschämte That.
Kein Erschaffner hat dieß Ziel erflogen,
Ueber diesen grauenvollen Schlund
Trägt kein Nachen, keiner Brücke Bogen,
Und kein Anker findet Grund. 130

Aber flüchtet aus der Sinne Schranken
In die Freyheit der Gedanken,
Und die Furchterscheinung ist entflohn,
Und der ewge Abgrund wird sich füllen;
Nehmt die Gottheit auf in euren Willen, 135
Und sie steigt von ihrem Weltenthron.
Des Gesetzes strenge Feßel bindet
Nur den Sklavensinn, der es verschmäht,
Mit des Menschen Widerstand verschwindet
Auch des Gottes Majestät. 140

Wenn der Menschheit Leiden euch umfangen,
Wenn Laokoon der Schlangen
Sich erwehrt mit Namenlosem Schmerz,

Da empöre sich der Mensch! Es schlage
An des Himmels Wölbung seine Klage,
Und zerreisse euer fühlend Herz!
Der Natur furchtbare Stimme siege,
Und der Freude Wange werde bleich,
Und der heilgen Sympathie erliege
Das Unsterbliche in euch!

Aber in den heitern Regionen,
Wo die Schatten selig wohnen,
Rauscht des Jammers trüber Sturm nicht mehr.
Hier darf Schmerz die Seele nicht durchschneiden,
Keine Thräne fließt hier mehr dem Leiden,
Nur des Geistes tapfrer Gegenwehr.
Lieblich wie der Iris Farbenfeuer
Auf der Donnerwolke duftgem Thau,
Schimmert durch der Wehmut düstern Schleier
Hier der Ruhe heitres Blau.

Tief erniedrigt zu des Feigen Knechte
Gieng in ewigem Gefechte
Einst Alcid des Lebens schwere Bahn,
Rang mit Hydern und umarmt' den Leuen,
Stürzte sich, die Freunde zu befreyen,
Lebend in den Acherontschen Kahn.
Alle Plagen, alle Erdenlasten
Wälzt der unversöhnten Göttin List
Auf die will'gen Schultern des Verhaßten,
Biß sein Lauf geendigt ist,

Biß der Gott, des Irrdischen entkleidet,
Flammend sich vom Menschen scheidet,
Und des Aethers leichte Lüfte trinkt.
Froh des neuen ungewohnten Schwebens
Fließt er aufwärts, und des Erdenlebens
Schweres Traumbild sinkt und sinkt und sinkt.
Des Olympus Harmonien empfangen
Den Verklärten in Kronions Saal,
Und die Göttin mit den Rosenwangen
Reicht ihm lächelnd den Pokal.

NATUR UND SCHULE

„Ist es denn wahr, sprichst du, was der Weisheit Meister
  mich lehren,
Was der Lehrlinge Schaar sicher und fertig beschwört;
Kann die Wissenschaft nur zum wahren Frieden mich führen,
  Nur des Systemes Gebälk stützen das Glück und das Recht?
Muß ich dem Trieb mistraun, der leise mich warnt, dem Gesetze, 5
  Das du selber, Natur mir in den Busen geprägt,
Biß auf die ewige Schrift die Schul' ihr Siegel gedrücket,
  Und der Formel Gefäß bindet den flüchtigen Geist?
Sage du mirs, du bist in diese Tiefen gestiegen,
  Aus dem modrigten Grab kamst du erhalten zurück, 10
Dir ist bekannt was die Gruft der dunkeln Wörter bewahret,
  Ob der Lebenden Trost dort bey den Mumien wohnt?
Muß ich ihn wandeln den nächtlichen Weg? Mir graut,
  ich bekenn' es,
Wandeln will ich ihn doch, führt er zu Wahrheit und Recht."
Freund, du kennst doch die goldene Zeit, (Es haben die Dichter 15
  Manche Sage von ihr rührend und einfach erzält.)
Jene Zeit da das Heilige noch in der Menschheit gewandelt,
  Da jungfräulich und keusch noch der Instinkt sich bewahrt,
Da noch das große Gesetz, das oben im Sonnenlauf waltet,
  Und verborgen im Ey reget den hüpfenden Punkt, 20
Der Nothwendigkeit stilles Gesetz, das stätige, gleiche,
  Auch der menschlichen Brust freyere Wellen bewegt,
Da ein sichres Gefühl noch treu, wie am Uhrwerk der Zeiger,
  Auf das Wahrhaftige nur, nur auf das Ewige wies?
Da war kein Profaner, kein Eingeweihter zu sehen, 25
  Was man lebendig empfand, ward nicht bey Todten gesucht.
Gleich verständlich für jegliches Herz war die ewige Regel,
  Gleich verborgen der Quell, dem sie belebend entfloß.
Aber die glückliche Zeit ist nicht mehr. Vermessene Willkühr
  Hat der getreuen Natur göttlichen Einklang entweiht. 30
Wolkigt fließt der himmlische Strom in schuldigen Herzen,
  Lauter wird er und rein nur an dem Quell noch geschöpft.
Dieser Quell, tief unten im Schacht des reinen Verstandes,
  Fern von der Leidenschaft Spur, rieselt er silbern und kühl.

35 Aus der Sinne wildem Geräusch verschwand das Orakel,
   Nur in dem stilleren Selbst hört es der horchende Geist.
   Aber die Wissenschaft nur vermag den Zugang zu öfnen,
   Und den heiligen Sinn hütet das mystische Wort.
   Hier beschwört es der Forscher, der reines Herzens hinabsteigt,
40   Und die verlorne Natur giebt ihm die Weißheit zurück.
   Hast du, Glücklicher, nie den schützenden Engel verloren,
   Nie des frommen Instinkts liebende Warnung verwirkt,
   Mahlt in dem keuschen Auge noch treu und rein sich
                                                die Wahrheit,
   Tönt ihre Stimme dir noch hell in der kindlichen Brust,
45 Schweigt noch in dem zufriednen Gemüth des Zweifels
                                                Empörung,
   Wird sie, weißt du's gewiß, schweigen auf ewig wie heut,
   Wird der Empfindungen Streit nie eines Richters bedürfen,
   Nie den hellen Verstand trüben das tückische Herz,
   Nie der verschlagene Witz des Gewißens Einfalt bestricken,
50   Niemals, weißt du's gewiß, wanken das ewige Steur?
   O dann gehe du hin in deiner köstlichen Unschuld,
   Dich kann die Wissenschaft nichts lehren. Sie lerne von dir!
   Jenes Gesetz, das mit eisernem Stab den Sträubenden lenkt,
   Dir gilt es nicht. Was du thust, was dir gefällt, ist Gesetz.
55 Herrschen wird durch die ewige Zeit, wie Polyklets Regel,
   Was du mit heiliger Hand bildest, mit heiligem Mund
   Redest, wird die Herzen der Menschen allmächtig bewegen,
   Du nur merkst nicht den Gott, der dir im Busen gebeut,
   Nicht des Siegels Gewalt, das alle Geister dir beuget,
60   Einfach gehst du und still durch die eroberte Welt;
   Aber blind erringst du, was wir im Lichte verfehlen,
   Und dem spielenden Kind glückt, was dem Weisen mislingt.

DAS VERSCHLEIERTE BILD ZU SAIS

Ein Jüngling, den des Wissens heißer Durst
Nach Sais in Egypten trieb, der Priester
Geheime Weißheit zu erlernen, hatte
Schon manchen Grad mit schnellem Geist durcheilt,
Stets riß ihn seine Forschbegierde weiter, 5
Und kaum besänftigte der Hierophant
Den ungeduldig strebenden. „Was hab ich,
Wenn ich nicht Alles habe, sprach der Jüngling
Giebts etwa hier ein Weniger und Mehr?
Ist deine Wahrheit wie der Sinne Glück 10
Nur eine Summe, die man größer, kleiner
Besitzen kann und immer doch besitzt?
Ist sie nicht eine einzge, ungetheilte?
Nimm einen Ton aus einer Harmonie,
Nimm eine Farbe aus dem Regenbogen, 15
Und alles was dir bleibt ist Nichts, solang
Das schöne All der Töne fehlt und Farben."

Indem sie einst so sprachen, standen sie
In einer einsamen Rotonde still,
Wo ein verschleiert Bild von Riesengröße 20
Dem Jüngling in die Augen fiel.
                 Verwundert
Blickt er den Führer an und spricht. Was ists,
Das hinter diesem Schleier sich verbirgt?

„Die Wahrheit" ist die Antwort.
                         Wie? ruft jener,
Nach Wahrheit streb ich ja allein, und diese 25
Gerade ist es, die man mir verhüllt?

„Das mache mit der Gottheit aus, versetzt
Der Hierophant. Kein Sterblicher, sagt sie,
Rückt diesen Schleier, biß ich selbst ihn hebe.
Und wer mit ungeweihter schuldger Hand 30
Den heiligen verbotnen früher hebt,

Der, spricht die Gottheit" —
               Nun?
                    „Der sieht die Wahrheit"
Ein seltsamer Orakelspruch! Du selbst
Du hättest also niemals ihn gehoben?

35 „Ich? Warlich nicht! Und war auch nie dazu
Versucht."
          Das faß ich nicht. Wenn von der Wahrheit
Nur diese dünne Scheidewand mich trennte —

„Und ein Gesetz, fällt ihm sein Führer ein.
Gewichtiger mein Sohn als du es meynst
40 Ist dieser dünne Flor — Für deine Hand
Zwar leicht, doch Zentner schwer für dein Gewissen."

Der Jüngling gieng gedankenvoll nach Hause,
Ihm raubt des Wissens brennende Begier
Den Schlaf, er wälzt sich glühend auf dem Lager,
45 Und rafft sich auf um Mitternacht. Zum Tempel
Führt unfreywillig ihn der scheue Tritt.
Leicht ward es ihm die Mauer zu ersteigen,
Und mitten in das Innre der Rotonde
Trägt ein beherzter Sprung den Wagenden.

50 Hier steht er nun, und grauenvoll umfängt
Den Einsamen die Lebenlose Stille,
Die nur der Tritte hohler Wiederhall
In den geheimen Grüften unterbricht.
Von oben durch der Kuppel Oefnung wirft
55 Der Mond den bleichen silberblauen Schein,
Und furchtbar wie ein gegenwärtger Gott
Erglänzt durch des Gewölbes Finsternisse
In ihrem langen Schleier die Gestalt.

Er tritt hinan mit ungewissem Schritt,
60 Schon will die freche Hand das Heilige berühren,
Da zuckt es heiß und kühl durch sein Gebein,

Und stößt ihn weg mit unsichtbarem Arme.
Unglücklicher, was willst du thun? So ruft
In seinem Innern eine treue Stimme.
Versuchen den Allheiligen willst du?   65
Kein Sterblicher, sprach des Orakels Mund,
Rückt diesen Schleier, biß ich selbst ihn hebe.

Doch setzte nicht derselbe Mund hinzu:
Wer diesen Schleier hebt, soll Wahrheit schauen.
Sey hinter ihm, was will! Ich heb ihn auf.   70
(Er rufts mit lauter Stimm) Ich will sie schauen.
                                    Schauen!
Gellt ihm ein langes Echo spottend nach.

   Er sprichts und hat den Schleier aufgedeckt.
„Nun, fragt ihr, und was zeigte sich ihm hier?"
Ich weiß es nicht. Besinnungslos und bleich   75
So fanden ihn am andern Tag die Priester
Am Fußgestell der Isis ausgestreckt.
Was er allda gesehen und erfahren
Hat seine Zunge nie bekannt. Auf ewig
War seines Lebens Heiterkeit dahin,   80
Ihn riß ein tiefer Gram zum frühen Grabe.
„Weh dem, dieß war sein warnungsvolles Wort,
Wenn ungestümme Fragen in ihn drangen,
„Weh dem, der zu der Wahrheit geht durch Schuld,
„Sie wird ihm nimmermehr erfreulich seyn."   85

DER PHILOSOPHISCHE EGOIST

Hast du den Säugling gesehn, der, unbewußt noch der Liebe,
　Die ihn wärmet und wiegt, schlafend von Arme zu Arm
Wandert, biß bey der Leidenschaft Ruf der Jüngling erwachet,
　Und des Bewußtseyns Blitz dämmernd die Welt ihm erhellt?
5 Hast du eine Mutter gesehn, wenn sie Schlummer dem Kinde
　Kauft mit dem eigenen Schlaf, und für das Sorglose sorgt,
Nährt mit ihrem eigenen Leben die zitternde Flamme,
　Und mit der Sorge selbst sich für die Sorge belohnt?
Und du lästerst die grosse Natur, die bald Kind und bald Mutter
10　Jetzt empfänget, jetzt giebt, nur durch Bedürfniß besteht?
Selbstgenügsam willst du dem schönen Ring dich entziehen,
　Der Geschöpf an Geschöpf reyht in vertraulichem Bund,
Willst, du Armer, stehen allein und allein durch dich selber,
　Wenn durch der Kräfte Tausch selbst das Unendliche steht?

DIE ANTIKE
AN EINEN WANDERER AUS NORDEN

Ueber Ströme hast du gesetzt und Meere durchschwommen,
　Ueber der Alpen Gebirg trug dich der schwindliche Steg,
Mich in der Nähe zu schauen und meine Schöne zu preisen,
　Die der begeisterte Ruf rühmt durch die staunende Welt;
5 Und nun stehst du vor mir, du darfst mich heilge berühren,
　Aber bist du mir jetzt näher und bin ich es dir?
Hinter dir liegt zwar dein nebligter Pol und dein eiserner Himmel,
　Deine arkturische Nacht flieht vor Ausoniens Tag,
Aber hast du die Alpenwand des Jahrhunderts gespalten,
10　Die zwischen dir und mir finster und traurig sich thürmt?
Hast du von deinem Herzen gewälzt die Wolke des Nebels,
　Die von dem wundernden Aug' wälzte der fröhliche Strahl?
Ewig umsonst umstrahlt dich in mir Ioniens Sonne,
　Den verdüsterten Sinn bindet der nordische Fluch.

DEUTSCHE TREUE

Um den Scepter Germaniens stritt mit Ludwig dem Bayer
   Fridrich aus Habspurgs Stamm, beyde gerufen zum Thron,
Jenen schützte Luxemburgs Macht, und die Mehrheit der Wähler,
   Diesen der Kirche Gewalt und des Geschlechtes Verdienst.
Aber den Prinzen Oesterreichs führt das neidische Kriegsglück
   In die Fesseln des Feinds, der ihn im Kampfe bezwingt.
Mit dem Thron erkauft er die Freyheit; sein Wort muß er geben,
   Für den Sieger das Schwerdt gegen die Freunde zu ziehn;
Aber was er in Banden gelobt, kann er frey nicht erfüllen,
   Siehe, da stellt er aufs neu willig den Banden sich dar.
Tief gerührt umhalßt ihn der Feind, sie wechseln von nun an
   Wie der Freund mit dem Freund traulich die Becher des Mahls,
Arm in Arme schlummern auf Einem Lager die Fürsten,
   Da noch blutiger Haß grimmig die Völker zerfleischt.
Gegen Friderichs Heer muß Ludwig ziehen. Zum Wächter
   Bayerns läßt er den Feind, den er bestreitet, zurück.
„Wahrlich! So ists! Es ist wirklich so. Man hat mirs geschrieben"
   Rief der Pontifex aus, als er die Kunde vernahm.

WEISSHEIT UND KLUGHEIT

Willst du Freund die erhabensten Höhn der Weißheit erfliegen,
   Wag es auf die Gefahr, daß dich die Klugheit verlacht.
Die kurzsichtige sieht nur das Ufer, von welchem du scheidest,
   Jenes nicht, wo dereinst landet dein muthiger Flug.

AN EINEN WELTVERBESSERER

Alles, sagst du mir, opfert' ich hin, der Menschheit zu helfen,
Eitel war der Erfolg, Haß und Verfolgung der Lohn.
Soll ich dir sagen, Freund, wie Ich mit Menschen es halte?
Traue dem Spruche! Noch nie hat mich der Führer getäuscht.
5 Von der Menschheit — du kannst von ihr nie groß genug denken
Wie du im Busen sie trägst, prägst du in Thaten sie aus.
Auch dem Menschen, der dir im engen Leben begegnet,
Reich' ihm, wenn er sie mag, freundlich die helfende Hand.
Nur für Regen und Thau und fürs Wohl der Menschengeschlechter
10 Lass du das liebe Geschick walten wie gestern so heut.

DAS HÖCHSTE

Suchst du das Höchste, das Größte? Die Pflanze kann es dich lehren.
Was sie Willenlos ist, sey du es wollend — das ists!

ILIAS

Immer zerreisset den Kranz des Homer, und zählet die Väter
Des vollendeten ewigen Werks!
Hat es doch Eine Mutter nur und die Züge der Mutter,
Deine unsterblichen Züge, Natur.

UNSTERBLICHKEIT

Vor dem Tod erschrickst du? Du wünschest unsterblich zu leben?
Leb' im Ganzen! Wenn Du lange dahin bist, es bleibt.

ELEGIE

Sey mir gegrüßt mein Berg mit dem röthlich stralenden Gipfel,
 Sey mir Sonne gegrüßt, die ihn so lieblich bescheint,
Dich auch grüß ich lachende Flur, euch säuselnde Linden,
 Und den fröhlichen Chor, der auf den Aesten sich wiegt,
Ruhige Bläue dich auch, die unermeßlich sich ausgießt 5
 Um das braune Gebirg, über den grünenden Wald,
Auch um mich, der endlich entflohen des Zimmers Gefängnis
 Und dem engen Gespräch freudig sich rettet zu dir,
Deiner Lüfte balsamischer Strom durchrinnt mich erquickend,
 Und den durstigen Blick labt das energische Licht, 10
Kräftig brennen auf blühender Au die wechselnden Farben,
 Aber der reizende Streit löset in Wohllaut sich auf,
Frey, mit weithin verbreitetem Teppich empfängt mich
  die Wiese,
 Durch ihr freundliches Grün schlingt sich der ländliche Pfad,
Um mich summen geschäftige Bienen, mit zweifelndem Flügel 15
 Wiegt der Schmetterling sich über dem röthlichten Klee,
Durch die Lüfte spinnt sich der Sonnenfaden, und zeichnet
 Einen farbigten Weg weit in den Himmel hinauf,
Glühend trift mich der Sonne Pfeil, still liegen die Weste,
 Nur der Lerche Gesang wirbelt in heiterer Luft. 20
Doch jetzt braußts aus dem nahen Gebüsch, tief neigen der Erlen
 Kronen sich, und im Wind wogt das versilberte Gras,
Mich umfängt ambrosische Nacht; in duftende Kühlung
 Nimmt ein prächtiges Dach schattender Buchen mich ein,
In des Waldes Geheimniß entflieht mir auf einmal die Land-
  schaft, 25
 Und ein mystischer Pfad leitet mich steigend empor.
Nur verstohlen durchdringt der Zweige laubigtes Gitter
 Sparsames Licht, und es blickt lachend das Blaue herein.
Aber plötzlich zerreißt die Hülle. Der offene Wald giebt
 Ueberraschend des Tags blendendem Glanz mich zurück. 30
Unabsehbar ergießt sich vor meinen Blicken die Ferne,
 Und ein blaues Gebirg endigt im Dufte die Welt.

Tief an des Berges Fuß, der gählings unter mir abstürzt,
   Wallet des grünlichten Stroms fliessender Spiegel vorbey.
35 Unter mir seh ich endlos den Aether und über mir endlos,
   Blicke mit Schwindeln hinauf, blicke mit Schaudern hinab,
   Aber zwischen der ewigen Höh und der ewigen Tiefe
      Trägt ein geländerter Steig sicher den Wandrer dahin.
   Lachend fliehen an mir die reichen Ufer vorüber,
40   Und den fröhlichen Fleiß rühmet das prangende Thal,
   Jene Linien, die des Landmanns Eigenthum scheiden,
      In den Teppich der Flur hat sie Demeter gewirkt,
   Freundliche Schrift des Gesetzes, des Menschenerhaltenden
      Gottes,
   Seit aus der ehernen Welt fliehend die Liebe verschwand,
45 Aber in freyeren Schlangen durchkreuzt die geregelten Felder
   Jetzt verschlungen vom Wald, jetzt an den Bergen hinauf
   Klimmend, ein schimmernder Streif, die Länder verknüpfende
      Straße,
   Auf dem ebenen Strom gleiten die Flöße dahin,
   Vielfach ertönt der Heerden Geläut im belebten Gefilde,
50   Und den Wiederhall weckt einsam des Hirten Gesang,
   Muntre Dörfer bekränzen den Strom, in Gebüschen ver-
      schwinden
   Andre, vom Rücken des Bergs stürzen sie gäh dort herab,
   Nachbarlich wohnet der Mensch noch mit dem Acker zusammen,
      Seine Felder umruhn friedlich sein ländliches Dach,
55 Traulich rankt sich der Weinstock empor an dem niedrigen
      Fenster,
   Einen umarmenden Zweig schlingt um die Hütte der Baum,
   Glückliches Volk der Gefilde! Noch nicht zur Freyheit
      erwachet,
      Theilst du mit deiner Flur fröhlich das enge Gesetz.
   Deine Wünsche beschränkt der Aernten ruhiger Kreislauf,
60   Gleich, wie dein Tagewerk, windet dein Leben sich ab:
   Aber wer raubt mir auf einmal den lieblichen Anblick? Ein fremder
   Geist verbreitet sich schnell über die fremdere Flur!
   Spröde sondert sich ab, was kaum noch liebend sich mischte,
      Und das gleiche nur ist's, was an das Gleiche sich reyht.

Stände seh ich gebildet, der Pappeln stolze Geschlechter 65
  Ziehn in geordnetem Pomp vornehm und prächtig daher,
Unbemerkt entfliehet dem Blick die einzelne Staude,
  Leyht nur dem Ganzen, empfängt nur von dem Ganzen
  den Reiz.
Regel wird alles und alles wird Wahl und alles Bedeutung,
  Dieses Dienergefolg meldet den Herrscher mir an, 70
Majestätisch verkündigen ihn die beleuchteten Kuppeln,
  Aus dem felsigten Kern hebt sich die thürmende Stadt.
In die Wildniß hinaus sind des Waldes Faunen verstoßen,
  Aber die Andacht leyht höheres Leben dem Stein.
Näher gerückt ist der Mensch an den Menschen. Enger wird
  um ihn 75
  Reger erwacht, es umwälzt rascher sich in ihm die Welt.
Sieh, da entbrennen in feurigem Kampf die eifernden Kräfte,
  Großes wirket ihr Streit, größeres wirket ihr Bund.
Tausend Hände belebt Ein Geist, in tausend Brüsten
  Schlägt, von Einem Gefühl glühend, ein einziges Herz, 80
Schlägt für das Vaterland und glüht für der Ahnen Gesetze,
  Hier auf dem theuren Grund ruht ihr verehrtes Gebein.
Von dem Himmel steigen die seligen Götter, und nehmen
  In dem geweyhten Bezirk festliche Wohnungen ein,
Herrliche Gaben bescheerend erscheinen sie; Ceres vor allen 85
  Bringet des Pfluges Geschenk, Hermes den Anker herbey,
Bacchus die Traube, Minerva des Oelbaums grünende Reiser,
  Auch das kriegrische Roß führet Poseidon heran,
Mutter Cybele spannt von des Wagens Deichsel die Löwen,
  In das gastliche Thor zieht sie als Bürgerinn ein. 90
Heilige Steine! Aus euch ergossen sich Pflanzer der Menschheit,
  Fernen Inseln des Meers sandtet ihr Wahrheit und Kunst,
Weise sprachen das Recht an diesen geselligen Thoren,
  Helden stürzten zum Kampf für die Penaten heraus.
Auf den Mauren erschienen, den Säugling im Arme, die Mütter, 95
  Blickten dem Zuge nach, bis ihn die Ferne verschlang,
Betend stürzten sie dann vor der Götter Altären sich nieder,
  Flehten um Ruhm und Sieg, flehten um Rückkehr für euch.
Ehre ward euch und Sieg, doch nur der Ruhm kam zurücke,
  Eurer Thaten Verdienst meldet der rührende Stein: 100

„Wanderer, kommst du nach Sparta, gieb Kunde dorten,
          du habest
„Uns hier liegen gesehn, wie das Gesetz es befahl"
Ruhet sanft ihr Theuren! Von eurem Blute begossen
    Grünet der Oelbaum, es keimt lustig die köstliche Saat.
105 Munter entbrennt, des Eigenthums froh, das freye Gewerbe,
    Aus dem Schilfe des Stroms winket der bläulichte Gott.
Zischend fliegt in den Baum die Axt, es erseufzt die Dryade,
    Hoch von des Berges Haupt stürzt sich die donnernde Last.
Aus dem Bruche wiegt sich der Fels, vom Hebel beflügelt,
110   In der Gebirge Schlucht taucht sich der Bergmann hinab.
Mulcibers Ambos ertönt von dem Takt geschwungener Hämmer,
    Unter der nervigten Faust sprützen die Funken des Stahls,
Glänzend umwindet der goldene Lein die tanzende Spindel,
    Durch die Saiten des Garns sauset das webende Schiff,
115 Fern auf der Rhede ruft der Pilot, es warten die Flotten,
    Die in der Fremdlinge Land tragen den heimischen Fleiß,
Andre ziehn frohlockend dort ein, mit den Gaben der Ferne,
    Hoch von dem thürmenden Mast wehet der festliche Kranz.
Siehe da wimmeln von fröhlichem Leben die Krahne,
          die Märkte,
120 Seltsamer Sprachen Gewirr braußt in das wundernde Ohr.
Auf den Stapel schüttet die Aernten der Erde der Kaufmann,
    Was dem glühenden Stral Afrikas Boden gebiert,
Was Arabien kocht, was die äusserste Thule bereitet,
    Hoch mit erfreuendem Gut füllt Amalthea das Horn.
125 Da gebiert dem Talente das Glück die göttlichen Kinder,
    Von der Freyheit gesäugt wachsen die Künste empor,
Mit nachahmendem Leben erfreuet der Bildner die Augen,
    Und von Dädal beseelt redet das fühlende Holz,
Künstliche Himmel ruhn auf schlanken jonischen Säulen
130 Und den ganzen Olymp schließet ein Pantheon ein,
Leicht wie der Iris Sprung durch die Luft, wie der Pfeil
          von der Senne
Hüpfet der Brücke Joch über den brausenden Strom.
Aber im stillen Gemache zeichnet bedeutende Zirkel
    Sinnend der Weise, beschleicht forschend den schaffenden
          Geist,

Prüft der Elemente Gewalt auf versuchender Waage, 135
  Folgt durch die Lüfte dem Klang, folgt durch den Aether
      dem Strahl,
Sucht das vertraute Gesetz in des Zufalls grausenden Wundern,
  Sucht den ruhenden Pol in der Erscheinungen Flucht.
Körper und Stimme leyht dem stummen Gedanken die Presse,
  Durch der Jahrhunderte Strom trägt ihn das redende Blatt. 140
Da zerrinnt vor dem wundernden Blick der Nebel des Wahnes
  Und die Gebilde der Nacht weichen dem tagenden Licht.
Seine Feßeln zerbricht der Mensch. Der Beglückte! Zerriß er
  Mit den Feßeln der Furcht nur nicht den Zügel der Schaam!
Freyheit heischt die Vernunft, nach Freyheit rufen die Sinne, 145
  Beyden ist der Natur züchtiger Gürtel zu eng.
Ach, da reissen im Sturme die Anker, die an dem Ufer
  Warnend ihn hielten, ihn faßt mächtig der flutende Strom,
Ins Unendliche reißt er ihn hin, die Küste verschwindet,
  Hoch auf der Fluten Gebirg wieget sich mastlos der Kahn, 150
Hinter Wolken erlöschen des Wagens beharrliche Sterne,
  Bleibend ist nichts mehr, es irrt selbst in dem Busen
      der Gott.
Unnatürlich tritt die Begier aus den ewigen Schranken,
  Lüsterne Willkühr vermischt, was die Nothwendigkeit
      schied,
Aus dem Gespräche verschwindet die Wahrheit, die heilige
      Treue 155
  Aus dem Leben, es lügt selbst auf der Lippe der Schwur.
Ihren Schleyer zerreißt die Schaam, Asträa die Binde,
  Und der freche Gelust spottet der Nemesis Zaum,
In der Herzen vertraulichstem Bund, in der Liebe Geheimniß
  Drängt sich der Sykophant, reißt von dem Freunde
      den Freund, 160
Auf die Unschuld schielt der Verrath mit verschlingendem
      Blicke,
  Mit vergiftendem Biß tödtet des Lästerers Zahn.
Feil ist in der geschändeten Brust der Gedanke, die Liebe
  Wirft des freyen Gefühls göttliches Vorrecht hinweg,
Keine Zeichen mehr findet die Wahrheit, verpraßt hat sie alle 165
  Alle der Trug, der Natur köstlichste Töne entehrt,

Die das Sprachbedürftige Herz in der Freude erfindet,
  Kaum giebt wahres Gefühl noch durch Verstummen sich kund,
Leben wähnst du noch immer zu sehn, dich täuschen die Züge,
170   Hohl ist die Schaale, der Geist ist aus dem Leichnam geflohn.
Auf der Tribune prahlet das Recht, in der Hütte die Eintracht,
  Des Gesetzes Gespenst steht an der Könige Thron,
Lange Jahre, Jahrhunderte mag die Mumie dauren
  Mag der Sitten, des Staats kernlose Hülse bestehn,
175 Biß die Natur erwacht, und mit schweren ehernen Händen
  An das hohle Gebäu rühret die Noth und die Zeit,
Biß, verlassen zugleich von dem Führer von aussen und innen,
  Von der Gefühle Geleit, von der Erkenntnisse Licht,
Eine Tygerin, die das eiserne Gitter durchbrochen,
180   Und des numidischen Walds plözlich und schrecklich gedenkt,
Aufsteht mit des Verbrechens Wuth und des Elends die Menschheit,
  Und in der Asche der Stadt sucht die verlorne Natur.
O so öfnet euch Mauren, und gebt den Gefangenen ledig,
  Zu der verlassenen Flur kehr er gerettet zurück!
185 Weit von dem Menschen fliehe der Mensch! Dem Sohn der Veränderung
  Darf der Veränderung Sohn nimmer und nimmer sich nahn,
Nimmer der Freye den Freyen zum bildenden Führer sich nehmen,
  Nur was in ruhiger Form sicher und ewig besteht.
Aber wo bin ich? Es birgt sich der Pfad. Abschüßige Gründe
190   Hemmen mit gähnender Kluft vorwärts und rückwärts den Schritt.
Hinter mir blieb der Gärten, der Hecken vertraute Begleitung,
  Hinter mir jegliche Spur menschlicher Hände zurück.
Nur die Stoffe seh ich gethürmt, aus welchen das Leben
  Keimet, der rohe Basalt hofft auf die bildende Hand,
195 Brausend stürzet der Gießbach herab durch die Rinne des Felsen
  Unter den Wurzeln des Baums bricht er entrüstet sich Bahn.
Wild ist es hier und schauerlich öd'. Im einsamen Luftraum
  Hängt nur der Adler, und knüpft an das Gewölke die Welt.

Hoch herauf biß zu mir trägt keines Windes Gefieder
  Den verlorenen Schall menschlicher Arbeit und Lust. 200
Bin ich wirklich allein? In deinen Armen, an deinem
  Herzen wieder, Natur, ach! und es war nur ein Traum,
Der mit des Lebens furchtbarem Bild mich schaudernd
                                                ergriffen,
  Mit dem stürzenden Thal stürzte der finstre hinab.
Reiner von deinem reinen Altare nehm ich mein Leben, 205
  Nehme den fröhlichen Muth hoffender Jugend zurück!
Ewig wechselt der Wille den Zweck und die Regel, in ewig
  Wiederhohlter Gestalt wälzen die Thaten sich um.
Aber jugendlich immer, in immer veränderter Schöne
  Ehrst du, fromme Natur, züchtig das alte Gesetz, 210
Immer dieselbe, bewahrst du in treuen Händen dem Manne,
  Was dir das gaukelnde Kind, was dir der Jüngling vertraut,
Wiegest auf gleichem Mutterschoose die wechselnden Alter;
  Unter demselben Blau, über dem nehmlichen Grün
Wandeln die nahen und wandeln vereint die fernen
                                                Geschlechter, 215
Und die Sonne Homers, siehe! sie lächelt auch uns.

DIE THEILUNG DER ERDE

Da! Nehmt sie hin, die Welt! rief Zevs von seinen Höhen
Den Menschenkindern zu. Nehmt! Sie soll euer seyn.
Euch schenk ich sie zum ewgen Lehen,
Doch theilt euch brüderlich darein!

5 Da griff, was Hände hatte, zu, sich einzurichten,
Es regte sich geschäftig Jung und Alt.
Der Ackermann griff nach des Feldes Früchten,
Der Junker birschte durch den Wald.

Der Kaufmann füllte hurtig sein Gewölb, die Scheune
10 Der Fermier, das Faß der Seelenhirt,
Der König sagte: Jeglichem das Seine:
Und mein ist — was geärntet wird!

Ganz spät erschien, nachdem die Theilung längst geschehen,
Auch der Poet, (er kam aus weiter Fern)
15 Ach! Da war überall nichts mehr zu sehen,
Und alles hatte seinen Herrn.

,,Weh mir! So soll denn ich allein von allen
,,Vergessen seyn, ich dein getreuster Sohn!"
So ließ er laut der Klage Ruf erschallen,
20 Und warf sich hin vor Jovis Thron.

Wenn du zu lang dich in der Träume Land verweilet,
Antwortete der Gott, so hadre nicht mit mir.
Wo warst du denn, als man die Welt getheilet?
,,Ich war, sprach der Poet, bey dir."

25 ,,Mein Auge hieng an deinem Stralenangesichte,
,,An deines Himmels Harmonie mein Ohr,
,,Verzeyh dem Geiste, der von deinem Lichte
,,Berauscht, das Irrdische verlor!"

Was kann ich thun, spricht Zevs. Die Welt ist weggegeben,
   Der Herbst, die Jagd, der Markt ist nicht mehr mein.
Willst du in meinem Himmel mit mir leben?
   So oft du kommst, er soll dir offen seyn.

DIE THATEN DER PHILOSOPHEN

Den Satz, durch welchen alles Ding
Bestand und Form empfangen,
Den Nagel, woran Zeus den Ring
Der Welt, die sonst in Scherben gieng,
Vorsichtig aufgehangen,
Den nenn ich einen großen Geist,
Der mir ergründet, wie er heißt,
Wenn Ich ihm nicht drauf helfe.
Er heißt: Zehn ist nicht Zwölfe.

Der Schnee macht kalt, das Feuer brennt,
Der Mensch geht auf zwey Füssen,
Die Sonne scheint am Firmament,
Das kann, wer auch nicht Logik kennt,
Durch seine Sinne wissen.
Doch wer Philosophie studiert,
Der weiß, daß wer verbrennt, nicht friert,
Weiß, daß das Nasse feuchtet
Und daß das Helle leuchtet.

Homerus singt sein Hochgedicht,
Der Held besteht Gefahren,
Der brave Mann thut seine Pflicht,
Und that sie, ich verhehl es nicht,
Eh noch Weltweise waren,
Doch hat Genie und Herz vollbracht,
Was Lock' und Leibnitz nie gedacht,
Sogleich wird auch von diesen
Die Möglichkeit bewiesen.

Im Leben gilt der Stärke Recht,
Dem Schwachen trotzt der Kühne,
Wer nicht gebieten kann, ist Knecht;
Sonst geht es ganz erträglich schlecht
Auf dieser Erdenbühne.
Doch wie es wäre, fieng der Plan
Der Welt nur erst von vornen an,
Ist in Moralsystemen
Ausführlich zu vernehmen.

,,Der Mensch bedarf des Menschen sehr
Zu seinem großen Ziele,
Nur in dem Ganzen wirket er,
Viel Tropfen geben erst das Meer,
Viel Wasser treibt die Mühle.
Drum flieht der wilden Wölfe Stand,
Und knüpft der Staaten daurend Band"
So lehren vom Katheder
Herr Puffendorf und Feder.

Doch weil, was ein Professor spricht,
Nicht gleich zu allen dringet,
So übt Natur die Mutterpflicht,
Und sorgt, daß nie die Kette bricht,
Und daß der Reif nie springet.
Einstweilen bis den Bau der Welt
Philosophie zusammenhält,
Erhält sie das Getriebe
Durch Hunger und durch Liebe.

THEOPHANIE

Zeigt sich der Glückliche mir, ich vergesse die Götter des Himmels,
Aber sie stehn vor mir, wenn ich den Leidenden seh.

EINEM JUNGEN FREUND
ALS ER SICH DER WELTWEISSHEIT WIDMETE

Schwere Prüfungen mußte der griechische Jüngling bestehen,
  Eh das Eleusische Haus nun den Bewährten empfieng.
Bist du bereitet und reif, das Heiligthum zu betreten,
  Wo den verdächtigen Schatz Pallas Athene verwahrt?
Weißt du schon, was deiner dort harret? Wie theuer du kaufest? 5
  Daß du ein ungewiß Gut mit dem gewissen bezahlst?
Fühlst du dir Stärke genug der Kämpfe schwersten zu kämpfen
  Wenn sich Verstand und Herz, Sinn und Gedanken entzweyn,
Muth genug, mit des Zweifels unsterblicher Hydra zu ringen,
  Und dem Feind in dir selbst männlich entgegen zu gehn, 10
Mit des Auges Gesundheit, des Herzens heiliger Unschuld
  Zu entlarven den Trug, der dich als Wahrheit versucht?
Fliehe, bist du des Führers im eigenen Busen nicht sicher,
  Fliehe den lockenden Rand, ehe der Schlund dich verschlingt.
Manche giengen nach Licht, und stürzten in tiefere Nacht nur; 15
  Sicher im Dämmerschein wandelt die Kindheit dahin.

ARCHIMEDES UND DER SCHÜLER

Zu Archimedes kam ein wißbegieriger Jüngling:
  Weyhe mich, sprach er zu ihm, ein in die göttliche Kunst,
Die so herrliche Früchte dem Vaterlande getragen,
  Und die Mauren der Stadt vor der Sambuca*) beschützt.
„Göttlich nennst du die Kunst? Sie ist's, versetzte der Weise, 5
  Aber das war sie mein Sohn, eh sie dem Staat noch gedient.
Willst du nur Früchte, die kann auch eine Sterbliche zeugen,
  Wer um die Göttinn freyt, suche in ihr nicht das Weib."

---

*) Der Nahme einer Belagerungsmaschine, deren sich Marcellus gegen Syrakus bediente.

MENSCHLICHES WISSEN

Weil du liesest in ihr, was du selber in sie geschrieben,
  Weil du in Gruppen fürs Aug ihre Erscheinungen reyhst,
Deine Schnüre gezogen auf ihrem unendlichen Felde,
  Wähnst du, es fasse dein Geist ahnend die große Natur.
5 So beschreibt mit Figuren der Astronome den Himmel,
  Daß in dem ewigen Raum leichter sich finde der Blick,
Knüpft entlegene Sonnen, durch Siriusfernen geschieden,
  Aneinander im Schwan, und in den Hörnern des Stiers.
Aber versteht er darum der Sphären mystische Tänze,
10 Weil ihm das Sternengewölb sein Planiglobium zeigt?

DIE DICHTER
DER ALTEN UND NEUEN WELT

Sagt, wo sind die Vortreflichen hin, wo find ich die Sänger,
  Die mit dem lebenden Wort horchende Völker entzückt,
Die vom Himmel den Gott, zum Himmel den Menschen gesungen,
  Und getragen den Geist hoch auf den Flügeln des Lieds?
5 Ach, die Sänger leben noch jetzt, nur fehlen die Thaten
  Würdig der Leyer, es fehlt ach! ein empfangendes Ohr.
Glückliche Dichter der glücklichen Welt! Von Munde zu Munde
  Flog, von Geschlecht zu Geschlecht euer empfundenes Lied!
Jeder, als wär ihm ein Sohn gebohren, empfieng mit Entzücken,
10 Was der Genius ihm, redend und bildend, erschuf.
An der Glut des Gesangs entbrannten des Hörers Gefühle,
  An des Hörers Gefühl nährte der Sänger die Glut,
Nährte und reinigte sie! Der Glückliche dem in des Volkes
  Stimme der weisen Natur neues Orakel noch klang,
15 Dem noch von aussen das Wort der richtenden Wahrheit erschallte,
  Das der Neuere kaum — kaum noch im Busen vernimmt.
Weh ihm, wenn er von aussen es jetzt noch glaubt zu vernehmen,
  Und ein betrogenes Ohr leyht dem verführenden Ruf!
Aus der Welt um ihn her sprach zu dem Alten die Muse,
20 Kaum noch erscheint sie dem Neu'n, wenn er die seine — vergißt.

SCHÖN UND ERHABEN

Zweyerley Genien sinds, die durch das Leben dich leiten,
  Wohl dir, wenn sie vereint helfend zur Seite dir gehn!
Mit erheiterndem Spiel verkürzt dir der Eine die Reise,
  Leichter an seinem Arm werden dir Schicksal und Pflicht.
Unter Scherz und Gespräch begleitet er biß an die Kluft dich,
  Wo an der Ewigkeit Meer schaudernd der Sterbliche steht.
Hier empfängt dich entschlossen und ernst und schweigend
                                                  der Andre,
  Trägt mit gigantischem Arm über die Tiefe dich hin.
Nimmer widme dich Einem allein. Vertraue dem ersten
  Deine Würde nicht an, nimmer dem andern dein Glück.

DER SKRUPEL

Was vor züchtigen Ohren dir laut zu sagen erlaubt sey?
  Was ein züchtiges Herz leise zu thun dir erlaubt!

KARTHAGO

Ausgeartetes Kind der bessern menschlichen Mutter,
  Das mit des Römers Trotz paaret des Tyriers List.
Aber jener beherrschte mit Kraft die eroberte Erde,
  Dieser belehrte die Welt, die er mit Klugheit bestahl.
Sprich, was rühmt die Geschichte von dir? Wie der Römer
                                                  erwirbst du
  Mit dem Eisen, was du tyrisch mit Golde regierst.

AUSGANG AUS DEM LEBEN

Aus dem Leben heraus sind der Wege zwey dir geöfnet,
  Zum Ideale führt einer, der andre zum Tod.
Siehe, wie du bey Zeit noch frey auf dem ersten entspringest,
  Ehe die Parze mit Zwang dich auf dem andern entführt.

DER DICHTER AN SEINE KUNSTRICHTERIN

Zürne nicht auf mein fröhliches Lied, weil die Wange
                                                  dir brennet,
  Nicht was ich las — was du denkst hat sie mit Purpur gefärbt.

MUSENALMANACH FÜR DAS JAHR 1797

DAS MÄDCHEN AUS DER FREMDE

In einem Thal bey armen Hirten
Erschien mit jedem jungen Jahr,
Sobald die ersten Lerchen schwirrten,
Ein Mädchen, schön und wunderbar.

Sie war nicht in dem Thal gebohren,
Man wußte nicht, woher sie kam,
Und schnell war ihre Spur verloren,
Sobald das Mädchen Abschied nahm.

Beseligend war ihre Nähe
Und alle Herzen wurden weit,
Doch eine Würde, eine Höhe
Entfernte die Vertraulichkeit.

Sie brachte Blumen mit und Früchte,
Gereift auf einer andern Flur,
In einem andern Sonnenlichte,
In einer glücklichern Natur.

Und theilte jedem eine Gabe,
Dem Früchte, jenem Blumen aus,
Der Jüngling und der Greis am Stabe,
Ein jeder gieng beschenkt nach Haus.

Willkommen waren alle Gäste,
Doch nahte sich ein liebend Paar,
Dem reichte sie der Gaben beste,
Der Blumen allerschönste dar.

POMPEJI UND HERKULANUM

Welches Wunder begiebt sich? Wir flehten um trinkbare
  Quellen
Erde! dich an und was sendet dein Schoos uns herauf?
Lebt es im Abgrund auch? Wohnt unter der Lava verborgen
  Noch ein neues Geschlecht? Kehrt das entflohne zurück?
Griechen! Römer! O kommet und seht, das alte Pompeji 5
  Findet sich wieder, aufs neu bauet sich Herkules Stadt.
Giebel an Giebel richtet sich auf, der Portikus öfnet
  Seine Hallen, o eilt ihn zu beleben herbey!
Aufgethan ist das weite Theater, es stürze durch seine
  Sieben Mündungen sich flutend die Menge herein. 10
Mimen wo bleibt ihr? Hervor! Das bereitete Opfer vollende
  Agamemnon, umher sitze das horchende Volk.
Wohin führet der prächtige Bogen? Erkennt ihr das Forum?
  Was für Gestalten sind das auf dem curulischen Stuhl?
Traget Liktoren die Beile voran! Den Sessel besteige 15
  Richtend der Prätor, der Zeug' trete, der Kläger vor ihn.
Reinliche Gassen breiten sich aus, mit erhöhetem Pflaster
  Ziehet der schmälere Weg neben den Häusern sich hin.
Schützend springen die Dächer hervor, die zierlichen Zimmer
  Reyhn um den einsamen Hof heimlich und traulich sich her. 20
Oefnet die Läden geschwind und die lange verschütteten
  Thüren,
In die schaudrigte Nacht falle der lustige Tag.
Siehe, wie rings um den Rand die netten Bänke sich dehnen,
  Wie von buntem Gestein schimmernd das Estrich sich hebt!
Heitre Farben beleben die Wand, mit blumigter Kette 25
  Fasset der muntre Feston reizende Bildungen ein.
Mit beladenem Korb schlüpft hier ein Amor vorüber,
  Emsige Genien dort keltern den purpurnen Wein,
Hoch auf springt die Bacchantin im Tanz, dort ruhet sie
  schlummernd,
Und der lauschende Faun hat sich nicht satt noch gesehn. 30
Flüchtig tummelt sie hier den raschen Centauren, auf Einem
  Knie nur schwebend, und treibt frisch mit dem Thyrsus
  ihn an.

Knaben! Was säumt ihr? Herbey! Da stehn noch die schönen
　　　　Geschirre,
　　Frisch ihr Mädchen, und schöpft in den etrurischen Krug.
35 Steht nicht hier noch der Dreyfuß auf schön geflügelten
　　　　Sphinxen,
　　Schüret das Feuer! Geschwind! Sclaven! Bestellet den Heerd!
　　Kaufet, hier geb ich euch Münzen vom mächtigen Titus
　　　　gepräget,
　　Auch noch die Waage liegt hier, sehet, es fehlt kein Gewicht.
　　Stecket das brennende Licht auf den zierlich gebildeten
　　　　Leuchter,
40　Und mit glänzendem Oel fülle die Lampe sich an.
　　Was verwahret dieß Kästchen? O seht, was der Bräutigam
　　　　sendet
　　Mädchen! Spangen von Gold, glänzende Pasten zum
　　　　Schmuck!
　　Führet die Braut in das duftende Bad, hier stehn noch
　　　　die Salben,
　　Schminke find ich noch hier in dem gehöhlten Crystall.
45 Aber wo bleiben die Männer, die Alten? Im ernsten Museum
　　Liegt noch ein köstlicher Schatz seltener Rollen gehäufft.
　　Griffel zum Schreiben findet ihr hier und wächserne Tafeln,
　　Nichts ist verloren, getreu hat es die Erde bewahrt.
　　Auch die Penaten sie stellen sich ein, es finden sich alle
50　Götter wieder, warum bleiben die Priester nur aus?
　　Den Caduceus schwingt der zierlich geschenkelte Hermes
　　Und die Viktoria fliegt leicht aus der haltenden Hand.
　　Die Altäre, sie stehen noch da, o kommet, o zündet
　　(Lang schon entbehrte der Gott) zündet die Opfer ihm an!

POLITISCHE LEHRE

Alles sey recht, was du thust, doch dabey laß es bewenden
Freund und enthalte dich ja, alles was recht ist, zu thun.
Wahrem Eifer genügt, daß das Vorhandne vollkommen
Sey, der falsche will stets, daß das Vollkommene sey.

DIE BESTE STAATSVERFASSUNG

Diese nur kann ich dafür erkennen, die jedem erleichtert,
Gut zu denken, doch nie, daß er so denke, bedarf.

AN DIE GESETZGEBER

Setzet immer voraus, daß der Mensch im Ganzen, das Rechte
Will, im einzelnen nur rechnet mir niemals darauf.

WÜRDE DES MENSCHEN

Nichts mehr davon, ich bitt euch. Zu essen gebt ihm, zu wohnen,
Habt ihr die Blöße bedeckt, giebt sich die Würde von selbst.

MAJESTAS POPULI

Majestät der Menschennatur! dich soll ich beym Haufen
Suchen? bey wenigen nur hast du von jeher gewohnt,
Einzelne wenige zählen, die übrigen alle sind blinde
Nummern, ihr leeres Gewühl hüllet die Treffer blos ein.

DAS EHRWÜRDIGE

Ehret ihr immer das Ganze, ich kann nur Einzelne achten,
Immer in Einzelnen nur hab ich das Ganze erblickt.

KLAGE DER CERES

Ist der holde Lenz erschienen?
Hat die Erde sich verjüngt?
Die besonnten Hügel grünen,
Und des Eises Rinde springt.
Aus der Ströme blauem Spiegel
Lacht der unbewölkte Zeus,
Milder wehen Zephyrs Flügel,
Augen treibt das junge Reis.
In dem Hayn erwachen Lieder,
Und die Oreade spricht:
Deine Blumen kehren wieder,
Deine Tochter kehret nicht.

Ach! wie lang ists, daß ich walle
Suchend durch der Erde Flur,
Titan, deine Strahlen alle
Sandt' ich nach der theuren Spur,
Keiner hat mir noch verkündet
Von dem lieben Angesicht,
Und der Tag, der alles findet,
Die Verlorne fand er nicht.
Hast du Zeus! sie mir entrissen,
Hat, von ihrem Reiz gerührt,
Zu des Orkus schwarzen Flüßen
Pluto sie hinabgeführt?

Wer wird nach dem düstern Strande
Meines Grames Bote seyn?
Ewig stößt der Kahn vom Lande,
Doch nur Schatten nimmt er ein.
Jedem selgen Aug verschlossen
Bleibt das nächtliche Gefild',
Und so lang der Styx geflossen,
Trug er kein lebendig Bild.

Nieder führen tausend Steige,
Keiner führt zum Tag zurück,
Ihre Thränen bringt kein Zeuge
Vor der bangen Mutter Blick.

Mütter, die aus Pyrrhas Stamme
Sterbliche gebohren sind,
Dürfen durch des Grabes Flamme
Folgen dem geliebten Kind,
Nur was Jovis Haus bewohnet,
Nahet nicht dem dunkeln Strand,
Nur die Seligen verschonet
Parzen, eure strenge Hand.
Stürzt mich in die Nacht der Nächte
Aus des Himmels goldnem Saal,
Ehret nicht der Göttinn Rechte,
Ach! sie sind der Mutter Qual!

Wo sie mit dem finstern Gatten
Freudlos thronet, stieg ich hin,
Träte mit den leisen Schatten
Leise vor die Herrscherinn.
Ach ihr Auge, trüb von Zähren,
Sucht umsonst das goldne Licht,
Irret nach entfernten Sphären,
Auf die Mutter fällt es nicht,
Bis die Freude sie entdecket,
Bis sich Brust mit Brust vereint,
Und zum Mitgefühl erwecket,
Selbst der rauhe Orkus weint.

Eitler Wunsch! Verlorne Klagen!
Ruhig in dem gleichen Pfad
Rollt des Tages sichrer Wagen,
Fest bestehet Jovis Rath.
Weg von jenen Finsternissen
Wandt' er sein beglücktes Haupt,
Einmal in die Nacht gerissen
Bleibt sie ewig mir geraubt,

Bis des dunkeln Stromes Welle
Von Aurorens Farben glüht,
Iris mitten durch die Hölle
Ihren schönen Bogen zieht.

Ist mir nichts von ihr geblieben,
Nicht ein süß erinnernd Pfand,
Daß die Fernen sich noch lieben,
Keine Spur der theuren Hand?
Knüpfet sich kein Liebesknoten
Zwischen Kind und Mutter an?
Zwischen Lebenden und Todten
Ist kein Bündniß aufgethan?
Nein! Nicht ganz ist sie entflohen,
Nein! Wir sind nicht ganz getrennt!
Haben uns die ewig Hohen
Eine Sprache doch vergönnt!

Wenn des Frühlings Kinder sterben,
Von des Nordes kaltem Hauch
Blatt und Blume sich entfärben,
Traurig steht der nakte Strauch,
Nehm ich mir das höchste Leben
Aus Vertumnus reichem Horn,
Opfernd es dem Styx zu geben,
Mir des Saamens goldnes Korn.
Traurend senk' ichs in die Erde,
Leg es an des Kindes Herz,
Daß es eine Sprache werde
Meiner Liebe, meinem Schmerz.

Führt der gleiche Tanz der Horen
Freudig nun den Lenz zurück,
Wird das Todte neu gebohren
Von der Sonne Lebensblick,
Keime, die dem Auge starben
In der Erde kaltem Schoß,
In das heitre Reich der Farben
Ringen sie sich freudig los.

Wenn der Stamm zum Himmel eilet, 105
Sucht die Wurzel scheu die Nacht,
Gleich in ihre Pflege theilet
Sich des Styx, des Aethers Macht.

Halb berühren sie der Todten
Halb der Lebenden Gebiet, 110
Ach sie sind mir theure Boten
Süße Stimmen vom Cozyt!
Hält er gleich sie selbst verschlossen
In dem schauervollen Schlund,
Aus des Frühlings jungen Sprossen 115
Redet mir der holde Mund,
Daß auch fern vom goldnen Tage,
Wo die Schatten traurig ziehn,
Liebend noch der Busen schlage,
Zärtlich noch die Herzen glühn. 120

O so laßt euch froh begrüssen
Kinder der verjüngten Au,
Euer Kelch soll überfließen
Von des Nektars reinstem Thau.
Tauchen will ich euch in Strahlen, 125
Mit der Iris schönstem Licht
Will ich eure Blätter mahlen,
Gleich Aurorens Angesicht.
In des Lenzes heiterm Glanze
Lese jede zarte Brust, 130
In des Herbstes welkem Kranze
Meinen Schmerz und meine Lust.

JETZIGE GENERATION

War es stets so wie jetzt? Ich kann das Geschlecht nicht begreifen,
  Nur das Alter ist jung, ach! und die Jugend ist alt!

FALSCHER STUDIERTRIEB

O wie viel neue Feinde der Wahrheit! Mir blutet die Seele,
  Seh' ich das Eulengeschlecht, das zu dem Lichte sich drängt.

JUGEND

Einer Charis erfreuet sich jeder im Leben, doch flüchtig,
  Hält nicht die Himmlische sie, eilet die Irrdische fort.

QUELLE DER VERJÜNGUNG

Glaubt mir, es ist kein Mährchen, die Quelle der Jugend, sie rinnet
  Wirklich und immer, ihr fragt wo? In der dichtenden Kunst.

DER AUFPASSER

Strenge wie mein Gewissen bemerkst du, wo ich gefehlet;
  Darum hab ich dich stets wie — mein Gewissen geliebt.

DIE GESCHLECHTER

Sieh in dem zarten Kind zwey liebliche Blumen vereinigt,
  Jungfrau und Jüngling, sie deckt beyde die Knospe noch zu.
Leise lös't sich das Band, es entzweyen sich zart die Naturen,
  Und von der holden Schaam trennet sich feurig die Kraft.
Gönne dem Knaben zu spielen, in wilder Begierde zu toben,
  Nur die gesättigte Kraft kehret zur Anmuth zurück.
Aus der Knospe beginnt die doppelte Blume zu streben,
  Köstlich ist jede, doch stillt keine dein sehnendes Herz.
Reizende Fülle schwellt der Jungfrau blühende Glieder,
  Aber der Stolz bewacht streng wie der Gürtel den Reiz.
Scheu wie das zitternde Reh, das ihr Horn durch die Wälder
      verfolget,
  Flieht sie im Mann nur den Feind, hasset noch, weil sie
      nicht liebt.
Trotzig schauet und kühn aus finstern Wimpern der Jüngling,
  Und gehärtet zum Kampf spannet die Sehne sich an.
Fern in der Speere Gewühl und auf die stäubende Rennbahn
  Ruft ihn der lockende Ruhm, reißt ihn der brausende Muth.
Jetzo Natur beschütze dein Werk! Auseinander auf immer
  Fliehet, wenn Du nicht vereinst, feindlich, was ewig sich sucht.
Aber da bist du, du mächtige schon, aus dem wildesten Streite
  Rufst du der Harmonie göttlichen Frieden hervor.
Tief verstummet die lermende Jagd, des rauschenden Tages
  Tosen verhallet und leis sinken die Sterne herab.
Seufzend flüstert im Winde das Rohr, sanft murmeln die Bäche,
  Und mit melodischem Lied füllt Philomela den Hayn.
Was erreget zu Seufzern der Jungfrau steigenden Busen?
  Jüngling, was füllet den Blick schwellend mit Thränen dir an?
Ach sie suchet umsonst, was sie sanft anschmiegend umfasse,
  Und die schwellende Frucht beuget zur Erde die Last.
Ruhelos strebend verzehrt sich in eigenen Flammen der Jüngling,
  Ach, der brennenden Glut wehet kein lindernder Hauch.
Siehe, da finden sie sich, es führet sie Amor zusammen,
  Und dem geflügelten Gott folgt der geflügelte Sieg.
Göttliche Liebe, du bists die der Menschheit Blumen vereinigt!
  Ewig getrennt, sind sie doch ewig verbunden durch dich.

DER NATURKREIS

Alles, du ruhige, schließt sich in deinem Reiche, so kehret
Auch zum Kinde der Greis, kindisch und kindlich, zurück.

DER EPISCHE HEXAMETER

Schwindelnd trägt er dich fort auf rastlos strömenden Wogen,
Hinter dir siehst du, du siehst vor dir nur Himmel und Meer.

DAS DISTICHON

Im Hexameter steigt des Springquells silberne Säule,
Im Pentameter drauf fällt sie melodisch herab.

DIE ACHTZEILIGE STANZE

Stanze, dich schuf die Liebe, die zärtlich schmachtende. Dreymal
Fliehest du schaamhaft und kehrst dreymal verlangend zurück.

DAS GESCHENK

Ring und Stab! O seid mir auf Rheinweinflaschen willkommen!
Ja wer die Schaafe so tränket, der heißt mir ein Hirt!
Dreymal gesegneter Trank! Dich gewann mir die Muse, die Muse
Schickt dich, die Kirche selbst drückte das Siegel dir auf.

GRABSCHRIFT

Freust du dich deines Lebens o Wandrer, so soll es mir lieb seyn,
Auch ich lebte, auch ich hab mich des Lebens gefreut.

DER HOMERUSKOPF ALS SIEGEL

Treuer alter Homer! dir vertrau ich das zarte Geheimniß,
Um der Liebenden Glück wisse der Sänger allein.

DER GENIUS MIT DER UMGEKEHRTEN FACKEL

Lieblich sieht er zwar aus mit seiner erloschenen Fackel,
  Aber, ihr Herren, der Tod ist so aesthetisch doch nicht.

MACHT DES WEIBES

Mächtig seyd ihr, ihr seyds durch der Gegenwart ruhigen
  Zauber,
Was die stille nicht wirkt, wirket die rauschende nie.
Kraft erwart' ich vom Mann, des Gesetzes Würde behaupt' er,
  Aber durch Anmuth allein herrschet und herrsche das Weib.
Manche zwar haben geherrscht durch des Geistes Macht
  und der Thaten, 5
Aber dann haben sie dich, höchste der Kronen, entbehrt.
Wahre Königinn ist nur des Weibes weibliche Schönheit,
  Wo sie sich zeige, sie herrscht, herrschet bloß weil sie
  sich zeigt.

TUGEND DES WEIBES

Tugenden brauchet der Mann, er stürzet sich wagend ins Leben,
  Tritt mit dem stärkeren Glück in den bedenklichen Kampf.
Eine Tugend genüget dem Weib, sie ist da, sie erscheinet,
  Lieblich dem Herzen, dem Aug' lieblich erscheine sie stets.

WEIBLICHES URTHEIL

Männer richten nach Gründen, des Weibes Urtheil ist seine
  Liebe; wo es nicht liebt, hat schon gerichtet das Weib

FORUM DES WEIBES

Frauen richtet mir nie des Mannes einzelne Thaten,
  Aber über den Mann sprechet das richtende Wort.

DAS WEIBLICHE IDEAL
An Amanda

Ueberal weichet das Weib dem Manne, nur in dem höchsten
  Weichet dem weiblichsten Weib immer der männlichste
    Mann.
Was das höchste mir sey? Des Sieges ruhige Klarheit,
  Wie sie von deiner Stirn holde Amanda mir strahlt.
5 Schwimmt auch die Wolke des Grams um die heiter glänzende
    Scheibe,
  Schöner nur mahlt sich das Bild auf dem vergoldeten Duft.
Dünke der Mann sich frey! Du bist es, denn ewig nothwendig
  Weißt du von keiner Wahl, keiner Nothwendigkeit mehr.
Was du auch giebst, stets giebst du dich ganz, du bist ewig
    nur Eines,
10 Auch dein zärtester Laut ist dein harmonisches Selbst.
Hier ist ewige Jugend bey niemals versiegender Fülle,
  Und mit der Blume zugleich brichst du die goldene Frucht.

DIE SCHÖNSTE ERSCHEINUNG

Sahest du nie die Schönheit im Augenblicke des Leidens,
  Niemals hast du die Schönheit gesehn.
Sahst du die Freude nie in einem schönen Gesichte,
  Niemals hast du die Freude gesehn!

AN DIE ASTRONOMEN

Prahlt doch nicht immer so mit euren Nebelgestirnen,
  Ist der Schöpfer nur groß, weil er zu zählen euch giebt?
Euer Gegenstand ist der erhabenste freilich im Raume,
  Aber Freunde, im Raum wohnt das Erhabene nicht.

INNERER WERTH UND ÄUSSERE ERSCHEINUNG

„Gott nur siehet das Herz". — Drum eben weil Gott nur
    das Herz sieht,
  Sorge, daß wir doch auch etwas erträgliches sehn.

FREUND UND FEIND

Theuer ist mir der Freund, doch auch den Feind kann ich nützen,
Zeigt mir der Freund was ich kann, lehrt mich der Feind was ich soll.

DER GRIECHISCHE GENIUS
an Meyer, in Italien

Tausend andern verstummt, die mit taubem Herzen ihn fragen,
Dir, dem Verwandten und Freund, redet vertraulich der Geist.

ERWARTUNG UND ERFÜLLUNG

In den Ocean schifft mit tausend Masten der Jüngling,
Still, auf gerettetem Boot, treibt in den Hafen der Greis.

DAS GEMEINSAME SCHICKSAL

Siehe, wir hassen, wir streiten, es trennet uns Neigung und Meinung,
Aber es bleichet indeß dir sich die Locke wie mir.

MENSCHLICHES WIRKEN

An dem Eingang der Bahn liegt die Unendlichkeit offen,
Doch mit dem engesten Kreis höret der Weiseste auf.

DER VATER

Wirke so viel du willst, du stehest doch ewig allein da,
Bis an das All die Natur dich, die gewaltige, knüpft.

DER BESUCH

Nimmer, das glaubt mir,
Erscheinen die Götter,
Nimmer allein.
Kaum daß ich Bacchus, den lustigen, habe
Kommt auch schon Amor, der lächelnde Knabe,
Phöbus der Herrliche findet sich ein.
    Sie nahen, sie kommen
    Die Himmlischen alle,
    Mit Göttern erfüllt sich
    Die irrdische Halle.

Sagt, wie bewirth ich,
Der Erdegebohrne,
Himmlischen Chor?
Leyhet mir euer unsterbliches Leben
Götter! Was kann euch der Sterbliche geben?
Hebet zu eurem Olymp mich empor!
    Die Freude, sie wohnt nur
    In Jupiters Saale,
    O füllet mit Nektar,
    O reicht mir die Schale!

Reich ihm die Schale!
Schenke dem Dichter
Hebe, nur ein.
Netz' ihm die Augen mit himmlischem Thaue,
Daß er den Styx, den verhaßten, nicht schaue,
Einer der Unsern sich dünke zu seyn.
    Sie rauschet, sie perlet,
    Die himmlische Quelle,
    Der Busen wird ruhig,
    Das Auge wird helle.

LIEBE UND BEGIERDE

Recht gesagt Schloßer! Man liebt was man hat, man begehrt,
                                    was man nicht hat,
Denn nur das reiche Gemüth liebt, nur das arme begehrt.

GÜTE UND GRÖSSE

Nur zwey Tugenden giebts, o wären sie immer vereinigt,
    Immer die Güte auch groß, immer die Größe auch gut!

DER FUCHS UND DER KRANICH

An F. Nicolai

Den philosophschen Verstand lud einst der gemeine zu Tische,
    Schüsseln, sehr breit und flach, setzt' er dem hungrigen vor.
Hungrig verließ die Tafel der Gast, nur dürftige Bißlein
    Faßte der Schnabel, der Wirth schluckte die Speisen allein.
Den gemeinen Verstand lud nun der abstrakte zu Weine,   5
    Einen enghalsigten Krug setzt' er dem durstigen vor.
„Trink nun Bester"! So sprach und mächtig schlurfte
                                    der Langhals,
Aber vergebens am Rand schnuppert das thierische Maul.

DIE SACHMÄNNER

„Geistreich nennt man dieß Werk? Wir können ja nichts
                                    daraus schöpfen"
Thoren ihr! Wär es denn Geist, fing man in Eimern es auf.
Euch ist Alles ein Nichts, was man mit Scheffeln nicht misset,
    Was man in Bündel nicht packt, was man in Speichern
                                    nicht häuft.

TABULAE VOTIVAE

1 Was der Gott mich gelehrt, was mir durchs Leben geholfen,
   Häng ich dankbar und fromm hier in dem Heiligthum auf.

2   Die verschiedene Bestimmung
   Millionen sorgen dafür, daß die Gattung bestehe,
     Aber durch wenige nur pflanzet die Menschheit sich fort.
   Tausend Keime zerstreuet der Herbst, doch bringet kaum einer
     Früchte, zum Element kehren die meisten zurück.
   Aber entfaltet sich auch nur Einer, der einzige streuet
     Eine lebendige Welt ewiger Bildungen aus.

3   Das Belebende
   Nur an des Lebens Gipfel, der Blume, zündet sich neues
     In der organischen Welt, in der empfindenden an.

4   Zweyerley Wirkungsarten
   Wirke Gutes, du nährst der Menschheit göttliche Pflanze,
     Bilde Schönes, du streust Keime der göttlichen aus.

5   Unterschied der Stände
   Auch in der sittlichen Welt ist ein Adel; gemeine Naturen
     Zahlen mit dem, was sie thun, schöne mit dem, was sie sind.

6   Das Werthe und Würdige
   Hast du etwas, so gieb es her und ich zahle was recht ist,
     Bist du etwas, o! dann tauschen die Seelen wir aus.

7   Der moralische und der schöne Character
   Repräsentant ist jener der ganzen Geistergemeine,
     Aber das schöne Gemüth zählt schon allein für sich selbst.

Die moralische Kraft 8
Kannst du nicht schön empfinden, dir bleibt doch vernünftig
　　　　　　　　　　　　　　　　　　　　zu wollen,
Und als ein Geist zu thun, was du als Mensch nicht vermagst.

Mittheilung 9
Aus der schlechtesten Hand kann Wahrheit mächtig noch
　　　　　　　　　　　　　　　　　　　　wirken,
Bey der Schönheit allein macht das Gefäß den Gehalt.

An * 10
Theile mir mit, was du weißt, ich werd es dankbar empfangen,
Aber du giebst mir dich selbst, damit verschone mich,
　　　　　　　　　　　　　　　　　　　　Freund.

An * * 11
Du willst wahres mich lehren? Bemühe dich nicht, nicht
　　　　　　　　　　　　　　　　　　　die Sache
Will ich durch dich, ich will dich durch die Sache nur sehn.

An * * * 12
Dich erwähl ich zum Lehrer, zum Freund. Dein lebendiges
　　　　　　　　　　　　　　　　　　　　Bilden
Lehrt mich, dein lehrendes Wort rühret lebendig mein Herz.

Das blinde Werkzeug 13
Wie beklag ich es tief, wenn eine herrliche Seele
Werth, mit zum Zwecke zu gehn, mich nur als Mittel begreift.

Wechselwirkung 14
Kinder werfen den Ball an die Wand und fangen ihn wieder,
Aber ich lobe das Spiel, wirft mir der Freund ihn zurück.

An die Muse 15
Was ich ohne dich wäre, ich weiß es nicht; aber mir grauet
Seh ich, was ohne dich hundert' und tausende sind.

16   Der Philister
Nimmer belohnt ihn des Baumes Frucht, den er mühsam
  erziehet,
Nur der Geschmack genießt, was die Gelehrsamkeit pflanzt.

17   Das ungleiche Schicksal
Mit dem Philister stirbt auch sein Ruhm; du, himmlische Muse,
Trägst, die dich lieben, die du liebst, in Mnemosynens
  Schooß.

18   Pflicht für jeden
Immer strebe zum Ganzen und kannst du selber kein Ganzes
Werden, als dienendes Glied schließ' an ein Ganzes dich an.

19   Der schöne Geist und der Schöngeist
Nur das leichtere trägt auf leichten Schultern der Schöngeis,
Aber der schöne Geist trägt das gewichtige leicht.

20   Philister und Schöngeist
Jener mag gelten, er dient doch als fleißiger Knecht noch
  der Wahrheit,
Aber dieser bestiehlt Wahrheit und Schönheit zugleich.

21   Die Uebereinstimmung
Wahrheit suchen wir beyde; du aussen im Leben, ich innen
  In dem Herzen, und so findet sie jeder gewiß.
Ist das Auge gesund, so begegnet es aussen dem Schöpfer,
  Ist es das Herz, dann gewiß spiegelt es innen die Welt.

22   Natur und Vernunft
Wärt ihr, Schwärmer, im Stande die Ideale zu fassen,
  O so verehrtet ihr auch, wie sich's gebührt, die Natur.
Wärt ihr, Philister, im Stand, die Natur im Großen zu sehen,
  Sicher führte sie selbst euch zu Ideen empor.

Der Schlüssel 23

Willst du dich selber erkennen, so sieh wie die andern es treiben,
Willst du die andern verstehn, blick in dein eigenes Herz.

Das Subjekt 24

Wichtig wohl ist die Kunst und schwer, sich selbst zu bewahren,
Aber schwüriger ist diese: sich selbst zu entfliehn.

Glaubwürdigkeit 25

Wem zu glauben ist, redliche Freunde, das kann ich euch sagen,
Glaubt dem Leben, es lehrt besser als Redner und Buch.

Was nutzt 26

Schädliche Wahrheit, wie zieh ich sie vor dem nützlichen Irrthum!
Wahrheit heilet den Schmerz, den sie vielleicht uns erregt.

Was schadet 27

Ist ein Irrthum wohl schädlich? Nicht immer, aber das Irren
Immer ists schädlich, wie sehr, sieht man am Ende des Wegs.

Zucht 28

Wahrheit ist niemals schädlich, sie straft — und die Strafe der Mutter
Bildet das schwankende Kind, wehret der schmeichelnden Magd.

Das Schooßkind 29

Fremde Kinder lieben wir nie so sehr als die eignen,
Irrthum, das eigene Kind, ist uns dem Herzen so nah.

Trost 30

Nie verläßt uns der Irrthum, doch zieht ein höher Bedürfniß
Immer den strebenden Geist leise zur Wahrheit hinan.

31 Die Zergliederer

Spaltet immer das Licht! wie öfters strebt ihr zu trennen,
    Was euch allen zum Trutz Eins und ein Einziges bleibt.

32 Metaphysiker und Physiker

Alles will jetzt den Menschen von innen, von aussen ergründen,
    Wahrheit, wo rettest du dich hin vor der grausamen Jagd?

33 Die Versuche

Dich zu greifen ziehen sie aus mit Netzen und Stangen,
    Aber mit leisem Tritt schreitest du mitten hindurch.

34 Die Quellen

Trefliche Künste dankt man der Noth und dankt man dem Zufall,
    Nur zur Wissenschaft hat keines von beyden geführt.

35 Empiriker

Daß ihr den sichersten Pfad gewählt, wer möchte das läugnen?
    Aber ihr tappet nur blind auf dem gebahntesten Pfad.

36 Theoretiker

Ihr verfahrt nach Gesetzen, auch würdet ihrs sicherlich treffen,
    Wäre der Obersatz nur, wäre der Untersatz wahr!

37 Letzte Zuflucht

Vornehm schaut ihr im Glück auf den blinden Empiriker nieder,
    Aber, seid ihr in Noth, ist er der delphische Gott.

38 Die Systeme

Prächtig habt ihr gebaut. Du lieber Himmel! Wie treibt man,
    Nun er so königlich erst wohnt, den Irrthum heraus!

Die Philosophien 39

Welche wohl bleibt von allen den Philosophieen? Ich weiß
    nicht,
  Aber die Philosophie, hoff ich, soll immer bestehn.

Die Vielwisser 40

Astronomen seyd ihr und kennet viele Gestirne,
  Aber der Horizont decket manch Sternbild euch zu.

Mein Glaube 41

Welche Religion ich bekenne? Keine von allen,
  Die du mir nennst! „Und warum keine"? Aus Religion.

Moralische Schwätzer 42

Wie sie mit ihrer reinen Moral uns, die schmutzigen, quälen!
  Freilich, der groben Natur dürfen sie gar nichts vertraun!
Bis in die Geisterwelt müssen sie fliehn, dem Thier zu entlaufen,
  Menschlich können sie selbst auch nicht das menschlichste
    thun.
Hätten sie kein Gewissen, und spräche die Pflicht nicht
    so heilig,
  Warlich, sie plünderten selbst in der Umarmung die Braut.

Meine Antipathie 43

Herzlich ist mir das Laster zuwider und doppelt zuwider
  Ist mirs, weil es so viel schwatzen von Tugend gemacht.
„Wie, du hassest die Tugend"? — Ich wollte wir übten sie alle,
  Und so spräche, wills Gott, ferner kein Mensch mehr davon.

Der Strengling und der Frömmling 44

Jener fodert durchaus, daß dir das Gute misfalle,
  Dieser will gar, daß du liebst, was dir von Herzen misfällt.
Muß ich wählen, so seys in Gottes Nahmen die Tugend,
  Denn ich kann einmal nicht lieben, was abgeschmackt ist.

45 Theophagen

Diesen ist alles Genuß. Sie essen Ideen, und bringen
In das Himmelreich selbst Messer und Gabel hinauf.

46 Fratzen

Fromme gesunde Natur! Wie stellt die Moral dich an Pranger!
Heilge Vernunft! Wie tief stürzt dich der Schwärmer herab!

47 Moral der Pflicht und der Liebe

Jede, wohin sie gehört! Erhabene Seelen nur kleidet
Jene, die andere steht schönen Gemüthern nur an.
Aber widrigers kenn ich auch nichts, als wenn sich durch
 Bande
Zarter geistiger Lieb' Grobes mit Grobem vermählt.
Und verächtlicher nichts, als die Moral der Dämonen
In dem Munde des Volks, dem noch die Menschlichkeit fehlt.

48 Der Philosoph und der Schwärmer

Jener steht auf der Erde, doch schauet das Auge zum Himmel,
Dieser, die Augen im Koth, recket die Beine hinauf.

49 Das irdische Bündel

Himmelan flögen sie gern, doch hat auch der Körper
 sein Gutes,
Und man packt es geschickt hinten dem Seraph noch auf.

50 Der wahre Grund

Was sie im Himmel wohl suchen, das, Freunde, will ich
 euch sagen,
Vor der Hand suchen sie nur Schutz vor der höllischen Glut.

51 Die Triebfedern

Immer treibe die Furcht den Sclaven mit eisernem Stabe,
Freude, führe du mich immer an rosigtem Band.

An die Mystiker 52
Das ist eben das wahre Geheimniß, das allen vor Augen
Liegt, euch ewig umgiebt, aber von keinem gesehn.

Licht und Farbe 53
Wohne du ewiglich Eines dort bey dem ewiglich Einen,
Farbe, du wechselnde, komm freundlich zum Menschen
herab.

Wahrheit 54
Eine nur ist sie für alle, doch siehet sie jeder verschieden,
Daß es Eines doch bleibt, macht das verschiedene wahr.

Schönheit 55
Schönheit ist ewig nur Eine, doch mannichfach wechselt
das Schöne,
Daß es wechselt, das macht eben das Eine nur schön.

Aufgabe 56
Keiner sey gleich dem andern, doch gleich sey jeder dem
höchsten,
Wie das zu machen? Es sey jeder vollendet in sich.

Bedingung 57
Ewig strebst du umsonst, dich dem göttlichen ähnlich
zu machen,
Hast du das göttliche nicht erst zu dem deinen gemacht.

Das eigne Ideal 58
Allen gehört, was du denkst, dein eigen ist nur, was du fühlest,
Soll er dein Eigenthum seyn, fühle den Gott, den du denkst.

Schöne Individualität 59
Einig sollst du zwar seyn, doch Eines nicht mit dem Ganzen,
Durch die Vernunft bist du eins, einig mit ihm durch
das Herz.
Stimme des Ganzen ist deine Vernunft, dein Herz bist du selber,
Wohl dir, wenn die Vernunft immer im Herzen dir wohnt.

60   Der Vorzug

Ueber das Herz zu siegen ist groß, ich verehre den Tapfern,
Aber wer durch sein Herz sieget, er gilt mir doch mehr.

61   Die Erzieher

Bürger erzieht ihr der sittlichen Welt, wir wollten euch loben,
Stricht ihr sie nur nicht zugleich aus der empfindenden aus.

62   Die Mannichfaltigkeit

Viele sind gut und verständig, doch zählen für Einen nur Alle,
Denn sie regiert der Begriff, ach! nicht das liebende Herz.
Traurig herrscht der Begriff, aus tausendfach spielenden
                                                        Formen
Bringet er dürftig und leer immer nur Eine hervor.
Aber von Leben rauscht es und Lust, wo liebend die Schönheit
Herrschet, das ewige Eins wandelt sie tausendfach neu.

63   Das Göttliche

Wäre sie unverwelklich die Schönheit, ihr könnte nichts
                                                        gleichen,
Nichts, wo die Göttliche blüht, weiß ich der göttlichen gleich.
Ein unendliches ahndet, ein höchstes erschafft die Vernunft
                                                        sich,
In der schönen Gestalt lebt es dem Herzen, dem Blick.

64   Verstand

Bilden wohl kann der Verstand, doch der todte kann nicht
                                                        beseelen,
Aus dem Lebendigen quillt alles lebendige nur.

65   Phantasie

Schaffen wohl kann sie den Stoff, doch die wilde kann nicht
                                                        gestalten,
Aus dem harmonischen quillt alles harmonische nur.

Dichtungskraft 66

Daß dein Leben Gestalt, dein Gedanke Leben gewinne,
  Laß die belebende Kraft stets auch die bildende seyn.

Der Genius 67

Wiederhohlen zwar kann der Verstand, was da schon gewesen,
  Was die Natur gebaut, bauet er wählend ihr nach.
Ueber Natur hinaus baut die Vernunft, doch nur in das Leere,
  Du nur Genius mehrst in der Natur die Natur.

Der Nachahmer und der Genius 68

Gutes aus Gutem das kann jedweder verständige bilden,
  Aber der Genius ruft Gutes aus Schlechtem hervor.
An Gebildetem nur darfst du, Nachahmer, dich üben,
  Selbst das Gebildete ist Stoff nur dem bildenden Geist.

Genialität 69

Wodurch giebt sich der Genius kund? Wodurch sich der Schöpfer
  Kund giebt in der Natur, in dem unendlichen All.
Klar ist der Aether und doch von unergründlicher Tiefe,
  Offen dem Aug', dem Verstand bleibt er doch ewig geheim.

Witz und Verstand 70

Der ist zu furchtsam, jener zu kühn; nur dem Genius ward es
  In der Nüchternheit kühn, fromm in der Freyheit zu seyn.

Aberwitz und Wahnwitz 71

Uebersspringt sich der Witz, so lachen wir über den Thoren,
  Gleitet der Genius aus, ist er dem Rasenden gleich.

Der Unterschied 72

Lächelnd sehn wir den Tänzer auf glatter Ebene straucheln,
  Aber auf ernstlichem Seil, wer mag den Schwindelnden sehn?

73 Die schwere Verbindung

Warum will sich Geschmack und Genie so selten vereinen?
Jener fürchtet die Kraft, dieses verachtet den Zaum.

74 Korrektheit

Frey von Tadel zu seyn, ist der niedrigste Grad und der höchste,
Denn nur die Ohnmacht führt oder die Größe dazu.

75 Lehre an den Kunstjünger

Daß du der Fehler schlimmsten, die Mittelmäßigkeit, meidest,
Jüngling, so meide doch ja keinen der andern zu früh!

76 Das Mittelmäßige und das Gute

Willst du jenem den Preiß verschaffen, zähle die Fehler,
Willst du dieses erhöhn, zähle die Tugenden ab.

77 Das Privilegium

Blößen giebt nur das Reiche dem Tadel, am Werke der Armuth
Ist nichts Schlechtes, es ist Gutes daran nichts zu sehn.

78 Die Sicherheit

Nur das feurige Roß, das muthige, stürzt auf der Rennbahn,
Mit bedächtigem Paß schreitet der Esel daher.

79 Das Naturgesetz

So wars immer mein Freund, und so wirds bleiben. Die Ohnmacht
Hat die Regel für sich, aber die Kraft den Erfolg.

80 Vergebliches Geschwätz

Fortzupflanzen die Welt sind alle vernünftgen Discurse
Unvermögend, durch sie kommt auch kein Kunstwerk hervor.

Genialische Kraft 81
Alle Schöpfung ist Werk der Natur. Von Jupiters Throne
Zuckt der allmächtige Strahl, nährt und erschüttert die Welt.
Pflanzet über die Häuser die leitenden Spitzen und Ketten,
Ueber die ganze Natur wirkt die allmächtige Kraft.

Delikatesse im Tadel 82
Was heißt zärtlicher Tadel? Der deine Schwäche verschonet?
Nein, der deinen Begriff von dem Vollkommenen stärkt.

Wahl 83
Kannst du nicht allen gefallen durch deine That und dein
Kunstwerk,
Mach es wenigen recht, vielen gefallen ist schlimm.

Sprache 84
Warum kann der lebendige Geist dem Geist nicht erscheinen!
Spricht die Seele so spricht ach! schon die Seele nicht
mehr.

An den Dichter 85
Laß die Sprache dir seyn, was der Körper den Liebenden; er nur
Ists, der die Wesen trennt und der die Wesen vereint.

Der Meister 86
Jeden anderen Meister erkennt man an dem was er ausspricht,
Was er weise verschweigt, zeigt mir den Meister des Stils.

Dilettant 87
Weil ein Vers dir gelingt in einer gebildeten Sprache,
Die für dich dichtet und denkt, glaubst du schon Dichter
zu seyn.

Der berufene Richter 88
Wer ist zum Richter bestellt? Nur der Bessere? Nein, wem
das Gute
Ueber das Beste noch gilt, der ist zum Richter bestellt.

89   Der berufene Leser

Welchen Leser ich wünsche? den unbefangensten, der mich,
Sich und die Welt vergißt und in dem Buche nur lebt.

90   An * * * *

Du vereinigest jedes Talent, das den Autor vollendet,
O entschließe dich, Freund, nichts als ein Leser zu seyn.

91   Das Mittel

Willst du in Deutschland wirken als Autor, so triff sie
              nur tüchtig,
Denn zum Beschauen des Werks finden sich wenige nur.

92   Die Unberufenen

Tadeln ist leicht, erschaffen so schwer; ihr Tadler des
              schwachen,
Habt ihr das trefliche denn auch zu belohnen ein Herz?

93   Die Belohnung

Was belohnet den Meister? der zartantwortende Nachklang,
Und der reine Reflex aus der begegnenden Brust.

94   Das gewöhnliche Schicksal

Hast du an liebender Brust das Kind der Empfindung gepfleget,
Einen Wechselbalg nur giebt dir der Leser zurück.

95   Der Weg zum Ruhme

Glücklich nenn ich den Autor, der in der Höhe den Beyfall
Findet, der deutsche muß nieder sich bücken dazu.

96   Bedeutung

„Was bedeutet dein Werk"? so fragt ihr den Bildner
              des Schönen,
Frager, ihr habt nur die Magd, niemals die Göttinn gesehn.

An die Moralisten 97
Lehret! Das ziemet euch wohl, auch wir verehren die Sitte,
  Aber die Muse läßt sich nicht gebieten von euch.
Nicht von dem Architect erwart' ich melodische Weisen,
  Und, Moralist, von dir nicht zu dem Epos den Plan.
Vielfach sind die Kräfte des Menschen, o daß sich doch jede
  Selbst beherrsche, sich selbst bilde zum herrlichsten aus!

An die Muse 98
Nimm dem Prometheus die Fackel o Muse, belebe die Menschen,
  Nimm sie dem Amor und rasch quäl' und beglücke, wie er.

Die Kunstschwätzer 99
Gutes in Künsten verlangt ihr? Seid ihr denn würdig des Guten,
  Das nur der ewige Krieg gegen euch selber erzeugt?

Deutsche Kunst 100
Gabe von obenher ist, was wir schönes in Künsten besitzen,
  Warlich, von unten herauf bringt es der Grund nicht hervor.
Muß der Künstler nicht selbst den Schößling von aussen sich hohlen?
  Nicht aus Rom und Athen borgen die Sonne, die Luft?

Todte Sprachen 101
Todte Sprachen nennt ihr die Sprache des Flakkus und Pindar,
  Und von beiden nur kommt, was in der unsrigen lebt!

Deutscher Genius 102
Ringe, Deutscher, nach römischer Kraft, nach griechischer Schönheit,
  Beides gelang dir, doch nie glückte der gallische Sprung.

Guter Rath 103
Freunde, treibet nur alles mit Ernst und Liebe, die beyden
  Stehen dem Deutschen so schön, den ach! so vieles entstellt.

VIELEN

1 Auf ihr Distichen frisch! Ihr muntern lebendigen Knaben,
Reich ist Garten und Feld! Blumen zum Kranze herbey!

2 Mannichfaltigkeit
Reich ist an Blumen die Flur, doch einige sind nur dem Auge,
Andre dem Herzen nur schön, wähle dir Leser nun selbst.

3 L. B.
Rosenknospe, du bist dem blühenden Mädchen gewidmet,
Die als die herrlichste sich, als die bescheidenste zeigt.

4 C. G.
Viele Veilchen binde zusammen! das Sträußchen erscheinet
Erst als Blume; du bist, häußliches Mädchen, gemeint.

5 L. D.
Eine kannt' ich, sie war wie die Lilie schlank, und ihr Stolz war
Unschuld, herrlicher hat Salomo keine gesehn.

6 H. W.
Schön erhebt sich der Agley und senkt das Köpfchen herunter,
Ist es Gefühl? Oder ists Muthwill? Wir wissen es nicht.

7 N. Z. S. O. A. D.
Viele duftende Glocken, o Hiazinte, bewegst du,
Aber die Glocken ziehn, wie die Gerüche nicht an.

8 A. L.
Nachtviole, dich geht man am blendenden Tage vorüber,
Doch bey der Nachtigall Schlag hauchest du köstlichen
Geist.

9 Tuberrose
Unter der Menge strahlest du vor, du ergötzest im Freyen,
Aber bleibe vom Haupt, bleibe vom Herzen mir fern.

Klatschrose 10

Weit von fern erblick ich dich schon, doch komm ich dir näher
Ach! so seh ich, zu bald, daß du die Rose nur lügst.

A. F. K. N. H. D. 11

Tulpen! ihr werdet gescholten von sentimentalischen Kennern,
Aber ein lustiger Sinn wünscht auch ein lustiges Blatt.

W. R. L. K. W. J. 12

Nelken! wie find' ich euch schön! Doch alle gleicht ihr einander,
Unterscheidet euch kaum, und ich entscheide mich nicht.

Geranium 13

Prangt mit den Farben Aurorens, Ranunkeln, Tulpen
           und Asters,
Hier ist ein dunkles Blatt, das euch an Dufte beschämt.

Ranunkeln 14

Keine lockt mich von euch, ich möchte zu keiner mich wenden,
Aber im Beete vermischt, sieht euch das Auge mit Lust.

M. R. 15

Sagt! was füllet das Zimmer mit Wohlgerüchen? Reseda,
Farbloß, ohne Gestalt, stilles und zierliches Kraut.

Kornblume 16

Zierde wärst du der Gärten, doch wo du erscheinest, da sagst du:
Ceres streute mich selbst aus, mit der goldenen Saat.

C. F. 17

Deine liebliche Kleinheit, dein holdes Auge, sie sagen
Immer: vergiß mein nicht! immer: vergiß nur nicht mein.

L. W. 18

Schwänden dem inneren Auge die Bilder sämmtlicher Blumen,
Eleonore, dein Bild brächte das Herz sich hervor.

EINER

Grausam handelt Amor mit mir! o! spielet, ihr Musen,
 Mit den Schmerzen, die er, spielend, im Busen erregt.
Manuscripte besitz ich wie kein Gelehrter noch König,
 Denn mein Liebchen sie schreibt, was ich ihr dichtete, mir.
5 Wie im Winter die Saat nur langsam keimet, im Frühling
 Lebhaft treibet und schoßt, so war die Neigung zu dir.
Immer war mir das Feld und der Wald, und der Fels und die Gärten
 Nur ein Raum, und du machst sie, Geliebte, zum Ort.
Raum und Zeit, ich empfind es, sind bloße Formen des Denkens,
10 Da das Eckchen mit dir, Liebchen, unendlich mir scheint.
Sorge! sie steiget mit dir zu Pferde, sie steiget zu Schiffe,
 Viel zudringlicher noch packet sich Amor mir auf.
Schwer zu besiegen ist schon die Neigung, gesellet sich aber
 Gar die Gewohnheit zu ihr, unüberwindlich ist sie.
15 Welche Schrift ich zweymal, ja dreymal hinter einander
 Lese? das herzliche Blatt, das die Geliebte mir schreibt.
Wer mich entzückt, vermag mich zu täuschen. O! Dichter und Sänger,
 Mimen! lerntet ihr doch meiner Geliebten was ab.
Alle Freude des Dichters, ein gutes Gedicht zu erschaffen,
20 Fühle das liebliche Kind, das ihn begeisterte, mit.
Ein Epigramm sey zu kurz, mir etwas herzlichs zu sagen?
 Wie, mein Geliebter, ist denn nicht noch viel kürzer der Kuß?
Kennst du den herrlichen Gift der unbefriedigten Liebe?
 Er versengt und erquickt, zehret am Mark und erneut's.
25 Kennst du die herrliche Wirkung der endlich befriedigten Liebe?
 Körper verbindet sie schön, wenn sie die Geister befreyt.
Das ist die wahre Liebe, die immer und immer sich gleich bleibt,
 Wenn man ihr alles gewährt, wenn man ihr alles versagt.

Alles wünscht' ich zu haben, um mit ihr alles zu theilen,
  Alles gäb ich dahin, wär sie, die Einzige, mein.   30
Kränken ein liebendes Herz und schweigen müssen! geschärfter
  Können die Qualen nicht seyn, die Rhadamant sich ersinnt.
Warum bin ich vergänglich? o Zevs! so fragte die Schönheit,
  Macht dich doch, sagte der Gott, nur das Vergängliche schön.
Und die Liebe, die Blumen, der Thau und die Jugend vernahmens,   35
  Alle gingen sie weg, weinend, von Jupiters Thron.
Leben muß man und lieben! Es endet Leben und Liebe!
  Schnittest du, Parze, doch nur beyde die Fäden zugleich.

XENIEN

Triste supercilium, durique severa Catonis
Frons et aratoris filia Fabricii
Et personati fastus et regula morum,
Quidquid et in tenebris non sumus, ite foras.

1 ### Der ästhetische Thorschreiber

Halt Passagiere! Wer seyd ihr? Weß Standes und Characteres?
Niemand passieret hier durch, bis er den Paß mir gezeigt.

2 ### Xenien

Distichen sind wir. Wir geben uns nicht für mehr noch
    für minder,
Sperre du immer, wir ziehn über den Schlagbaum hinweg.

3 ### Visitator

Oeffnet die Coffers. Ihr habt doch nichts contrebandes geladen?
Gegen die Kirche? den Staat? Nichts von französischem
    Gut?

4 ### Xenien

Coffers führen wir nicht. Wir führen nicht mehr als zwey
    Taschen
Tragen, und die, wie bekannt, sind bey Poeten nicht schwer.

5 ### Der Mann mit dem Klingelbeutel

Messieurs! Es ist der Gebrauch, wer diese Straße bereiset,
Legt für die Dummen was, für die Gebrechlichen, ein.

6 ### Helf Gott

Das verwünschte Gebettel! Es haben die vorderen Kutschen
Reichlich für uns mit bezahlt. Geben nichts. Kutscher fahr zu.

Der Glückstopf 7

Hier ist Messe, geschwind, packt aus und schmücket die Bude,
  Kommt Autoren und zieht, jeder versuche sein Glück.

Die Kunden 8

Wenige Treffer sind gewöhnlich in solchen Boutiquen,
  Doch die Hoffnung treibt frisch und die Neugier herbey.

Das Widerwärtige 9

Dichter und Liebende schenken sich selbst, doch Speise voll Ekel!
  Dringt die gemeine Natur sich zum Genusse dir auf!

Das Desideratum 10

Hättest du Phantasie, und Witz und Empfindung und Urtheil,
  Warlich, dir fehlte nicht viel, Wieland und Lessing zu seyn!

An einen gewissen moralischen Dichter 11

Ja der Mensch ist ein ärmlicher Wicht, ich weiß — doch das wollt ich
  Eben vergessen, und kam, ach wie gereut mich's, zu dir.

Das Verbindungsmittel 12

Wie verfährt die Natur, um hohes und niedres im Menschen
  Zu verbinden? Sie stellt Eitelkeit zwischen hinein.

Für Töchter edler Herkunft 13

Töchtern edler Geburt ist dieses Werk zu empfehlen,
  Um zu Töchtern der Lust schnell sich befördert zu sehn.

Der Kunstgriff 14

Wollt ihr zugleich den Kindern der Welt und den Frommen gefallen?
  Mahlet die Wollust — nur mahlet den Teufel dazu.

15   Der Teleolog

Welche Verehrung verdient der Weltenschöpfer, der gnädig,
    Als er den Korkbaum schuf, gleich auch die Stöpsel erfand!

16   Der Antiquar

Was ein christliches Auge nur sieht, erblick' ich im Marmor:
    Zevs und sein ganzes Geschlecht grämt sich und fürchtet
                                                    den Tod.

17   Der Kenner

Alte Vasen und Urnen! Das Zeug wohl könnt ich entbehren;
    Doch ein Majolica-Topf machte mich glücklich und reich.

18   *Erreurs et Verité*

Irrthum wolltest du bringen und Wahrheit, o Bote, von
                                                 Wandsbeck;
    Wahrheit, sie war dir zu schwer; Irrthum, den brachtest
                                                     du fort!

19   H. S.

Auf das empfindsame Volk hab ich nie was gehalten, es werden,
    Kommt die Gelegenheit, nur schlechte Gesellen daraus.

20   Der Prophet

Schade, daß die Natur nur Einen Menschen aus dir schuf,
    Denn zum würdigen Mann war und zum Schelmen der Stoff.

21   Das Amalgama

Alles mischt die Natur so einzig und innig, doch hat sie
    Edel- und Schalksinn hier, ach! nur zu innig vermischt.

22   Der erhabene Stoff

Deine Muse besingt, wie Gott sich der Menschen erbarmte,
    Aber ist das Poesie, daß er erbärmlich sie fand?

Belsatzer ein Drama 23

König Belsatzer schmaußt in dem ersten Akte, der König
Schmaußt in dem zweyten, es schmaußt fort bis zu Ende
der Fürst.

Gewisse Romanhelden 24

Ohne das mindeste nur dem Pedanten zu nehmen, erschufst du,
Künstler, wie keiner mehr ist, einen vollendeten Geck.

Pfarrer Cyllenius 25

Still doch von deinen Pastoren und ihrem Zofenfranzösisch,
Auch von den Zofen nichts mehr mit dem Pastorenlatein.

Jamben 26

Jambe nennt man das Thier mit einem kurzen und langen
Fuß, und so nennst du mit Recht Jamben das hinkende
Werk.

Neuste Schule 27

Ehmals hatte man Einen Geschmack. Nun giebt es
Geschmäcke,
Aber sagt mir, wo sitzt dieser Geschmäcke Geschmack?

An deutsche Baulustige 28

Kamtschadalisch lehrt man euch bald die Zimmer verzieren,
Und doch ist manches bey euch schon kamtschadalisch
genug.

Affiche 29

Stille kneteten wir Salpeter, Kohlen und Schwefel,
Bohrten Röhren, gefall' nun auch das Feuerwerk euch.

Zur Abwechslung 30

Einige steigen als leuchtende Kugeln und andere zünden,
Manche auch werfen wir nur spielend das Aug zu erfreun.

31 Der Zeitpunkt

Eine große Epoche hat das Jahrhundert gebohren,
  Aber der große Moment findet ein kleines Geschlecht.

32 Goldnes Zeitalter

Ob die Menschen im Ganzen sich bessern? Ich glaub es,
    denn einzeln
  Suche man, wie man auch will, sieht man doch gar nichts
    davon.

33 Manso von den Grazien

Hexen lassen sich wohl durch schlechte Sprüche citiren,
  Aber die Grazie kommt nur auf der Grazie Ruf.

34 Tassos Jerusalem von demselben

Ein asphaltischer Sumpf bezeichnet hier noch die Stätte,
  Wo Jerusalem stand, das uns Torquato besang.

35 Die Kunst zu lieben

Auch zum Lieben bedarfst du der Kunst? Unglücklicher Manso,
  Daß die Natur auch nichts, gar nichts für dich noch gethan!

36 Der Schulmeister zu Breslau

In langweiligen Versen und abgeschmackten Gedanken
  Lehrt ein Präceptor uns hier, wie man gefällt und verführt.

37 Amor, als Schulcollege

Was das entsetzlichste sey von allen entsetzlichen Dingen?
  Ein Pedant, den es jückt, locker und lose zu seyn.

38 Der zweyte Ovid

Armer Naso, hättest du doch wie Manso geschrieben,
  Nimmer, du guter Gesell, hättest du Tomi gesehn.

Das Unverzeihliche 39

Alles kann mislingen, wir könnens ertragen, vergeben:
Nur nicht, was sich bestrebt, reizend und lieblich zu seyn.

Prosaische Reimer 40

Wieland, wie reich ist dein Geist! Das kann man nun erst
empfinden,
Sieht man, wie fad und wie leer dein *Caput mortuum* ist.

Jean Paul Richter 41

Hieltest du deinen Reichthum nur halb so zu Rathe, wie jener
Seine Armuth, du wärst unsrer Bewunderung werth.

An seinen Lobredner 42

Meynst du, er werde größer, wenn du die Schultern ihm leyhest?
Er bleibt klein wie zuvor, du hast den Höcker davon.

Feindlicher Einfall 43

Fort ins Land der Philister, ihr Füchse mit brennenden
Schwänzen,
Und verderbet der Herrn reife papierene Saat.

Nekrolog 44

Unter allen, die von uns berichten, bist du mir der liebste,
Wer sich lieset in dir, ließt dich zum Glücke nicht mehr.

Bibliothek schöner Wissenschaften 45

Jahre lang schöpfen wir schon in das Sieb und brüten
den Stein aus,
Aber der Stein wird nicht warm, aber das Sieb wird
nicht voll.

Dieselbe 46

Invaliden Poeten ist dieser Spittel gestiftet,
Gicht und Wassersucht wird hier von der Schwindsucht
gepflegt.

47   Die neuesten Geschmacksrichter
Dichter, ihr armen, was müßt ihr nicht alles hören, damit nur
  Sein Exercitium schnell lese gedruckt der Student!

48   An Schwätzer und Schmierer
Treibet das Handwerk nur fort, wir könnens euch freilich
                                                nicht legen,
  Aber ruhig, das glaubt, treibt ihr es künftig nicht mehr.

49   *Guerre ouverte*
Lange neckt ihr uns schon, doch immer heimlich und tückisch,
  Krieg verlangtet ihr ja, führt ihn nun offen, den Krieg.

50   An gewisse Collegen
Mögt ihr die schlechten Regenten mit strengen Worten
                                                verfolgen,
  Aber schmeichelt doch auch schlechten Autoren nicht mehr.

51   An die Herren N. O. P.
Euch bedaur' ich am meisten, ihr wähltet gerne das Gute,
  Aber euch hat die Natur gänzlich das Urtheil versagt.

52   Der Commissarius des jüngsten Gerichts
Nach Calabrien reis't er, das Arsenal zu besehen,
  Wo man die Artillerie gießt zu dem jüngsten Gericht.

53   Kant und seine Ausleger
Wie doch ein einziger Reicher so viele Bettler in Nahrung
  Setzt! Wenn die Könige baun, haben die Kärrner zu thun.

54   J — b
Steil wohl ist er, der Weg zur Wahrheit, und schlüpfrig
                                                zu steigen,
  Aber wir legen ihn doch nicht gern auf Eseln zurück.

Die Stockblinden 55

Blinde, weiß ich wohl, fühlen und Taube sehen viel schärfer,
    Aber mit welchem Organ philosophiert denn das Volk?

Analytiker 56

Ist denn die Wahrheit ein Zwiebel, von dem man die Häute
                                    nur abschält?
    Was ihr hinein nicht gelegt, ziehet ihr nimmer heraus.

Der Geist und der Buchstabe 57

Lange kann man mit Marken, mit Rechenpfennigen zahlen,
    Endlich, es hilft nichts ihr Herrn, muß man den Beutel
                                          doch ziehn.

Wissenschaftliches Genie 58

Wird der Poet nur gebohren? Der Philosoph wirds nicht
                                          minder,
    Alle Wahrheit zuletzt wird nur gebildet, geschaut.

Die bornierten Köpfe 59

Etwas nützet ihr doch, die Vernunft vergißt des Verstandes
    Schranken so gern, und die stellet ihr redlich uns dar.

Bedientenpflicht 60

Rein zuerst sey das Haus, in welchem die Königinn einzieht,
    Frisch denn, die Stuben gefegt! dafür ihr Herrn, seyd ihr da.

Ungebühr 61

Aber, erscheint sie selbst, hinaus vor die Thüre, Gesinde!
    Auf den Sessel der Frau pflanze die Magd sich nicht hin.

Wissenschaft 62

Einem ist sie die hohe, die himmlische Göttinn, dem andern
    Eine tüchtige Kuh, die ihn mit Butter versorgt.

63   An Kant
Vornehm nennst du den Ton der neuen Propheten? Ganz richtig,
Vornehm philosophiert heißt wie Rotüre gedacht.

64   Der kurzweilige Philosoph
Eine spaßhafte Weisheit dociert hier ein lustiger Doctor
Bloß dem Nahmen nach Ernst, und in dem lustigsten Saal.

65   Verfehlter Beruf
Schade daß ein Talent hier auf dem Katheder verhallet,
Das auf höherm Gerüst hätte zu glänzen verdient.

66   Das philosophische Gespräch
Einer, das höret man wohl, spricht nach dem andern,
                                        doch keiner
Mit dem andern; wer nennt zwey Monologen Gespräch?

67   Das Privilegium
Dichter und Kinder, man giebt sich mit beyden nur ab,
                                        um zu spielen,
Nun so erboset euch nicht, wird euch die Jugend zu laut.

68   Litterarischer Zodiacus
Jetzo ihr Distichen nehmt euch zusammen, es thut sich
                                        der Thierkreis
Grauend euch auf; mir nach Kinder! wir müssen hindurch.

69   Zeichen des Widders
Auf den Widder stoßt ihr zunächst, den Führer der Schaafe,
Aus dem Dykischen Pferch springet er trotzig hervor.

70   Zeichen des Stiers
Neben an gleich empfängt euch sein Nahmensbruder; mit
                                        stumpfen
Hörnern, weicht ihr nicht aus, stößt euch der Hallische
                                        Ochs.

Zeichen des Fuhrmanns 71
Alsobald knallet in G** des Reiches würdiger Schwager,
Zwar er nimmt euch nicht mit, aber er fährt doch vorbey.

Zeichen der Zwillinge 72
Kommt ihr den Zwillingen nah, so sprecht nur: Gelobet sey J —
 C —! „In Ewigkeit" giebt man zum Gruß euch zurück.

Zeichen des Bärs 73
Nächst daran strecket der Bär zu K** die bleyernen Tatzen
 Gegen euch aus, doch er fängt euch nur die Fliegen
 vom Kleid.

Zeichen des Krebses 74
Geht mir dem Krebs in B*** aus dem Weg, manch lyrisches
 Blümchen
Schwellend in üppigem Wuchs kneipte die Scheere zu Tod.

Zeichen des Löwen 75
Jetzo nehmt euch in Acht vor dem wackern Eutinischen
 Leuen,
Daß er mit griechischem Zahn euch nicht verwunde den Fuß.

Zeichen der Jungfrau 76
Bücket euch, wie sichs geziemt, vor der zierlichen Jungfrau
 zu Weimar,
 Schmollt sie auch oft — wer verzeyht Launen der Grazie
 nicht?

Zeichen des Raben 77
Vor dem Raben nur sehet euch vor, der hinter ihr krächzet,
Das Nekrologische Thier setzt auf Kadaver sich nur.

Locken der Berenice 78
Sehet auch, wie ihr in S*** den groben Fäusten entschlüpfet,
Die Berenices Haar striegeln mit eisernem Kamm.

79 Zeichen der Waage
Jetzo wäre der Ort, daß ihr die Waage beträtet,
 Aber dieß Zeichen ward längst schon am Himmel vermißt.

80 Zeichen des Scorpions
Aber nun kommt ein böses Insekt, aus G — b — n her,
 Schmeichelnd naht es, ihr habt, flieht ihr nicht eilig,
  den Stich.

81 Ophiuchus
Drohend hält euch die Schlang' jetzt Ophiuchus entgegen,
 Fürchtet sie nicht, es ist nur der getrocknete Balg.

82 Zeichen des Schützen
Seid ihr da glücklich vorbei, so naht euch dem zielenden
  Hofrath
Schütz nur getrost, er liebt und er versteht auch den Spaß.

83 Gans
Laßt sodann ruhig die Gans in L***g und G**a gagagen,
 Die beißt keinen, es quält nur ihr Geschnatter das Ohr.

84 Zeichen des Steinbocks
Im Vorbeygehn stutzt mir den alten Berlinischen Steinbock,
 Das verdrießt ihn, so giebts etwas zu lachen fürs Volk.

85 Zeichen des Pegasus
Aber seht ihr in B**** den Grad ad Parnassum, so bittet
 Höflich ihm ab, daß ihr euch eigene Wege gewählt.

86 Zeichen des Wassermanns
Uebrigens haltet euch ja von dem Dr***r Wassermann ferne,
 Daß er nicht über euch her gieße den Elbestrom aus.

87 Eridanus
An des Eridanus Ufern umgeht mir die furchtbare Waschfrau,
 Welche die Sprache des Teut säubert mit Lauge und Sand.

Fische 88

Seht ihr in Leipzig die Fischlein, die sich in Sulzers Cisterne
Regen, so fangt euch zur Lust einige Grundeln heraus.

Der fliegende Fisch 89

Neckt euch in Breslau der fliegende Fisch, erwartets geduldig;
In sein wäßrigtes Reich zieht ihn Neptun bald hinab.

Glück auf den Weg 90

Manche Gefahren umringen euch noch, ich hab sie verschwiegen,
Aber wir werden uns noch aller erinnern — nur zu!

Die Aufgabe 91

Wem die Verse gehören? Ihr werdet es schwerlich errathen,
Sondert, wenn ihr nun könnt, o Chorizonten, auch hier!

Wohlfeile Achtung 92

Selten erhaben und groß und selten würdig der Liebe
Lebt er doch immer, der Mensch, und wird geehrt und geliebt.

Revolutionen 93

Was das Lutherthum war ist jetzt das Franzthum in diesen
Letzten Tagen, es drängt ruhige Bildung zurück.

Partheygeist 94

Wo Partheyen entstehn, hält jeder sich hüben und drüben,
Viele Jahre vergehn, eh sie die Mitte vereint.

Das deutsche Reich 95

Deutschland? aber wo liegt es? Ich weiß das Land nicht zu finden,
Wo das gelehrte beginnt, hört das politische auf.

96 Deutscher Nationalcharacter

Zur Nation euch zu bilden, ihr hoffet es, Deutsche, vergebens,
Bildet, ihr könnt es, dafür freyer zu Menschen euch aus.

97 Rhein

Treu wie dem Schweitzer gebührt, bewach ich Germaniens Grenze,
Aber der Gallier hüpft über den duldenden Strom.

98 Rhein und Mosel

Schon so lang umarm' ich die lotharingische Jungfrau,
Aber noch hat kein Sohn unsre Umarmung erfreut!

99 Donau in B**

Bacchus der lustige führt mich und Komus der fette durch reiche
Triften, aber verschämt bleibet die Charis zurück.

100 Donau in O**

Mich umwohnet mit glänzendem Aug das Volk der Fajaken,
Immer ists Sonntag, es dreht immer am Heerd sich der Spieß.

101 Mayn

Meine Burgen zerfallen zwar, doch getröstet erblick' ich
Seit Jahrhunderten noch immer das alte Geschlecht.

102 Saale

Kurz ist mein Lauf und begrüßt der Fürsten, der Völker so viele,
Aber die Fürsten sind gut, aber die Völker sind frey.

103 Ilm

Meine Ufer sind arm, doch höret die leisere Welle,
Führt der Strom sie vorbey, manches unsterbliche Lied.

Pleisse 104

Flach ist mein Ufer und seicht mein Bächlein, es schöpften
                                                 zu durstig
  Meine Poeten mich, meine Prosaiker aus.

Elbe 105

All ihr andern, ihr sprecht nur ein kauderwelsch. Unter
                                                 den Flüssen
Deutschlands rede nur ich, und auch in Meissen nur, Deutsch.

Spree 106

Sprache gab mir einst Ramler und Stoff mein Cesar,
                                               da nahm ich
Meinen Mund etwas voll, aber ich schweige seitdem.

Weser 107

Leider von mir ist gar nichts zu sagen, auch zu dem kleinsten
  Epigramme bedenkt! geb ich der Muse nicht Stoff.

Gesundbrunnen zu *** 108

Seltsames Land! Hier haben die Flüsse Geschmack und
                                                die Quellen,
Bey den Bewohnern allein hab ich noch keinen verspürt.

P** bey N*** 109

Ganz hypochondrisch bin ich vor langer Weile geworden,
  Und ich fliesse nur fort, weil es so hergebracht ist.

Die **chen Flüsse 110

Unser einer hats halter gut in **cher Herren
  Ländern, ihr Joch ist sanft und ihre Lasten sind leicht.

Salzach 111

Aus Juvaviens Bergen ström' ich, das Erzstift zu salzen,
  Lenke dann Bayern zu, wo es an Salze gebricht.

112   Der anonyme Fluß

Fastenspeisen dem Tisch des frommen Bischoffs zu liefern,
    Goß der Schöpfer mich aus durch das verhungerte Land.

113   *Les fleuves indiscrets*

Jetzt kein Wort mehr ihr Flüße. Man siehts, ihr wißt euch so wenig
    Zu bescheiden, als einst Diderots Schätzchen gethan.

114   An den Leser

Lies uns nach Laune nach Lust, in trüben, in fröhlichen Stunden,
    Wie uns der gute Geist, wie uns der böse gezeugt.

115   Gewissen Lesern

Viele Bücher genießt ihr, die ungesalznen, verzeyhet,
    Daß dieß Büchelchen uns überzusalzen beliebt.

116   Dialogen aus dem Griechischen

Zur Erbauung andächtiger Seelen hat F*** S***
    Graf und Poet und Christ diese Gespräche verdeutscht.

117   Der Ersatz

Als du die griechischen Götter geschmäht, da warf dich Apollo
    Von dem Parnasse; dafür gehst du ins Himmelreich ein.

118   Der moderne Halbgott

Christlicher Herkules, du ersticktest so gerne die Riesen,
    Aber die heidnische Brut steht Herkuliskus! noch fest.

119   Charis

Ist dieß die Frau des Künstlers Vulkan? Sie spricht von dem Handwerk,
    Wie es des Roturiers adlicher Hälfte geziemt.

Nachbildung der Natur 120

Was nur einer vermag, das sollte nur einer uns schildern,
  Voß nur den Pfarrer und nur Iffland den Förster allein.

Nachäffer 121

Aber da meinen die Pfuscher, ein jeder Schwarzrock und Grünrock
  Sey auch, an und für sich, unsrer Beschauung schon werth.

Klingklang 122

In der Dichtkunst hat er mit Worten herzlos geklingelt,
  In der Philosophie treibt er es pfäffisch so fort.

An gewisse Umschöpfer 123

Nichts soll werden das Etwas, daß nichts sich zu Etwas gestalte,
  Laß das Etwas nur seyn! nie wird zu Etwas das Nichts.

Aufmunterung 124

Deutschland fragt nach Gedichten nicht viel; ihr kleinen Gesellen,
  Lermt, bis jeglicher sich wundernd ans Fenster begiebt.

Das Brüderpaar 125

Als Centauren gingen sie einst durch poetische Wälder,
  Aber das wilde Geschlecht hat sich geschwinde bekehrt.

K** 126

Höre den Tadler! Du kannst, was er noch vermißt, dir erwerben,
  Jenes, was nie sich erwirbt, freue dich! gab dir Natur.

An die Moralisten 127

Richtet den herrschenden Stab auf leben und handeln und lasset
  Amorn, dem lieblichen Gott, doch mit der Muse das Spiel!

128   Der Leviathan und die Epigramme
Fürchterlich bist du im Kampf, nur brauchst du etwas viel Wasser,
   Aber versuch es einmal, Fisch! in den Lüften mit uns.

129   Louise von Voß
Warlich, es füllt mit Wonne das Herz, dem Gesange zu horchen,
   Ahmt ein Sänger, wie der, Töne des Alterthums nach.

130   Jupiters Kette
Hängen auch alle Schmierer und Reimer sich an dich, sie ziehen
   Dich nicht hinunter, doch du ziehst sie auch schwerlich hinauf.

131   Aus einer der neuesten Episteln
Klopstock, der ist mein Mann, der in neue Phrasen gestoßen,
   Was er im höllischen Pfuhl Hohes und Großes vernahm.

132   B**s Taschenbuch
Eine Collection von Gedichten? Eine Collecte
   Nenn es, der Armuth zu lieb und bey der Armuth gemacht.

133   Ein deutsches Meisterstück
Alles an diesem Gedicht ist vollkommen, Sprache, Gedanke,
   Rhythmus, das einzige nur fehlt noch, es ist kein Gedicht.

134   Unschuldige Schwachheit
Unsre Gedichte nur trift dein Spott? o schätzet euch glücklich,
   Daß das schlimmste an euch eure Erdichtungen sind.

135   Das neueste aus Rom
Raum und Zeit hat man wirklich gemahlt, es steht zu erwarten,
   Daß man mit ähnlichem Glück nächstens die Tugend uns tanzt.

Deutsches Lustspiel 136
Thoren hätten wir wohl, wir hätten Fratzen die Menge,
    Leider helfen sie nur selbst zur Comödie nichts.

Das Mährchen 137
Mehr als zwanzig Personen sind in dem Mährchen geschäftig,
    Nun, und was machen sie denn alle? Das Mährchen,
                                        mein Freund.

Frivole Neugier 138
Das verlohnte sich auch den delphischen Gott zu bemühen,
    Daß er dir sage, mein Freund, wer der Armenier war.

Beyspielsammlung 139
Nicht bloß Beyspielsammlung, nein, selber ein warnendes
                                        Beyspiel,
Wie man nimmermehr soll sammeln für guten Geschmack.

Mit Erlaubniß 140
Nimms nicht übel, daß nun auch deiner gedacht wird!
                                        Verlangst du
Das Vergnügen umsonst, daß man den Nachbar vexirt?

Der Sprachforscher 141
Anatomieren magst du die Sprache, doch nur ihr Cadaver,
    Geist und Leben entschlüpft flüchtig dem groben Scalpell.

Geschichte eines dicken Mannes 142
(Man sehe die Recension davon in der N. deutschen Bibliothek)
Dieses Werk ist durchaus nicht in Gesellschaft zu lesen,
    Da es, wie Recensent rühmet, die Blähungen treibt.

Anecdoten von Friedrich II. 143
Von dem unsterblichen Friedrich, dem einzigen, handelt
                                        in diesen
Blättern der zehenmalzehn tausendste sterbliche Fritz.

144   Litteraturbriefe

Auch Nicolai schrieb an dem treflichen Werk? Ich wills glauben,
Mancher Gemeinplatz auch steht in dem treflichen Werk.

145   Gewisse Melodien

Dieß ist Musik fürs Denken! So lang man sie hört, bleibt man eiskalt,
Vier, fünf Stunden darauf macht sie erst rechten Effekt.

146   Ueberschriften dazu

Frostig und herzlos ist der Gesang, doch Sänger und Spieler
Werden oben am Rand höflich zu fühlen ersucht.

147   Der böse Geselle

Dichter bitte die Musen, vor ihm dein Lied zu bewahren,
Auch dein leichtestes zieht nieder der schwere Gesang.

148   Karl von Karlsberg

Was der berühmte Verfasser des menschlichen Elends verdiene?
Sich in der Charité gratis verköstigt zu sehn.

149   Schriften für Damen und Kinder

„Bibliothek für das andre Geschlecht, nebst Fabeln für Kinder"
Also für Kinder nicht, nicht für das andre Geschlecht.

150   Dieselbe

Immer für Weiber und Kinder! Ich dächte man schriebe für Männer,
Und überliesse dem Mann Sorge für Frau und für Kind!

151   Gesellschaft von Sprachfreunden

O wie schätz ich euch hoch! Ihr bürstet sorglich die Kleider
Unsrer Autoren, und, wem fliegt nicht ein Federgen an?

Der Purist 152
Sinnreich bist du, die Sprache von fremden Wörtern zu
säubern,
Nun so sage doch Freund, wie man Pedant uns verdeutscht.

Vernünftige Betrachtung 153
Warum plagen wir, einer den andern? Das Leben zerrinnet,
Und es versammelt uns nur einmal wie heute die Zeit.

An ** 154
Gerne plagt ich auch dich, doch es will mir mit dir nicht
gelingen,
Du bist zum Ernst mir zu leicht, bist für den Scherz
mir zu plump.

An *** 155
Nein! Du erbittest mich nicht. Du hörtest dich gerne
verspottet,
Hörtest du dich nur genannt, darum verschon ich dich,
Freund.

Garve 156
Hör ich über Geduld dich edler Leidender reden,
O wie wird mir das Volk frömmelnder Schwätzer verhaßt.

Auf gewisse Anfragen 157
Ob dich der Genius ruft? Ob du dem rufenden folgest?
Ja, wenn du mich fragst — nein! Folge dem rufenden nicht.

Stoßgebet 158
Vor dem Aristokraten in Lumpen bewahrt mich, ihr Götter,
Und vor dem Sansculott auch mit Epauletten und Stern.

Distinctionszeichen 159
„Unbedeutend sind doch auch manche von euren
Gedichtgen"!
Freilich, zu jeglicher Schrift braucht man auch Comma
und Punkt.

160 Die Addressen

Alles ist nicht für alle, das wissen wir selber, doch nichts ist
Ohne Bestimmung, es nimmt jeder sich selbst sein Paket.

161 Schöpfung durch Feuer

Arme basaltische Säulen! Ihr solltet dem Feuer gehören,
Und doch sah euch kein Mensch je aus dem Feuer entstehn.

162 Mineralogischer Patriotismus

Jedermann schürfte bey sich auch nach Basalten und Lava,
Denn es klinget nicht schlecht, hier ist Vulkanisch Gebürg!

163 Kurze Freude

Endlich zog man sie wieder ins alte Wasser herunter,
Und es löscht sich nun bald dieser entzündete Streit.

164 Triumph der Schule

Welch erhabner Gedanke! Uns lehrt der unsterbliche Meister,
Künstlich zu theilen den Stral, den wir nur einfach gekannt.

165 Die Möglichkeit

Liegt der Irrthum nur erst, wie ein Grundstein, unten
im Boden,
Immer baut man darauf, nimmermehr kömmt er an Tag.

166 Wiederholung

Hundertmal werd ichs euch sagen und tausendmal: Irrthum
ist Irrthum!
Ob ihn der größte Mann, ob ihn der kleinste beging.

167 Wer glaubts?

Newton hat sich geirrt? ja doppelt und dreyfach! und
wie denn?
Lange steht es gedruckt, aber es ließt es kein Mensch.

Der Welt Lauf 168

Drucken fördert euch nicht, es unterdrückt euch die Schule;
Aber nicht immer, und dann geben sie schweigend sich drein.

Hoffnung 169

Allen habt ihr die Ehre genommen, die gegen euch zeugten;
Aber dem Märtyrer kehrt späte sie doppelt zurück.

Exempel 170

Schon Ein Irrlicht sah ich verschwinden, dich Phlogiston!
       Balde,
O, Newtonisch Gespenst! folgst du dem Brüderchen nach.

Der letzte Märtyrer 171

Auch mich bratet ihr noch als Huß vielleicht, aber wahrhaftig!
Lange bleibet der Schwan, der es vollendet, nicht aus.

Menschlichkeiten 172

Leidlich hat Newton gesehen, und falsch geschlossen, am Ende
Blieb er, ein Britte, verstockt, schloß er, bewieß er so fort.

Und abermals Menschlichkeiten 173

Seine Schüler hörten nun auf, zu sehn und zu schließen,
Referirten getrost, was er auch sah und bewieß.

Der Widerstand 174

Aristokratisch gesinnt ist mancher Gelehrte, denn gleich ists,
Ob man auf Helm und Schild oder auf Meinungen ruht.

Neueste Farbentheorie von Wünsch 175

Gelbroth und grün macht das Gelbe, grün und violblau
            das Blaue!
So wird aus Gurkensalat wirklich der Essig erzeugt!

176   Das Mittel
Warum sagst du uns das in Versen? Die Verse sind wirksam,
Spricht man in Prosa zu euch, stopft ihr die Ohren euch zu.

177   Moralische Zwecke der Poesie
,,Bessern, bessern soll uns der Dichter"! So darf denn
                                            auf eurem
Rücken des Büttels Stock nicht einen Augenblick ruhn?

178   Sections-Wuth
Lebend noch exenterieren sie euch und seid ihr gestorben,
Passet im Nekrolog noch ein Prosector euch auf.

179   Kritische Studien
Schneidet, schneidet ihr Herrn, durch Schneiden lernet
                                            der Schüler,
Aber wehe dem Frosch, der euch den Schenkel muß leyhn!

180   Der astronomische Himmel
So erhaben, so groß ist, so weit entlegen der Himmel!
Aber der Kleinigkeitsgeist fand auch bis dahin den Weg.

181 Naturforscher und Transscendental-Philosophen
Feindschaft sey zwischen euch, noch kommt das Bündniß
                                            zu frühe,
Wenn ihr im Suchen euch trennt, wird erst die Wahrheit
                                            erkannt.

182   An die voreiligen Verbindungsstifter
Jeder wandle für sich, und wisse nichts von dem andern,
Wandeln nur beyde gerad, finden sich beyde gewiß.

183   Der treue Spiegel
Reiner Bach, du entstellst nicht den Kiesel, du bringst ihn
                                            dem Auge
Näher, so seh ich die Welt * * * wenn du sie beschreibst.

Nicolai 184
Nicolai reiset noch immer, noch lang wird er reisen,
Aber ins Land der Vernunft findet er nimmer den Weg.

Der Wichtige 185
Seine Meinung sagt er von seinem Jahrhundert, er sagt sie,
Nochmals sagt er sie laut, hat sie gesagt und geht ab.

Der Plan des Werks 186
Meine Reis' ist ein Faden, an dem ich drey Lustra die Deutschen
Nützlich führe, so wie formlos die Form mirs gebeut.

Formalphilosophie 187
Allen Formen macht er den Krieg, er weiß wohl, zeitlebens
Hat er mit Müh und Noth Stoff nur zusammengeschleppt.

Der Todfeind 188
Willst du alles vertilgen, was deiner Natur nicht gemäß ist,
Nicolai, zuerst schwöre dem Schönen den Tod!

Philosophische Querköpfe 189
Querkopf! schreiet ergrimmt in unsere Wälder Herr Nickel,
Leerkopf! schallt es darauf lustig zum Walde heraus.

Empirischer Querkopf 190
Armer empirischer Teufel! du kennst nicht einmal das dumme
In dir selber, es ist ach! *a priori* so dumm.

Der Quellenforscher 191
Nicolai entdeckt die Quellen der Donau! Welch Wunder!
Sieht er gewöhnlich doch sich nach der Quelle nicht um.

Derselbe 192
Nichts kann er leiden was groß ist und mächtig, drum herrliche Donau
Spürt dir der Häscher so lang nach, bis er seicht dich ertappt.

193   N. Reisen XI. Band. S. 177
A propos Tübingen! Dort sind Mädchen, die tragen die Zöpfe
Lang geflochten, auch dort giebt man die Horen heraus.

194   Der Glückliche
Sehen möcht ich dich Nickel, wenn du ein Späßchen erhaschest,
Und, von dem Fund entzückt, drauf dich im Spiegel besiehst.

195   Verkehrte Wirkung
Rührt sonst einen der Schlag, so stockt die Zunge gewöhnlich,
Dieser, so lange gelähmt, schwatzt nur geläufiger fort.

196   Pfahl im Fleisch
Nenne Lessing nur nicht, der Gute hat vieles gelitten
Und in des Märtyrers Kranz warst du ein schrecklicher Dorn.

197   Die Horen an Nicolai
Unsere Reyhen störtest du gern, doch werden wir wandeln,
Und du tappe denn auch, plumper Geselle! so fort.

198   Fichte und Er
Freilich tauchet der Mann kühn in die Tiefe des Meeres,
Wenn du, auf leichtem Kahn, schwankest und Heringe fängst.

199   Briefe über ästhetische Bildung
Dunkel sind sie zuweilen, vielleicht mit Unrecht, o Nickel!
Aber die Deutlichkeit ist warlich nicht Tugend an dir.

200   Modephilosophie
Lächerlichster, du nennst das Mode, wenn immer von neuem
Sich der menschliche Geist ernstlich nach Bildung bestrebt.

201   Das grobe Organ
Was du mit Händen nicht greifst, das scheint dir Blinden
                                              ein Unding,
Und betastest du was, gleich ist das Ding auch beschmutzt.

Der Lastträger 202

Weil du vieles geschleppt und schleppst und schleppen wirst,
meynst du
Was sich selber bewegt, könne vor dir nicht bestehn.

Die Waidtasche 203

Reget sich was, gleich schießt der Jäger, ihm scheinet
die Schöpfung,
Wie lebendig sie ist, nur für den Schnappsack gemacht.

Das Unentbehrliche 204

Könnte Menschenverstand doch ohne Vernunft nur bestehen,
Nickel hätte fürwahr menschlichsten Menschenverstand.

Die Xenien 205

Was uns ärgert, du giebst mit langen entsetzlichen Noten
Uns auch wieder heraus unter der Reiserubrik.

Lucri bonus odor 206

Gröblich haben wir dich behandelt, das brauche zum Vortheil
Und im zwölften Band schilt uns, da giebt es ein Blatt.

Vorsatz 207

Den Philister verdrieße, den Schwärmer necke, den Heuchler
Quäle der fröhliche Vers, der nur das Gute verehrt.

Nur Zeitschriften 208

Frankreich faßt er mit einer, das arme Deutschland
gewaltig
Mit der andern, doch sind beyde papieren und leicht!

Das Motto 209

Wahrheit sag ich euch, Wahrheit und immer Wahrheit,
versteht sich:
Meine Wahrheit; denn sonst ist mir auch keine bekannt.

210   Der Wächter Zions

Meine Wahrheit bestehet im Bellen, besonders wenn irgend
Wohlgekleidet ein Mann sich auf der Straße mir zeigt.

211   Verschiedene Dressuren

Aristokratische Hunde, sie knurren auf Bettler, ein ächter
Demokratischer Spitz klafft nach dem seidenen Strumpf.

212   Böse Gesellschaft

Aristokraten mögen noch gehn, ihr Stolz ist doch höflich,
Aber du löbliches Volk bist so voll Hóchmuth und grob.

213   An die Obern

Immer bellt man auf euch! bleibt sitzen! es wünschen
 die Beller
Jene Plätze, wo man ruhig das Bellen vernimmt.

214   Baalspfaffen

Heilige Freiheit! Erhabener Trieb der Menschen zum Bessern!
Warlich, du konntest dich nicht schlechter mit Priestern
 versehn!

215   Verfehlter Beruf

Schreckensmänner wären sie gerne, doch lacht man in
 Deutschland
Ihres Grimmes, der nur mäßige Schrifften zerfleischt.

216   An mehr als Einen

Erst habt ihr die Großen beschmaußt, nun wollt ihr
 sie stürzen;
Hat man Schmarotzer doch nie dankbar dem Wirthe gesehn.

217   Das Requisit

Lange werden wir euch noch ärgern und werden euch sagen:
Rothe Kappen, euch fehlt nur noch das Glöckchen zum Putz.

Verdienst 218

Hast du auch wenig genug verdient um die Bildung der
                                               Deutschen
Fritz Nicolai, sehr viel hast du dabey doch verdient.

Umwälzung 219

Nein das ist doch zu arg! da läuft auch selbst noch der Cantor
Von der Orgel, und ach! pfuscht auf den Klaven des Staats.

Der Halbvogel 220

Fliegen möchte der Strauß, allein er rudert vergeblich,
Ungeschickt rühret der Fuß immer den leidigen Sand.

Der letzte Versuch 221

Vieles hast du geschrieben, der Deutsche wollt es nicht lesen;
Gehn die Journale nicht ab, dann ist auch alles vorbey.

Kunstgriff 222

Schreib die Journale nur anonym, so kannst du mit vollen
Backen deine Musik loben, es merkt es kein Mensch.

Dem Großsprecher 223

Oefters nahmst du das Maul schon so voll und konntest
                                              nicht wirken,
Auch jetzt wirkest du nichts, nimm nur das Maul nicht
                                              so voll.

Mottos 224

Setze nur immer Mottos auf deine Journale, sie zeigen
Alle die Tugenden an, die man an dir nicht bemerkt.

Sein Handgriff 225

Auszuziehen versteh ich, und zu beschmutzen die Schriften,
Dadurch mach ich sie mein, und ihr bezahlet sie mir.

Die Mitarbeiter 226

Wie sie die Glieder verrenken, die Armen! Aber nach dieser
Pfeife zu tanzen, es ist auch beim Apollo! kein Spaß.

227   Unmögliche Vergeltung
Deine Collegen verschreyst und plünderst du! Dich zu
                                                verschreyen
Ist nicht nöthig, und nichts ist auch zu plündern an dir.

228   Das züchtige Herz
Gern erlassen wir dir die moralische Delikatesse,
Wenn du die zehen Gebot' nur so nothdürftig befolgst.

229   Abscheu
Heuchler ferne von mir! Besonders du widriger Heuchler,
Der du mit Grobheit glaubst Falschheit zu decken und List.

230   Der Hausierer
Ja das fehlte nun noch zu der Entwicklung der Sache,
Daß als Krämer sich nun Kr**er nach Frankreich
                                                begiebt!

231   Deutschlands Revanche an Frankreich
Manchen Lakay schon verkauftet ihr uns als Mann von
                                                Bedeutung,
Gut! Wir spedieren euch hier Kr**** als Mann von
                                                Verdienst.

232   Der Patriot
Daß Verfassung sich überal bilde! Wie sehr ists zu wünschen,
Aber ihr Schwätzer verhelft uns zu Verfassungen nicht!

233   Die drey Stände
Sagt, wo steht in Deutschland der Sansculott? In der Mitte
Unten und oben besitzt jeglicher was ihm behagt.

234   Die Hauptsache
Jedem Besitzer das seine! und jedem Regierer den Rechtsinn
Das ist zu wünschen, doch ihr, beydes verschafft ih
                                                uns nicht.

Anacharsis der Zweyte 235
Anacharsis dem ersten nahmt ihr den Kopf weg, der zweyte
Wandert nun ohne Kopf klüglich, Pariser, zu euch.

Historische Quellen 236
Augen leyht dir der Blinde zu dem, was in Frankreich geschiehet,
Ohren der Taube, du bist, Deutschland, vortreflich bedient.

Der Almanach als Bienenkorb 237
Lieblichen Honig geb' er dem Freund, doch nahet sich täppisch
Der Philister, ums Ohr saus' ihm der stechende Schwarm!

Etymologie 238
Ominos ist dein Nahm', er spricht dein ganzes Verdienst aus,
Gerne verschafftest du, gieng es, dem Pöbel den Sieg.

Ausnahme 239
Warum tadelst du manchen nicht öffentlich? Weil er ein Freund ist,
Wie mein eigenes Herz tadl' ich im stillen den Freund.

Die Insekten 240
Warum schiltst du die einen so hundertfach? Weil das Geschmeiße,
Rührt sich der Wedel nicht stets, immer dich leckt und dich sticht.

Einladung 241
Glaubst du denn nicht, man könnte die schwache Seite dir zeigen?
Thu es mit Laune, mit Geist, Freund, und wir lachen zuerst.

Warnung 242
Unsrer liegen noch tausend im Hinterhalt, daß ihr nicht etwa
Rückt ihr zu hitzig heran, Schultern und Rücken entblößt!

243   An die Philister
Freut euch des Schmetterlings nicht, der Bösewicht zeugt euch
　　　　　　　　　　　　　　　　　　　die Raupe,
Die euch den herrlichen Kohl, fast aus der Schüssel, verzehrt.

244   Hausrecht
Keinem Gärtner verdenk ichs, daß er die Sperlinge scheuchet,
Doch nur Gärtner ist er, jene gebahr die Natur.

245   *Currus virum miratur inanes*
Wie sie knallen die Peitschen! Hilf Himmel! Journale!
　　　　　　　　　　　　　　　　　　　Calender!
Wagen an Wagen! Wieviel Staub und wie wenig Gepäck!

246   Kalender der Musen und Grazien
Musen und Grazien! oft habt ihr euch schrecklich verirret,
Doch dem Pfarrer noch nie selbst die Perücke gebracht.

247   Taschenbuch
Viele Läden und Häuser sind offen in südlichen Ländern,
Und man sieht das Gewerb, aber die Armut zugleich.

248   Vossens Almanach
Immer zu, du redlicher Voß! Beym neuen Kalender
Nenne der Deutsche dich doch, der dich im Jahre vergißt.

249   Schillers Almanach von 1796
Du erhebest uns erst zu Idealen und stürzest
Gleich zur Natur uns zurück, glaubst du, wir danken
　　　　　　　　　　　　　　　　　　　dir das?

250   Das Paket
Mit der Eule gesiegelt? Da kann Minerva nicht weit seyn!
Ich erbreche, da fällt von und für Deutschland heraus.

Das Journal Deutschland 251

Alles beginnt der Deutsche mit Feierlichkeit und so zieht auch
Diesem deutschen Journal blasend ein Spielmann voran.

Reichsanzeiger 252

Edles Organ, durch welches das deutsche Reich mit sich selbst
spricht,
Geistreich, wie es hinein schallet, so schallt es heraus.

A. d. Ph. 253

Woche für Woche zieht der Bettelkarren durch Deutschland,
Den auf schmutzigem Bock, Jakob, der Kutscher, regiert.

A. D. B. 254

Zehnmal gelesne Gedanken auf zehnmal bedrucktem Papiere,
Auf zerriebenem Bley stumpfer und bleyerner Witz.

A. d. Z. 255

Auf dem Umschlag sieht man die Charitinnen, doch leider
Kehrt uns Aglaia den Theil, den ich nicht nennen darf, zu.

Deutsche Monatschrift 256

Deutsch in Künsten gewöhnlich heißt mittelmäßig! und bist du
Deutscher Monat, vielleicht auch so ein deutsches Produkt?

G. d. Z. 257

Dich, o Dämon! erwart ich und deine herschenden Launen,
Aber im härenen Sack schleppt sich ein Kobold dahin.

Urania 258

Deinen heiligen Nahmen kann nichts entehren, und wenn ihn
Auf sein Sudelgefäß Ewald, der frömmelnde, schreibt.

259   Merkur
Wieland zeigt sich nur selten, doch sucht man gern die
                                              Gesellschaft,
   Wo sich Wieland auch nur selten, der Seltene, zeigt.

260   Horen. Erster Jahrgang
Einige wandeln zu ernst, die andern schreiten verwegen,
   Wenige gehen den Schritt, wie ihn das Publicum hält.

261   Minerva
Trocken bist du und ernst, doch immer die würdige Göttinn,
   Und so leyhest du auch gerne den Nahmen dem Heft.

262   Journal des Luxus und der Moden
Du bestrafest die Mode, bestrafest den Luxus, und beyde
   Weißt du zu fördern, du bist ewig des Beyfalls gewiß.

263   Dieser Musenalmanach
Nun erwartet denn auch, für seine herzlichen Gaben,
   Liebe Collegen, von euch unser Calender den Dank.

264   Der Wolfische Homer
Sieben Städte zankten sich drum, ihn gebohren zu haben,
   Nun da der Wolf ihn zerriß, nehme sich jede ihr Stück.

265   M ***
Weil du doch alles beschriebst, so beschreib uns zu gutem
                                              Beschlusse
   Auch die Maschine noch, Freund, die dich so fertig bedient.

266   Herr Leonhard **
Deinen Nahmen les' ich auf zwanzig Schriften, und dennoch
   Ist es dein Nahme nur, Freund, den man in allen vermißt.

Pantheon der Deutschen I. Band 267
Deutschlands größte Männer und kleinste sind hier versammelt,
  Jene gaben den Stoff, diese die Worte des Buchs.

Borussias 268
Sieben Jahre nur währte der Krieg von welchem du singest?
  Sieben Jahrhunderte, Freund, währt mir dein Heldengedicht.

Guter Rath 269
Accipe facundi Culicem, studiose, Maronis,
  Ne, nugis positis, arma virumque canas.

Reinecke Fuchs 270
Vor Jahrhunderten hätte ein Dichter dieses gesungen?
  Wie ist das möglich? Der Stoff ist ja von gestern und heut.

Menschenhaß und Reue 271
Menschenhaß? Nein, davon verspür' ich beim heutigen Stücke
  Keine Regung, jedoch Reue, die hab ich gefühlt.

Schinks Faust 272
Faust hat sich leider schon oft in Deutschland dem Teufel ergeben,
  Doch so prosaisch noch nie schloß er den schrecklichen Bund.

An Madame B** und ihre Schwestern 273
Jetzt noch bist du Sibylle, bald wirst du Parce, doch fürcht ich,
  Hört ihr alle zuletzt gräßlich als Furien auf.

Almansaris und Amanda 274
Warum verzeyht mir Amanda den Scherz und Almansaris tobet?
  Jene ist tugendhaft, Freund, diese beweiset, sie seys.

275   B**

Wäre Natur und Genie von allen Menschen verehret,
Sag, was bliebe, Phantast, denn für ein Publikum dir?

276   Erholungen. Zweytes Stück

Daß ihr seht, wie genau wir den Titel des Buches erfüllen,
Wird zur Erholung hiemit euch die Vernichtung gereicht.

277   Moderecension

Preise dem Kinde die Puppen, wofür es begierig die Groschen
Hinwirft, so bist du fürwahr Krämern und Kindern ein Gott.

278   Dem Zudringlichen

Ein vor allemal willst du ein ewiges Leben mir schaffen?
Mach im zeitlichen doch mir nicht die Weile so lang.

279   Höchster Zweck der Kunst

Schade fürs schöne Talent des herrlichen Künstlers! O hätt er
Aus dem Marmorblock doch ein Crucifix uns gemacht!

280   Zum Geburtstag

Möge dein Lebensfaden sich spinnen, wie in der Prosa
Dein Periode, bey dem leider die Lachesis schläft.

281   Unter vier Augen

Viele rühmen, sie habe Verstand; ich glaubs, für den einen
Den sie jedesmal liebt, hat sie auch wirklich Verstand.

282   Charade

Nichts als dein erstes fehlt dir, so wäre dein zweytes genießbar,
Aber dein Ganzes, mein Freund, ist ohne Salz und Geschmack.

283   Frage in den Reichsanzeiger
           W. Meister betreffend

Zu was Ende die welschen Nahmen für deutsche Personen?
Raubt es nicht allen Genuß an dem vortreflichen Werk?

Göschen an die deutschen Dichter 284
Ist nur erst Wieland heraus, so kommts an euch übrigen alle,
Und nach der Location! Habt nur einstweilen Geduld!

Verleger von P** Schriften 285
Eine Maschine besitz ich, die selber denkt, was sie drucket,
Obengenanntes Werk zeig ich zur Probe hier vor.

Josephs II. Dictum, an die Buchhändler 286
Einem Käsehandel verglich er eure Geschäfte?
Warlich der Kaiser, man siehts, war auf dem Leipziger
Markt.

Preisfrage der Academie nützl. Wissenschaften 287
Wie auf dem û fortan der theure Schnörkel zu sparen?
Auf die Antwort sind dreißig Dukaten gesetzt.

G. G. 288
Jeder, siehst du ihn einzeln, ist leidlich klug und verständig,
Sind sie in Corpore, gleich wird dir ein Dummkopf daraus.

Hörsäle auf gewissen Universitäten 289
Prinzen und Grafen sind hier von den übrigen Hörern
gesondert,
Wohl! Denn trennte der Stand nirgends, er trennte doch
hier!

Der Virtuose 290
Eine hohe Noblesse bedien ich heut mit der Flöte,
Die, wie ganz Wien mir bezeugt, völlig wie Geige sich hört.

Sachen so gesucht werden 291
Einen Bedienten wünscht man zu haben, der leserlich schreibet
Und orthographisch, jedoch nichts in Bell-Letters gethan.

292 Französische Lustspiele von Dyk
Wir versichern auf Ehre, daß wir einst witzig gewesen,
 Sind wir auch hier, wir gestehns, herzlich geschmacklos
 und fad.

293 Buchhändler-Anzeige
Nichts ist der Menschheit so wichtig, als ihre Bestimmung
 zu kennen;
 Um zwölf Groschen courant wird sie bey mir jetzt verkauft.

294 Auction
Da die Metaphysik vor kurzem unbeerbt abgieng,
 Werden die Dinge an sich morgen *sub hasta* verkauft.

295 Gottesurtheil
(Zwischen einem Göttinger und Berliner)
Oefnet die Schranken! Bringet zwey Särge! Trompeter
 geblasen!
 Almanachsritter heraus gegen den Ritter vom Sporn!

296 Sachen so gestohlen worden
(Immanuel Kant spricht)
Zwanzig Begriffe wurden mir neulich diebisch entwendet,
 Leicht sind sie kenntlich, es steht sauber mein I. K. darauf.

297 Antwort auf obigen Avis
Wenn nicht alles mich trügt, so hab ich besagte Begriffe
 In Herrn Jakobs zu Hall Schriften vor kurzem gesehn.

298 Schauspielerin
Furiose Geliebten sind meine Forcen im Schauspiel,
 Und in der Comédie glänz ich als Brandteweinfrau.

299 *Professor Historiarum*
Breiter wird immer die Welt und immer mehr neues geschiehet,
 Ach! die Geschichte wird stets länger und kürzer das Brod!

Recension 300

Sehet wie artig der Frosch nicht hüpft! Doch find ich
 die hintern
Füsse um vieles zu lang, so wie die vordern zu kurz.

Litterarischer Adreßcalender 301

Jeder treibe sein Handwerk, doch immer steh es geschrieben:
 Dieß ist das Handwerk, und der treibet das Handwerk
 geschickt.

Neuste Kritikproben 302

Nicht viel fehlt dir, ein Meister nach meinen Begriffen
 zu heissen,
Nehm ich das einzige aus, daß du verrückt phantasierst.

Eine zweyte 303

Lieblich und zart sind deine Gefühle, gebildet dein Ausdruck,
 Eins nur tadl' ich, du bist frostig von Herzen und matt.

Eine dritte 304

Du nur bist mir der würdige Dichter! es kommt dir auf eine
 Platitüde nicht an, nur um natürlich zu seyn.

Schillers Würde der Frauen 305

Vorn herein ließt sich das Lied nicht zum besten, ich les' es
 von hinten,
Strophe für Strophe, und so nimmt es ganz artig sich aus.

Pegasus, von eben demselben 306

Meine zarte Natur schockiert das grelle Gemählde,
 Aber, von Langbein gemahlt, mag ich den Teufel recht gern.

Das ungleiche Verhältniß

Unsre Poeten sind seicht, doch das Unglück ließ sich 307
 vertuschen,
Hätten die Critiker nicht ach! so entsetzlich viel Geist.

308   Neugier
Etwas wünscht' ich zu sehn, ich wünschte einmal von den Freunden
   Die das Schwache so schnell finden, das Gute zu sehn!

309   Jeremiaden aus dem Reichs-Anzeiger
Alles in Deutschland hat sich in Prosa und Versen verschlimmert,
   Ach und hinter uns liegt weit schon die goldene Zeit.

310   Böse Zeiten
Philosophen verderben die Sprache, Poeten die Logik,
   Und mit dem Menschenverstand kommt man durchs Leben nicht mehr.

311   Scandal
Aus der Aesthetik, wohin sie gehört, verjagt man die Tugend,
   Jagt sie, den lästigen Gast, in die Politik hinein.

312   Das Publicum im Gedränge
Wohin wenden wir uns? Sind wir natürlich, so sind wir
   Platt, und genieren wir uns, nennt man es abgeschmackt gar.

313   Das goldne Alter
Schöne Naivetät der Stubenmädchen zu Leipzig,
   Komm doch wieder, o komm, witzige Einfalt zurück!

314   Comödie
Komm Comödie wieder, du ehrbare Wochenvisite,
   Siegmund du süßer Amant, Maskarill spaßhafter Knecht.

315   Alte deutsche Tragödie
Trauerspiele voll Salz, voll epigrammatischer Nadeln,
   Und du Menuettschritt unsers geborgten Cothurns.

Roman 316

Philosophscher Roman, du Gliedermann, der so geduldig
  Still hält, wenn die Natur gegen den Schneider sich wehrt.

Deutliche Prosa 317

Alte Prosa komm wieder, die alles so ehrlich heraussagt,
  Was sie denkt und gedacht, auch was der Leser sich denkt.

Chorus 318

Alles in Deutschland hat sich in Prosa und Versen verschlimmert,
  Ach! und hinter uns liegt weit schon die goldene Zeit!

Gelehrte Zeitungen 319

Wie die Nummern des Lotto, so zieht man hier die Autoren,
  Wie sie kommen, nur daß niemand dabey was gewinnt.

Die zwey Fieber 320

Kaum hat das kalte Fieber der Gallomanie uns verlassen,
  Bricht in der Gräcomanie gar noch ein hitziges aus.

Griechheit 321

Griechheit was war sie? Verstand und Maaß und Klarheit! drum dächt' ich,
  Etwas Geduld noch ihr Herrn, eh ihr von Griechheit uns sprecht.

Warnung 322

Eine würdige Sache verfechtet ihr, nur mit Verstande
  Bitt' ich! daß sie zum Spott und zum Gelächter nicht wird!

Uebertreibung und Einseitigkeit 323

Daß der Deutsche doch alles zu einem Aeussersten treibet,
  Für Natur und Vernunft selbst, für die nüchterne schwärmt!

324 **Neueste Behauptung**
Völlig charakterlos ist die Poesie der Modernen,
Denn sie verstehen bloß charakteristisch zu seyn.

325 **Griechische und moderne Tragödie**
Unsre Tragödie spricht zum Verstand, drum zerreißt sie
            das Herz so,
Jene setzt in Affekt, darum beruhigt sie so!

326 **Entgegengesetzte Wirkung**
Wir modernen, wir gehn erschüttert, gerührt aus dem
            Schauspiel,
Mit erleichterter Brust hüpfte der Grieche heraus.

327 **Die höchste Harmonie**
Oedipus reißt die Augen sich aus, Jokasta erhenkt sich,
Beide schuldlos; das Stück hat sich harmonisch gelößt.

328 **Aufgelößtes Räthsel**
Endlich ist es heraus, warum uns Hamlet so anzieht,
Weil er, merket das wohl, ganz zur Verzweiflung uns bringt.

329 **Gefährliche Nachfolge**
Freunde, bedenket euch wohl, die tiefere kühnere Wahrheit
Laut zu sagen, sogleich stellt man sie euch auf den Kopf.

330 **Geschwindschreiber**
Was sie gestern gelernt, das wollen sie heute schon lehren,
Ach! was haben die Herrn doch für ein kurzes Gedärm!

331 **Die Sonntagskinder**
Jahre lang bildet der Meister und kann sich nimmer genug
            thun,
Dem genialen Geschlecht wird es im Traume bescheert!

Xenien 332

Muse, wo führst du uns hin? Was, gar zu den Manen hinunter?
Hast du vergessen, daß wir nur Monodistichen sind?

Muse 333

Desto besser! Geflügelt wie ihr, dünnleibig und luftig,
Seele mehr als Gebein, wischt ihr als Schatten hindurch.

Acheronta movebo 334

Hölle, jetzt nimm dich in Acht, es kommt ein Reisebeschreiber,
Und die Publicität deckt auch den Acheron auf.

Sterilemque tibi Proserpina vaccam 335

Hekate! Keusche! dir schlacht ich die Kunst zu lieben von
  Manso,
Jungfer noch ist sie, sie hat nie was von Liebe gewußt.

Elpänor 336

Muß ich dich hier schon treffen, Elpänor? Du bist mir gewaltig
  Vorgelaufen! und wie? Gar mit gebrochnem Genick?

Unglückliche Eilfertigkeit 337

Ach, wie sie **Freyheit** schrien und **Gleichheit**, geschwind
  wollt ich folgen,
Und weil die Trepp' mir zu lang däuchte, so sprang ich
  vom Dach.

Achilles 338

Vormals im Leben ehrten wir dich, wie einen der Götter,
Nun du todt bist, so herrscht über die Geister dein Geist.

Trost 339

Laß dich den Tod nicht reuen Achill. Es lebet dein Nahme
In der Bibliothek schöner Scientien hoch.

340   Seine Antwort
Lieber möcht' ich fürwahr dem Aermsten als Ackerknecht
dienen,
Als des Gänsegeschlechts Führer seyn, wie du erzählst.

341   Frage
Du verkündige mir von meinen jungen Nepoten,
Ob in der Litteratur beyde noch walten und wie?

342   Antwort
Freylich walten sie noch und bedrängen hart die Trojaner,
Schießen manchmal auch wohl blind in das Blaue hinein.

343   Frage
Melde mir auch, ob du Kunde vom alten Peleus vernahmest,
Ob er noch weit geehrt in den Kalendern sich ließt?

344   Antwort
Ach! ihm mangelt leider die spannende Kraft und die Schnelle,
Die einst des G*** herrliche Saiten belebt.

345   Ajax
Ajax, Telamons Sohn! So mußtest du selbst nach dem Tode
Noch forttragen den Groll wegen der Recension?

346   Tantalus
Jahre lang steh ich so hier, zur Hippokrene gebücket,
Lechzend vor Durst, doch der Quell, will ich ihn kosten,
zerrinnt.

347   *Phlegyasque miserrimus omnes admonet*
O ich Thor! Ich rasender Thor! Und rasend ein jeder
Der, auf des Weibes Rath horchend, den Freyheitsbaum
pflanzt!

Die dreyfarbige Kokarde

Wer ist der Wüthende da, der durch die Hölle so brüllet,
Und mit grimmiger Faust sich die Kokarde zerzaußt?

Agamemnon

Bürger Odysseus! Wohl dir! Bescheiden ist deine Gemahlin,
Strickt dir die Strümpfe, und steckt keine drey Farben
dir an!

Porphyrogeneta, den Kopf unter dem Arme

Köpfe schaffet euch an, ihr Liebden! Thut es bey Zeiten!
Wer nicht hat, er verliert, auch was er hat, noch dazu!

Sisyphus

Auch noch hier nicht zur Ruh, du Unglückselger! Noch immer
Rollst du Bergauf wie einst, da du regiertest, den Stein!

Sulzer

Hüben über den Urnen! Wie anders ists als wir dachten!
Mein aufrichtiges Herz hat mir Vergebung erlangt.

Haller

Ach! Wie schrumpfen allhier die dicken Bände zusammen,
Einige werden belohnt, aber die meisten verziehn.

Moses Mendelsohn

Ja! Du siehst mich unsterblich! „Das hast du uns ja in dem
Phädon
Längst bewiesen". — Mein Freund, freue dich, daß du
es siehst!

Der junge Werther

„Worauf lauerst du hier?" — Ich erwarte den dummen
Gesellen,
Der sich so abgeschmackt über mein Leiden gefreut.

356   L***

„Edler Schatten, du zürnst?" — Ja über den lieblosen Bruder,
Der mein modernd Gebein lässet im Frieden nicht ruhn.

357   Dioscuren

Einen wenigstens hofft' ich von euch hier unten zu finden,
Aber beyde seyd ihr sterblich, drum lebt ihr zugleich.

358   Unvermuthete Zusammenkunft

Sage Freund, wie find ich denn dich in des Todes Behausung,
Ließ ich doch frisch und gesund dich in Berlin noch zurück?

359   Der Leichnam

Ach, das ist nur mein Leib, der in Almanachen noch umgeht,
Aber es schiffte schon längst über den Lethe der Geist.

360   Peregrinus Proteus

Siehest du Wieland, so sag ihm: ich lasse mich schönstens
                bedanken,
Aber er that mir zuviel Ehr' an, ich war doch ein Lump.

361   Lucian von Samosata

„Nun Freund, bist du versöhnt mit den Philosophen?
                Du hast sie
Oben im Leben, das weiß Jupiter! tüchtig geneckt".

362   Geständniß

Rede leiser mein Freund. Zwar hab ich die Narren gezüchtigt,
Aber mit vielem Geschwätz oft auch die Klugen geplagt.

363   Alcibiades

Kommst du aus Deutschland? Sieh mich doch an,
                ob ich wirklich ein solcher
Hasenfuß bin, als bey euch man in Gemählden mich zeigt?

23 Schillers Werke I

Martial 364

Xenien nennet ihr euch? Ihr gebt euch für Küchenpräsente?
Ißt man denn, mit Vergunst, spanischen Pfeffer bey euch?

Xenien 365

Nicht doch! Aber es schwächten die vielen wäßrigten Speisen
So den Magen, daß jetzt Pfeffer und Wermuth nur hilft.

Rhapsoden 366

Wer von euch ist der Sänger der Ilias? Weils ihm so gut
schmeckt,
Ist hier von Heynen ein Pack Göttinger Würste für ihn.

Viele Stimmen 367

Mir her, ich sang der Könige Zwist! Ich die Schlacht bey den
Schiffen!
Mir die Würste! ich sang, was auf dem Ida geschah!

Rechnungsfehler 368

Friede! Zerreißt mich nur nicht! die Würste werden nicht
reichen,
Der sie schickte, er hat sich nur auf Einen versehn.

Einer aus dem Chor 369
(fängt an zu recitiren)

,,Warlich, nichts lustigers weiß ich, als wenn die Tische
recht voll sind,
Von Gebacknem und Fleisch, und wenn der Schenke
nicht säumt —

Vorschlag zur Güte 370

Theilt euch wie Brüder! Es sind der Würste gerade zwey
Dutzend,
Und wer Astyanax sang, nehme noch diese von mir.

371   Philosophen

Gut, daß ich euch, ihr Herren, *in pleno* beysammen hier finde,
  Denn das Eine, was noth, treibt mich herunter zu euch.

372   Aristoteles

Gleich zur Sache, mein Freund. Wir halten die Jenaer Zeitung
  Hier in der Hölle und sind längst schon von allem belehrt.

373   Dringend

Desto besser! So gebt mir, ich geh euch nicht eher vom Leibe,
  Einen allgültigen Satz, und der auch allgemein gilt.

374   Einer aus dem Haufen

Cogito ergo sum. Ich denke und mithin, so bin ich,
  Ist das Eine nur wahr, ist es das andre gewiß.

375   Ich

Denk ich, so bin ich! Wohl! Doch wer wird immer auch denken?
  Oft schon war ich, und hab wirklich an gar nichts gedacht!

376   Ein Zweyter

Weil es Dinge doch giebt, so giebt es ein Ding aller Dinge,
  In dem Ding aller Ding schwimmen wir, wie wir so sind.

377   Ein Dritter

Just das Gegentheil sprech ich. Es giebt kein Ding als mich selber!
  Alles andre, in mir steigt es als Blase nur auf.

378   Ein Vierter

Zweyerley Dinge laß ich passieren, die Welt und die Seele,
  Keins weiß vom andern und doch deuten sie beyde auf Eins.

Ein Fünfter 379
Von dem Ding weiß ich nichts, und weiß auch nichts
                                                                                       von der Seele,
  Beyde erscheinen mir nur, aber sie sind doch kein Schein.

Ein Sechster 380
Ich bin ich, und setze mich selbst, und setz ich mich selber
  Als nicht gesetzt, nun gut! setz ich ein Nicht Ich dazu.

Ein Siebenter 381
Vorstellung wenigstens ist; ein Vorgestelltes ist also,
  Ein Vorstellendes auch, macht, mit der Vorstellung, drey!

Ich 382
Damit lock ich, ihr Herrn, noch keinen Hund aus dem Ofen,
  Einen erkleklichen Satz will ich, und der auch was setzt.

Ein Achter 383
Auf theoretischem Feld ist weiter nichts mehr zu finden,
  Aber der praktische Satz gilt doch: Du kannst, denn du
                                                                                   sollst!

Ich 384
Dacht' ichs doch! Wissen sie nichts vernünftiges mehr
                                                                              zu erwiedern,
  Schieben sies einem geschwind in das Gewissen hinein.

David Hume 385
Rede nicht mit dem Volk, der Kant hat sie alle verwirret,
  Mich frag, ich bin mir selbst auch in der Hölle noch gleich.

Rechtsfrage 386
Jahre lang schon bedien ich mich meiner Nase zum Riechen,
  Hab ich denn wirklich an sie auch ein erweisliches Recht?

387   Puffendorf

Ein bedenklicher Fall! doch die Erste Possession scheint
Für dich zu sprechen, und so brauche sie immerhin fort.

388   Gewissensscrupel

Gerne dien ich den Freunden, doch thu ich es leider
            mit Neigung,
Und so wurmt es mir oft, daß ich nicht tugendhaft bin.

389   Decisum

Da ist kein anderer Rath, du mußt suchen, sie zu verachten,
Und mit Abscheu alsdann thun, wie die Pflicht dir gebeut.

390   Hercules

Endlich erblickt' ich auch den gewaltigen Herkules! Seine
Uebersetzung! Er selbst leider war nicht mehr zu sehn.

391   Heracliden

Rings um schrie, wie Vögelgeschrey, das Geschrey der Tragöden
Und das Hundegebell der Dramaturgen um ihn.

392   „Pure Manier"

Schauerlich stand das Ungethüm da. Gespannt war der Bogen,
Und der Pfeil auf der Senn' traf noch beständig das Herz.

393   Er

Welche noch kühnere That, Unglücklicher, wagest du jetzo,
Zu den Verstorbenen selbst niederzusteigen, ins Grab!

394   Ich

Wegen Tiresias mußt' ich herab, den Seher zu fragen,
Wo ich den guten Geschmack fände, der nicht mehr zu sehn.

Er 395

Glauben sie nicht der Natur und den alten Griechen,
so hohlst du
Eine Dramaturgie ihnen vergeblich herauf.

Ich 396

O die Natur, die zeigt auf unsern Bühnen sich wieder,
Splitternackend, daß man jegliche Rippe ihr zählt.

Er 397

Wie? So ist wirklich bey euch der alte Kothurnus zu sehen,
Den zu hohlen ich selbst stieg in des Tartarus Nacht?

Ich 398

Nichts mehr von diesem tragischen Spuk. Kaum einmal
im Jahre
Geht dein geharnischter Geist über die Bretter hinweg.

Er 399

Auch gut! Philosophie hat eure Gefühle geläutert,
Und vor dem heitern Humor fliehet der schwarze Affekt.

Ich 400

Ja, ein derber und trockener Spaß, nichts geht uns darüber,
Aber der Jammer auch, wenn er nur naß ist, gefällt.

Er 401

Also sieht man bey euch den leichten Tanz der Thalia
Neben dem ernsten Gang, welchen Melpomene geht?

Ich 402

Keines von beyden! Uns kann nur das christlichmoralische
rühren,
Und was recht populär, häuslich und bürgerlich ist.

403   Er

Was? Es dürfte kein Cesar auf euren Bühnen sich zeigen,
    Kein Anton, kein Orest, keine Andromacha mehr?

404   Ich

Nichts! Man siehet bey uns nur Pfarrer, Kommerzienräthe,
    Fähndriche, Sekretairs oder Husarenmajors.

405   Er

Aber ich bitte dich Freund, was kann denn dieser Misère
    Großes begegnen, was kann großes denn durch sie geschehn?

406   Ich

Was? Sie machen Kabale, sie leyhen auf Pfänder, sie stecken
    Silberne Löffel ein, wagen den Pranger und mehr.

407   Er

Woher nehmt ihr denn aber das große gigantische Schicksal,
    Welches den Menschen erhebt, wenn es den Menschen
            zermalmt?

408   Ich

Das sind Grillen! Uns selbst und unsre guten Bekannten,
    Unsern Jammer und Noth suchen und finden wir hier.

409   Er

Aber das habt ihr ja alles bequemer und besser zu Hause,
    Warum entfliehet ihr euch, wenn ihr euch selber nur sucht?

410   Ich

Nimms nicht übel mein Heros. Das ist ein verschiedener Casus,
    Das Geschick, das ist blind, und der Poet ist gerecht.

411   Er

Also eure Natur, die erbärmliche, trift man auf euren
    Bühnen, die große nur nicht, nicht die unendliche an?

Er 412
Der Poet ist der Wirth und der letzte Actus die Zeche,
  Wenn sich das Laster erbricht, setzt sich die Tugend zu Tisch.

Muse zu den Xenien 413
Aber jetzt rath ich euch, geht, sonst kommt noch gar der Gorgona
  Fratze oder ein Band Oden von Haschka hervor.

An die Freyer 414
Alles war nur ein Spiel! Ihr Freyer lebt ja noch alle,
  Hier ist der Bogen und hier ist zu den Ringen der Platz.

MUSENALMANACH FÜR DAS JAHR 1798

DER RING DES POLYKRATES
Ballade

Er stand auf seines Daches Zinnen,
Er schaute mit vergnügten Sinnen
Auf das beherrschte Samos hin.
Dieß alles ist mir unterthänig,
Begann er zu Egyptens König,
Gestehe daß ich glücklich bin.

Du hast der Götter Gunst erfahren!
Die vormals deines Gleichen waren,
Sie zwingt jetzt deines Scepters Macht.
Doch einer lebt noch, sie zu rächen,
Dich kann mein Mund nicht glücklich sprechen,
So lang des Feindes Auge wacht.

Und eh der König noch geendet,
Da stellt sich, von Milet gesendet,
Ein Bote dem Tirannen dar:
„Laß, Herr, des Opfers Düfte steigen,
Und mit des Lorbeers muntern Zweigen
Bekränze dir dein festlich Haar.

Getroffen sank dein Feind vom Speere,
Mich sendet mit der frohen Mähre
Dein treuer Feldherr Polydor."
Und nimmt aus einem schwarzen Becken
Noch blutig, zu der Beiden Schrecken,
Ein wohlbekanntes Haupt hervor.

Der König tritt zurück mit Grauen:
„Doch warn' ich dich, dem Glück zu trauen,
Versetzt er mit besorgtem Blick.
Bedenk, auf ungetreuen Wellen,
Wie leicht kann sie der Sturm zerschellen,
Schwimmt deiner Flotte zweifelnd Glück."

Und eh er noch das Wort gesprochen,
Hat ihn der Jubel unterbrochen,
Der von der Rhede jauchzend schallt.
Mit fremden Schätzen reich beladen,
Kehrt zu den heimischen Gestaden
Der Schiffe mastenreicher Wald.

Der königliche Gast erstaunet:
Dein Glück ist heute gut gelaunet,
Doch fürchte seinen Unbestand.
Der Sparter nie besiegte Schaaren
Bedräuen dich mit Kriegsgefahren,
Schon nahe sind sie diesem Strand.

Und eh ihm noch das Wort entfallen,
Da sieht mans von den Schiffen wallen,
Und tausend Stimmen rufen: Sieg!
Von Feindesnoth sind wir befreyet,
Die Sparter hat der Sturm zerstreuet,
Vorbey, geendet ist der Krieg.

Das hört der Gastfreund mit Entsetzen:
Fürwahr, ich muß dich glücklich schätzen,
Doch, spricht er, zittr' ich für dein Heil!
Mir grauet vor der Götter Neide,
Des Lebens ungemischte Freude
Ward keinem Irdischen zu Theil.

Auch mir ist alles wohl gerathen,
Bey allen meinen Herrscherthaten
Begleitet mich des Himmels Huld,
Doch hatt ich einen theuren Erben,
Den nahm mir Gott, ich sah ihn sterben,
Dem Glück bezahlt' ich meine Schuld.

Drum, willst du dich vor Leid bewahren,
So flehe zu den Unsichtbaren,
Daß sie zum Glück den Schmerz verleyhn.

Noch keinen sah ich frölich enden,
Auf den mit immer vollen Händen
Die Götter ihre Gaben streun.

Und wenns die Götter nicht gewähren,
So acht' auf eines Freundes Lehren,
Und rufe selbst das Unglück her,
Und was von allen deinen Schätzen
Dein Herz am höchsten mag ergetzen,
Das nimm und wirfs in dieses Meer.

Und jener spricht, von Furcht beweget:
„Von allem, was die Insel heget,
Ist dieser Ring mein höchstes Gut.
Ihn will ich den Erinnen weihen,
Ob sie mein Glück mir dann verzeihen"
Und wirft das Kleinod in die Flut.

Und bey des nächsten Morgens Lichte
Da tritt mit fröhlichem Gesichte
Ein Fischer vor den Fürsten hin:
Herr, diesen Fisch hab ich gefangen,
Wie keiner noch ins Netz gegangen,
Dir zum Geschenke bring ich ihn.

Und als der Koch den Fisch zertheilet,
Herbey der Koch erschrocken eilet,
Und ruft mit hoch erstauntem Blick:
„Sieh Herr, den Ring, den du getragen,
Ihn fand ich in des Fisches Magen,
O ohne Grenzen ist dein Glück!"

Hier wendet sich der Gast mit Grausen:
„So kann ich hier nicht ferner hausen,
Mein Freund kannst du nicht weiter seyn,
Die Götter wollen dein Verderben,
Fort eil ich, nicht mit dir zu sterben."
Und sprachs und schiffte schnell sich ein.

DER HANDSCHUH

Erzählung

Vor seinem Löwengarten,
Das Kampfspiel zu erwarten,
Saß König Franz,
Und um ihn die Großen der Krone,
Und rings auf hohem Balkone
Die Damen in schönem Kranz.

Und wie er winkt mit dem Finger,
Aufthut sich der weite Zwinger,
Und hinein mit bedächtigem Schritt
Ein Löwe tritt,
Und sieht sich stumm
Rings um,
Mit langem Gähnen,
Und schüttelt die Mähnen,
Und streckt die Glieder,
Und legt sich nieder.

Und der König winkt wieder,
Da öfnet sich behend
Ein zweites Thor,
Daraus rennt
Mit wildem Sprunge
Ein Tiger hervor,
Wie der den Löwen erschaut,
Brüllt er laut,
Schlägt mit dem Schweif
Einen furchtbaren Reif,
Und recket die Zunge,
Und im Kreise scheu
Umgeht er den Leu
Grimmig schnurrend,
Drauf streckt er sich murrend
Zur Seite nieder.

Und der König winkt wieder,
Da speit das doppelt geöfnete Haus
Zwey Leoparden auf einmal aus,
Die stürzen mit muthiger Kampfbegier
Auf das Tigerthier,
Das pakt sie mit seinen grimmigen Tatzen,
Und der Leu mit Gebrüll
Richtet sich auf, da wirds still,
Und herum im Kreis,
Von Mordsucht heiß,
Lagern sich die greulichen Katzen.

Da fällt von des Altans Rand
Ein Handschuh von schöner Hand
Zwischen den Tiger und den Leu'n
Mitten hinein.

Und zu Ritter Delorges spottender Weis'
Wendet sich Fräulein Kunigund:
„Herr Ritter ist eure Lieb so heiß
Wie ihr mirs schwört zu jeder Stund,
Ey so hebt mir den Handschuh auf."

Und der Ritter in schnellem Lauf
Steigt hinab in den furchtbarn Zwinger
Mit festem Schritte,
Und aus der Ungeheuer Mitte
Nimmt er den Handschuh mit keckem Finger.

Und mit Erstaunen und mit Grauen
Sehens die Ritter und Edelfrauen,
Und gelassen bringt er den Handschuh zurück,
Da schallt ihm sein Lob aus jedem Munde,
Aber mit zärtlichem Liebesblick —
Er verheißt ihm sein nahes Glück —
Empfängt ihn Fräulein Kunigunde.
Und der Ritter sich tief verbeugend, spricht:
Den Dank, Dame, begehr ich nicht,
Und verläßt sie zur selben Stunde.

RITTER TOGGENBURG

Ballade

,,Ritter, treue Schwesterliebe
,,Widmet euch dieß Herz,
,,Fodert keine andre Liebe,
,,Denn es macht mir Schmerz.
,,Ruhig mag ich euch erscheinen,
,,Ruhig gehen sehn.
,,Eurer Augen stilles Weinen
,,Kann ich nicht verstehn."

Und er hörts mit stummem Harme,
  Reißt sich blutend los,
Preßt sie heftig in die Arme,
  Schwingt sich auf sein Roß,
Schickt zu seinen Mannen allen
  In dem Lande Schweitz,
Nach dem heilgen Grab sie wallen,
  Auf der Brust das Kreutz.

Große Thaten dort geschehen
  Durch der Helden Arm,
Ihres Helmes Büsche wehen
  In der Feinde Schwarm,
Und des Toggenburgers Nahme
  Schreckt den Muselmann,
Doch das Herz von seinem Grame
  Nicht genesen kann.

Und ein Jahr hat ers getragen,
  Trägts nicht länger mehr,
Ruhe kann er nicht erjagen,
  Und verläßt das Heer,
Sieht ein Schiff an Joppe's Strande,
  Das die Segel bläht,
Schiffet heim zum theuren Lande,
  Wo ihr Athem weht.

Und an ihres Schlosses Pforte
    Klopft der Pilger an,
Ach! und mit dem Donnerworte
    Wird sie aufgethan:
„Die ihr suchet, trägt den Schleier,
„Ist des Himmels Braut,
„Gestern war des Tages Feyer
    „Der sie Gott getraut."

Da verlässet er auf immer
    Seiner Väter Schloß,
Seine Waffen sieht er nimmer,
    Noch sein treues Roß,
Von der Toggenburg hernieder
    Steigt er unbekannt,
Denn es deckt die edeln Glieder
    Härenes Gewand.

Und erbaut sich eine Hütte
    Jener Gegend nah
Wo das Kloster aus der Mitte
    Düstrer Linden sah;
Harrend von des Morgens Lichte
    Bis zu Abends Schein,
Stille Hofnung im Gesichte,
    Saß er da allein.

Blickte nach dem Kloster drüben
    Blickte Stundenlang,
Nach dem Fenster seiner Lieben,
    Bis das Fenster klang,
Bis die Liebliche sich zeigte,
    Bis das theure Bild
Sich ins Thal herunterneigte,
    Ruhig, engelmild.

Und dann legt er froh sich nieder,
    Schlief getröstet ein,

Still sich freuend, wenn es wieder
　　Morgen würde seyn.
Und so saß er viele Tage
　　Saß viel Jahre lang, 70
Harrend ohne Schmerz und Klage
　　Bis das Fenster klang,

Bis die Liebliche sich zeigte,
　　Bis das theure Bild
Sich ins Thal herunter neigte, 75
　　Ruhig, engelmild.
Und so saß er, eine Leiche,
　　Eines Morgens da,
Nach dem Fenster noch das bleiche
　　Stille Antlitz sah. 80

ELEGIE

an Emma

Weit in nebelgrauer Ferne
   Liegt mir das vergangne Glück,
Nur an Einem schönen Sterne
   Weilt mit Liebe noch der Blick.
Aber wie des Sternes Pracht
Ist es nur ein Schein der Nacht.

Deckte dir der lange Schlummer,
   Dir der Tod die Augen zu,
Dich besäße doch mein Kummer,
   Meinem Herzen lebtest du.
Aber ach! du lebst im Licht,
Meiner Liebe lebst du nicht.

Kann der Liebe süß Verlangen
   Emma, kanns vergänglich seyn?
Was dahin ist und vergangen,
   Emma, kanns die Liebe seyn?
Ob der Liebe Lust auch flieht,
Ihre Pein doch nie verglüht.

DER TAUCHER
Ballade

Wer wagt es, Rittersmann oder Knapp,
Zu tauchen in diesen Schlund?
Einen goldnen Becher werf ich hinab,
Verschlungen schon hat ihn der schwarze Mund.
Wer mir den Becher kann wieder zeigen, 5
Er mag ihn behalten, er ist sein eigen.

Der König sprach es, und wirft von der Höh
Der Klippe, die schroff und steil
Hinaus hängt in die unendliche See,
Den Becher in der Charybde Geheul. 10
Wer ist der Beherzte, ich frage wieder,
Zu tauchen in diese Tiefe nieder?

Und die Ritter, die Knappen um ihn her,
Vernehmens und schweigen still,
Sehen hinab in das wilde Meer, 15
Und keiner den Becher gewinnen will.
Und der König zum drittenmal wieder fraget:
Ist keiner, der sich hinunter waget?

Doch alles noch stumm bleibt wie zuvor,
Und ein Edelknecht, sanft und keck, 20
Tritt aus der Knappen zagendem Chor,
Und den Gürtel wirft er, den Mantel weg,
Und alle die Männer umher und Frauen
Auf den herrlichen Jüngling verwundert schauen.

Und wie er tritt an des Felsen Hang, 25
Und blickt in den Schlund hinab,
Die Wasser, die sie hinunter schlang,
Die Charybde jetzt brüllend wiedergab,
Und wie mit des fernen Donners Getose
Entstürzen sie schäumend dem finstern Schoose. 30

Und es wallet und siedet und brauset und zischt,
Wie wenn Wasser mit Feuer sich mengt,
Bis zum Himmel sprützet der dampfende Gischt,
Und Flut auf Flut sich ohn Ende drängt,
Und will sich nimmer erschöpfen und leeren,
Als wollte das Meer noch ein Meer gebähren.

Doch endlich, da legt sich die wilde Gewalt,
Und schwarz aus dem weißen Schaum
Klafft hinunter ein gähnender Spalt,
Grundlos als giengs in den Höllenraum,
Und reissend sieht man die brandenden Wogen
Hinab in den strudelnden Trichter gezogen.

Jetzt schnell, eh die Brandung zurückekehrt,
Der Jüngling sich Gott befiehlt,
Und — ein Schrey des Entsetzens wird rings gehört,
Und schon hat ihn der Wirbel hinweggespült,
Und geheimnißvoll über dem kühnen Schwimmer
Schließt sich der Rachen, er zeigt sich nimmer.

Und stille wirds über dem Wasserschlund,
In der Tiefe nur brauset es hohl,
Und bebend hört man von Mund zu Mund:
Hochherziger Jüngling, fahre wohl!
Und hohler und hohler hört mans heulen,
Und es harrt noch mit bangem, mit schrecklichem Weilen.

Und wärfst du die Krone selber hinein,
Und sprächst: wer mir bringet die Kron',
Er soll sie tragen und König seyn,
Mich gelüstete nicht nach dem theuren Lohn,
Was die heulende Tiefe da unten verhehle,
Das erzählt keine lebende glückliche Seele.

Wohl manches Fahrzeug, vom Strudel gefaßt,
Schoß gäh in die Tiefe hinab,
Doch zerschmettert nur rangen sich Kiel und Mast

Hervor aus dem alles verschlingenden Grab.
Und heller und heller wie Sturmes Sausen
Hört mans näher und immer näher brausen.

Und es wallet und siedet und brauset und zischt,
Wie wenn Wasser mit Feuer sich mengt,
Bis zum Himmel sprützet der dampfende Gischt,
Und Well' auf Well' sich ohn Ende drängt,
Und wie mit des fernen Donners Getose
Entstürzt es brüllend dem finstern Schoose.

Und sieh! aus dem finster flutenden Schooß
Da hebet sichs schwanenweiß,
Und ein Arm und ein glänzender Nacken wird bloß
Und es rudert mit Kraft und mit emsigem Fleiß,
Und er ists, und hoch in seiner Linken
Schwingt er den Becher mit freudigem Winken.

Und athmete lang und athmete tief,
Und begrüßte das himmlische Licht.
Mit Frohlocken es einer dem andern rief,
Er lebt! Er ist da! Es behielt ihn nicht.
Aus dem Grab, aus der strudelnden Wasserhöhle
Hat der Brave gerettet die lebende Seele.

Und er kommt, es umringt ihn die jubelnde Schaar,
Zu des Königs Füßen er sinkt,
Den Becher reicht er ihm knieend dar,
Und der König der lieblichen Tochter winkt,
Die füllt ihn mit funkelndem Wein bis zum Rande,
Und der Jüngling sich also zum König wandte:

Lang lebe der König! Es freue sich,
Wer da athmet im rosigten Licht.
Da unten aber ists fürchterlich,
Und der Mensch versuche die Götter nicht,
Und begehre nimmer und nimmer zu schauen
Was sie gnädig bedecken mit Nacht und Grauen.

DER TAUCHER

Es riß mich hinunter Blitzesschnell,
Da stürzt' mir aus felsigtem Schacht,
Wildflutend entgegen ein reissender Quell,
100   Mich pakte des Doppelstroms wüthende Macht,
Und wie einen Kreisel mit schwindelndem Drehen,
Trieb michs um, ich konnte nicht widerstehen.

Da zeigte mir Gott, zu dem ich rief,
In der höchsten schrecklichen Noth,
105   Aus der Tiefe ragend ein Felsenrif,
Das erfaßt' ich behend und entrann dem Tod,
Und da hieng auch der Becher an spitzen Korallen,
Sonst wär er ins Bodenlose gefallen.

Denn unter mir lags noch, Bergetief,
110   In purpurner Finsterniß da,
Und obs hier dem Ohre gleich ewig schlief,
Das Auge mit Schaudern hinunter sah,
Wies von Salamandern und Molchen und Drachen
Sich regte in dem furchtbaren Höllenrachen.

115   Schwarz wimmelten da, in grausem Gemisch
Zu scheußlichen Klumpen geballt,
Der stachlichte Roche, der Klippenfisch,
Des Hammers gräuliche Ungestalt,
Und dräuend wies mir die grimmigen Zähne
120   Der entsetzliche Hay, des Meeres Hyäne.

Und da hieng ich und war mirs mit Grausen bewußt,
Von der menschlichen Hülfe so weit.
Unter Larven die einzige fühlende Brust,
Allein in der gräßlichen Einsamkeit,
125   Tief unter dem Schall der menschlichen Rede
Bey den Ungeheuern der traurigen Oede.

Und schaudernd dacht ichs, da krochs heran,
Regte hundert Gelenke zugleich,
Will schnappen nach mir, in des Schreckens Wahn

Laß ich los der Koralle umklammerten Zweig, 130
Gleich faßt mich der Strudel mit rasendem Toben,
Doch es war mir zum Heil, er riß mich nach oben.

Der König darob sich verwundert schier,
Und spricht: Der Becher ist dein,
Und diesen Ring noch bestimm ich dir, 135
Geschmückt mit dem köstlichsten Edelgestein,
Versuchst dus noch einmal und bringst mir Kunde,
Was du sahst auf des Meers tiefunterstem Grunde?

Das hörte die Tochter mit weichem Gefühl,
Und mit schmeichelndem Munde sie fleht: 140
Laßt Vater genug seyn das grausame Spiel,
Er hat euch bestanden, was keiner besteht,
Und könnt ihr des Herzens Gelüsten nicht zähmen,
So mögen die Ritter den Knappen beschämen.

Drauf der König greift nach dem Becher schnell, 145
In den Strudel ihn schleudert hinein,
Und schaffst du den Becher mir wieder zur Stell,
So sollst du der treflichste Ritter mir seyn,
Und sollst sie als Ehgemahl heut noch umarmen,
Die jetzt für dich bittet mit zartem Erbarmen. 150

Da ergreifts ihm die Seele mit Himmelsgewalt,
Und es blitzt aus den Augen ihm kühn,
Und er siehet erröthen die schöne Gestalt,
Und sieht sie erbleichen und sinken hin,
Da treibts ihn, den köstlichen Preiß zu erwerben, 155
Und stürzt hinunter auf Leben und Sterben.

Wohl hört man die Brandung, wohl kehrt sie zurück,
Sie verkündigt der donnernde Schall,
Da bückt sichs hinunter mit liebendem Blick,
Es kommen, es kommen die Wasser all, 160
Sie rauschen herauf, sie rauschen nieder,
Den Jüngling bringt keines wieder.

REITERLIED

Aus dem Wallenstein

Wohlauf Kameraden, aufs Pferd, aufs Pferd!
    Ins Feld, in die Freiheit gezogen.
Im Felde, da ist der Mann noch was werth,
    Da wird das Herz noch gewogen.
Da tritt kein anderer für ihn ein,
Auf sich selber steht er da ganz allein.

Chor
Da tritt kein anderer für ihn ein,
Auf sich selber steht er da ganz allein.

Aus der Welt die Freiheit verschwunden ist,
    Man sieht nur Herren und Knechte,
Die Falschheit herrschet, die Hinterlist,
    Bey dem feigen Menschengeschlechte,
Der dem Tod ins Angesicht schauen kann,
Der Soldat allein ist der freie Mann.

Chor
Der dem Tod ins Angesicht schauen kann,
Der Soldat allein ist der freie Mann.

Des Lebens Aengsten, er wirft sie weg,
    Hat nicht mehr zu fürchten, zu sorgen,
Er reitet dem Schicksal entgegen keck,
    Trifts heute nicht, trift es doch morgen,
Und trift es morgen, so lasset uns heut
Noch schlürfen die Neige der köstlichen Zeit.

Chor
Und trift es morgen, so lasset uns heut
Noch schlürfen die Neige der köstlichen Zeit.

Von dem Himmel fällt ihm sein lustig Loos,
    Brauchts nicht mit Müh zu erstreben,
Der Fröhner, der sucht in der Erde Schooß,
    Da meint er den Schatz zu erheben,

Er gräbt und schaufelt, so lang er lebt,
Und gräbt, bis er endlich sein Grab sich gräbt. 30

   Chor
Er gräbt und schaufelt, so lang er lebt,
Und gräbt, bis er endlich sein Grab sich gräbt.

Der Reuter und sein geschwindes Roß,
 Sie sind gefürchtete Gäste,
Es flimmern die Lampen im Hochzeitschloß, 35
 Ungeladen kommt er zum Feste.
Er wirbet nicht lange, er zeiget nicht Gold,
Im Sturm erringt er den Minnesold.

   Chor
Er wirbet nicht lange, er zeiget nicht Gold,
Im Sturm erringt er den Minnesold. 40

Warum weint die Dirn' und zergrämet sich schier?
 Laß fahren dahin, laß fahren!
Er hat auf Erden kein bleibend Quartier,
 Kann treue Lieb' nicht bewahren,
Das rasche Schicksal, es treibt ihn fort, 45
Seine Ruhe läßt er an keinem Ort.

   Chor
Das rasche Schicksal, es treibt ihn fort,
Seine Ruhe läßt er an keinem Ort.

DIE URNE UND DAS SKELET

In das Grab hinein pflanzte der menschliche Grieche noch
               Leben,
Und du thöricht Geschlecht stellst in das Leben den Tod.

DAS REGIMENT

Das Gesetz sey der Mann in des Staats geordnetem Haushalt,
Aber mit weiblicher Huld herrsche die Sitte darin.

DIE WORTE DES GLAUBENS

Drey Worte nenn ich euch, innhaltschwer,
    Sie gehen von Munde zu Munde,
Doch stammen sie nicht von aussen her,
    Das Herz nur giebt davon Kunde,
Dem Menschen ist aller Werth geraubt,
Wenn er nicht mehr an die drey Worte glaubt.

Der Mensch ist frey geschaffen, ist frey,
    Und würd er in Ketten gebohren,
Laßt euch nicht irren des Pöbels Geschrey,
    Nicht den Misbrauch rasender Thoren,
Vor dem Sclaven, wenn er die Kette bricht,
Vor dem freyen Menschen erzittert nicht.

Und die Tugend, sie ist kein leerer Schall,
    Der Mensch kann sie üben im Leben,
Und sollt er auch straucheln überall,
    Er kann nach der göttlichen streben,
Und was kein Verstand der Verständigen sieht,
Das übet in Einfalt ein kindlich Gemüth.

Und ein Gott ist, ein heiliger Wille lebt,
    Wie auch der menschliche wanke,
Hoch über der Zeit und dem Raume webt
    Lebendig der höchste Gedanke,
Und ob alles in ewigem Wechsel kreißt
Es beharret im Wechsel ein ruhiger Geist.

Die drey Worte bewahret euch, innhaltschwer,
    Sie pflanzet von Munde zu Munde,
Und stammen sie gleich nicht von aussen her,
    Euer Innres giebt davon Kunde,
Dem Menschen ist aller Werth geraubt,
Wenn er nicht mehr an die drey Worte glaubt.

NADOWESSISCHE TODTENKLAGE*)

Seht! da sitzt er auf der Matte
  Aufrecht sitzt er da,
Mit dem Anstand den er hatte,
  Als er's Licht noch sah.

Doch wo ist die Kraft der Fäuste,
  Wo des Athems Hauch,
Der noch jüngst zum großen Geiste
  Blies der Pfeife Rauch?

Wo die Augen, Falkenhelle,
  Die des Rennthiers Spur
Zählten auf des Grases Welle,
  Auf dem Thau der Flur.

Diese Schenkel, die behender
  Flohen durch den Schnee,
Als der Hirsch, der Zwanzigender
  Als des Berges Reh.

Diese Arme, die den Bogen
  Spannten streng und straff!
Seht, das Leben ist entflogen,
  Seht, sie hängen schlaff!

Wohl ihm! Er ist hingegangen,
  Wo kein Schnee mehr ist,
Wo mit Mays die Felder prangen
  Der von selber sprießt.

Wo mit Vögeln alle Sträuche,
  Wo der Wald mit Wild,
Wo mit Fischen alle Teiche
  Lustig sind gefüllt.

*) Nadoweßier, ein Völkerstamm in Nordamerika.

30 Mit den Geistern speißt er droben,
　　Ließ uns hier allein,
　Daß wir seine Thaten loben,
　　Und ihn scharren ein.

　Bringet her die letzten Gaben,
　　Stimmt die Todtenklag'!
35 Alles sey mit ihm begraben,
　　Was ihn freuen mag.

　Legt ihm unters Haupt die Beile
　　Die er tapfer schwang,
　Auch des Bären fette Keule,
40 　Denn der Weg ist lang.

　Auch das Messer scharf geschliffen,
　　Das vom Feindeskopf
　Rasch mit drey geschickten Griffen
　　Schälte Haut und Schopf.

45 Farben auch, den Leib zu mahlen
　　Steckt ihm in die Hand,
　Daß er röthlich möge strahlen
　　In der Seelen Land.

DER OBELISK

Aufgerichtet hat mich auf hohem Gestelle der Meister,
Stehe, sprach er, und ich steh ihm mit Kraft und mit Lust.

DER TRIUMPHBOGEN

Fürchte nicht, sagte der Meister, des Himmels Bogen, ich stelle
Dich unendlich wie ihn in die Unendlichkeit hin.

DIE SCHÖNE BRÜCKE

Unter mir, über mir rennen die Wellen, die Wagen, und gütig
Gönnte der Meister mir selbst auch mit hinüber zu gehn.

DAS THOR

Schmeichelnd locke das Thor den Wilden herein zum Gesetze,
Froh in die freye Natur führ es den Bürger heraus.

DIE PETERSKIRCHE

Suchst du das Unermeßliche hier? du hast dich geirret.
Meine Größe ist die, größer zu machen dich selbst.

LICHT UND WÄRME

Der beßre Mensch tritt in die Welt
Mit fröhlichem Vertrauen,
Er glaubt, was ihm die Seele schwellt,
Auch außer sich zu schauen,
Und weiht, von edlem Eifer warm,
Der Wahrheit seinen treuen Arm.

Doch alles ist so klein, so eng,
Hat er es erst erfahren,
Da sucht er in dem Weltgedräng
Sich selbst nur zu bewahren,
Das Herz in kalter stolzer Ruh,
Schließt endlich sich der Liebe zu.

Sie geben ach! nicht immer Glut,
Der Wahrheit helle Strahlen.
Wohl denen, die des Wissens Gut
Nicht mit dem Herzen zahlen!
Drum paart, zu euerm schönsten Glück,
Mit Schwärmers Ernst des Weltmanns Blick.

BREITE UND TIEFE

Es glänzen viele in der Welt,
Sie wissen von allem zu sagen,
Und wo was reizet, und wo was gefällt,
Man kann es bey ihnen erfragen,
Man dächte, hört man sie reden laut,
Sie hätten wirklich erobert die Braut.

Doch gehn sie aus der Welt ganz still,
Ihr Leben war verloren,
Wer etwas Trefliches leisten will,
Hätt' gerne was Großes gebohren,
Der sammle still, und unerschlafft
Im kleinsten Punkte die höchste Kraft.

Der Stamm erhebt sich in die Luft
Mit üppig prangenden Zweigen,
Die Blätter glänzen und hauchen Duft,
Doch können sie Früchte nicht zeugen,
Der Kern allein im schmalen Raum,
Verbirgt den Stolz des Waldes, den Baum.

DIE KRANICHE DES IBYCUS
Ballade

Zum Kampf der Wagen und Gesänge,
Der auf Corinthus Landesenge
Der Griechen Stämme froh vereint,
Zog Ibycus, der Götterfreund.
Ihm schenkte des Gesanges Gabe,
Der Lieder süßen Mund Apoll,
So wandert er, an leichtem Stabe,
Aus Rhegium, des Gottes voll.

Schon winkt auf hohem Bergesrücken
Acrocorinth des Wandrers Blicken,
Und in Poseidons Fichtenhayn
Tritt er mit frommem Schauder ein.
Nichts regt sich um ihn her, nur Schwärme
Von Kranichen begleiten ihn,
Die fernhin nach des Südens Wärme
In graulichtem Geschwader ziehn.

Seid mir gegrüßt, befreundte Schaaren!
Die mir zur See Begleiter waren.
Zum guten Zeichen nehm ich euch,
Mein Loos, es ist dem euren gleich.
Von fernher kommen wir gezogen,
Und flehen um ein wirthlich Dach.
Sei uns der Gastliche gewogen,
Der von dem Fremdling wehrt die Schmach!

Und munter fördert er die Schritte,
Und sieht sich in des Waldes Mitte,
Da sperren, auf gedrangem Steg,
Zwey Mörder plötzlich seinen Weg.
Zum Kampfe muß er sich bereiten,
Doch bald ermattet sinkt die Hand,
Sie hat der Leyer zarte Saiten,
Doch nie des Bogens Kraft gespannt.

Er ruft die Menschen an, die Götter,
Sein Flehen dringt zu keinem Retter,
Wie weit er auch die Stimme schickt,
Nichts lebendes wird hier erblickt.
„So muß ich hier verlassen sterben,
Auf fremdem Boden, unbeweint,
Durch böser Buben Hand verderben,
Wo auch kein Rächer mir erscheint!"

Und schwer getroffen sinkt er nieder,
Da rauscht der Kraniche Gefieder,
Er hört, schon kann er nicht mehr sehn,
Die nahen Stimmen furchtbar krähn.
„Von euch ihr Kraniche dort oben!
Wenn keine andre Stimme spricht,
Sey meines Mordes Klag erhoben!"
Er ruft es, und sein Auge bricht.

Der nakte Leichnam wird gefunden,
Und bald, obgleich entstellt von Wunden,
Erkennt der Gastfreund in Corinth
Die Züge, die ihm theuer sind.
„Und muß ich so dich wiederfinden,
Und hoffte mit der Fichte Kranz
Des Sängers Schläfe zu umwinden,
Bestrahlt von seines Ruhmes Glanz!"

Und jammernd hörens alle Gäste,
Versammelt bey Neptunus Feste,
Ganz Griechenland ergreift der Schmerz,
Verloren hat ihn jedes Herz,
Und stürmend drängt sich zum Prytanen
Das Volk, es fodert seine Wut
Zu rächen des Erschlagnen Manen,
Zu sühnen mit des Mörders Blut.

Doch wo die Spur, die aus der Menge,
Der Völker flutendem Gedränge,

Gelocket von der Spiele Pracht,
Den schwarzen Thäter kenntlich macht?
Sinds Räuber, die ihn feig erschlagen?
Thats neidisch ein verborgner Feind?
Nur Helios vermags zu sagen,
Der alles Irrdische bescheint!

Er geht vielleicht, mit frechem Schritte,
Jetzt eben durch der Griechen Mitte,
Und während ihn die Rache sucht,
Genießt er seines Frevels Frucht.
Auf ihres eignen Tempels Schwelle
Trotzt er vielleicht den Göttern, mengt
Sich dreist in jene Menschenwelle,
Die dort sich zum Theater drängt.

Denn Bank an Bank gedränget sitzen,
Es brechen fast der Bühne Stützen,
Herbeygeströmt von Fern und Nah,
Der Griechen Völker wartend da,
Dumpfbrausend wie des Meeres Wogen,
Von Menschen wimmelnd wächst der Bau,
In weiter stets geschweiftem Bogen
Hinauf bis in des Himmels Blau.

Wer zählt die Völker, nennt die Nahmen,
Die gastlich hier zusammen kamen?
Von Theseus Stadt, von Aulis Strand,
Von Phocis, vom Spartanerland,
Von Asiens entlegner Küste,
Von allen Inseln kamen sie,
Und horchen von dem Schaugerüste
Des Chores grauser Melodie —

Der streng und ernst, nach alter Sitte,
Mit langsam abgemeßnem Schritte,
Hervortritt aus dem Hintergrund,
Umwandelnd des Theaters Rund.

So schreiten keine irrdschen Weiber,
Die zeugete kein sterblich Haus!
Es steigt das Riesenmaaß der Leiber
Hoch über menschliches hinaus.

Ein schwarzer Mantel schlägt die Lenden, 105
Sie schwingen in entfleischten Händen
Der Fackel düsterrothe Glut,
In ihren Wangen fließt kein Blut.
Und wo die Haare lieblich flattern,
Um Menschenstirnen freundlich wehn, 110
Da sieht man Schlangen hier und Nattern
Die giftgeschwollnen Bäuche blähn.

Und schauerlich gedreht im Kreise,
Beginnen sie des Hymnus Weise,
Der durch das Herz zerreissend dringt, 115
Die Bande um den Sünder schlingt.
Besinnungraubend, Herzbethörend
Schallt der Erinnyen Gesang,
Er schallt, des Hörers Mark verzehrend,
Und duldet nicht der Leier Klang. 120

,,Wohl dem, der frei von Schuld und Fehle
Bewahrt die kindlich reine Seele!
Ihm dürfen wir nicht rächend nahn,
Er wandelt frei des Lebens Bahn.
Doch wehe wehe, wer verstohlen 125
Des Mordes schwere That vollbracht,
Wir heften uns an seine Sohlen,
Das furchtbare Geschlecht der Nacht!

Und glaubt er fliehend zu entspringen,
Geflügelt sind wir da, die Schlingen 130
Ihm werfend um den flüchtgen Fuß,
Daß er zu Boden fallen muß.
So jagen wir ihn, ohn Ermatten,
Versöhnen kann uns keine Reu,

135 Ihn fort und fort bis zu den Schatten,
Und geben ihn auch dort nicht frei."

So singend tanzen sie den Reigen,
Und Stille wie des Todes Schweigen
Liegt überm ganzen Hause schwer,
140 Als ob die Gottheit nahe wär'.
Und feierlich, nach alter Sitte
Umwandelnd des Theaters Rund,
Mit langsam abgemeßnem Schritte,
Verschwinden sie im Hintergrund.

145 Und zwischen Trug und Wahrheit schwebet
Noch zweifelnd jede Brust und bebet,
Und huldiget der furchtbarn Macht,
Die richtend im Verborgnen wacht,
Die unerforschlich, unergründet,
150 Des Schicksals dunkeln Knäuel flicht,
Dem tiefen Herzen sich verkündet,
Doch fliehet vor dem Sonnenlicht.

Da hört man auf den höchsten Stufen
Auf einmal eine Stimme rufen:
155 ,,Sieh da! Sieh da, Timotheus,
Die Kraniche des Ibycus!" —
Und finster plötzlich wird der Himmel,
Und über dem Theater hin,
Sieht man, in schwärzlichtem Gewimmel,
160 Ein Kranichheer vorüberziehn.

,,Des Ibycus!" Der theure Nahme
Rührt jede Brust mit neuem Grame,
Und, wie im Meere Well auf Well,
So läufts von Mund zu Munde schnell.
165 ,,Des Ibycus, den wir beweinen,
Den eine Mörderhand erschlug!
Was ists mit dem? Was kann er meinen?
Was ists mit diesem Kranichzug?" —

Und lauter immer wird die Frage,
Und ahnend fliegts, mit Blitzesschlage, 170
Durch alle Herzen ,,Gebet acht!
Das ist der Eumeniden Macht!
Der fromme Dichter wird gerochen,
Der Mörder bietet selbst sich dar.
Ergreift ihn, der das Wort gesprochen, 175
Und ihn, an den's gerichtet war."

Doch dem war kaum das Wort entfahren,
Möcht' ers im Busen gern bewahren;
Umsonst, der schreckenbleiche Mund
Macht schnell die Schuldbewußten kund. 180
Man reißt und schleppt sie vor den Richter,
Die Scene wird zum Tribunal,
Und es gestehn die Bösewichter,
Getroffen von der Rache Strahl.

DAS GEHEIMNISS

Sie konnte mir kein Wörtchen sagen,
  Zu viele Lauscher waren wach,
Den Blick nur durft ich schüchtern fragen,
  Und wohl verstand ich was er sprach.
Leis schleich ich her in deine Stille,
  Du schön belaubtes Buchenzelt,
Verbirg in deiner grünen Hülle
  Die Liebenden dem Aug der Welt.

Von ferne mit verworrnem Sausen
  Arbeitet der geschäftge Tag,
Und durch der Stimmen hohles Brausen
  Erkenn ich schwerer Hämmer Schlag.
So sauer ringt die kargen Loose
  Der Mensch dem harten Himmel ab,
Doch leicht erworben, aus dem Schoose
  Der Götter fällt das Glück herab.

Daß ja die Menschen nie es hören,
  Wie treue Lieb' uns still beglückt!
Sie können nur die Freude stöhren,
  Weil Freude nie sie selbst entzückt.
Die Welt wird nie das Glück erlauben,
  Als Beute wird es nur gehascht,
Entwenden must du's oder rauben,
  Eh dich die Mißgunst überrascht.

Leis auf den Zähen kommts geschlichen
  Die Stille liebt es und die Nacht,
Mit schnellen Füßen ists entwichen,
  Wo des Verräthers Auge wacht.
O schlinge dich, du sanfte Quelle,
  Ein breiter Strom um uns herum,
Und drohend mit empörter Welle
  Vertheidige dieß Heiligthum.

DER GANG NACH DEM EISENHAMMER
Ballade

Ein frommer Knecht war Fridolin,
Und in der Furcht des Herrn
Ergeben der Gebieterin
Der Gräfin von Saverne.
Sie war so sanft, sie war so gut, 5
Doch auch der Launen Uebermuth
Hätt er geeifert zu erfüllen,
Mit Freudigkeit, um Gotteswillen.

Früh von des Tages erstem Schein
Bis spät die Vesper schlug, 10
Lebt er nur ihrem Dienst allein,
That nimmer sich genug.
Und sprach die Dame: mach dirs leicht!
Da wurd ihm gleich das Auge feucht,
Und meinte, seiner Pflicht zu fehlen, 15
Durft er sich nicht im Dienste quälen.

Drum vor dem ganzen Dienertroß
Die Gräfin ihn erhob,
Aus ihrem schönen Munde floß
Sein unerschöpftes Lob. 20
Sie hielt ihn nicht als ihren Knecht,
Es gab sein Herz ihm Kindesrecht,
Ihr klares Auge mit Vergnügen
Hing an den anmuthsvollen Zügen.

Darob entbrennt in Roberts Brust, 25
Des Jägers, giftger Groll,
Ihm längst von böser Schadenlust
Die schwarze Seele schwoll.
Und trat zum Grafen, rasch zur That,
Und offen des Verführers Rath, 30
Als einst vom Jagen heim sie kamen,
Streut ihm ins Herz des Argwohns Saamen.

„Wie seid ihr glücklich, edler Graf,
Hub er voll Arglist an,
Euch raubet nicht den goldnen Schlaf
Des Zweifels giftger Zahn.
Denn ihr besitzt ein edles Weib,
Es gürtet Schaam den keuschen Leib,
Die fromme Treue zu berücken
Wird nimmer dem Versucher glücken."

Da rollt der Graf die finstern Brau'n:
Was redst du mir Gesell?
Werd ich auf Weibestugend baun,
Beweglich wie die Well?
Leicht locket sie des Schmeichlers Mund,
Mein Glaube steht auf festerm Grund,
Vom Weib des Grafen von Saverne
Bleibt, hoff ich, der Versucher ferne.

Der andre spricht „So denkt ihr recht.
Nur euren Spott verdient
Der Thor, der, ein gebohrner Knecht,
Ein solches sich erkühnt,
Und zu der Frau, die ihm gebeut
Erhebt der Wünsche Lüsternheit" —
Was? fällt ihm jener ein und bebet,
Redst du von einem, der da lebet?

„Ja doch, was aller Mund erfüllt,
Das bärg sich meinem Herrn!
Doch, weil ihrs denn mit Fleiß verhüllt,
So unterdrück ichs gern" —
Du bist des Todes, Bube, sprich!
Ruft jener streng und fürchterlich.
Wer hebt das Aug zu Kunigonden?
„Nun ja, ich spreche von dem Blonden."

„Er ist nicht häßlich von Gestalt,
Fährt er mit Arglist fort,
Indems den Grafen heiß und kalt
Durchrieselt bey dem Wort.

„Ists möglich Herr? Ihr saht es nie,
Wie er nur Augen hat für sie?
Bey Tafel eurer selbst nicht achtet,
An ihren Stuhl gefesselt schmachtet?"

„Seht da die Verse, die er schrieb,
Und seine Glut gesteht"
Gesteht! — „Und sie um Gegenlieb,
Der freche Bube! fleht.
Die gnädge Gräfin, sanft und weich,
Aus Mitleid wohl verbarg sies euch,
Mich reuet jetzt, daß mirs entfahren,
Denn Herr, was habt ihr zu befahren?"

Da ritt in seines Zornes Wut
Der Graf ins nahe Holz,
Wo ihm in hoher Oefen Glut
Die Eisenstufe schmolz.
Hier nährten früh und spat den Brand
Die Knechte mit geschäftger Hand,
Der Funke sprüht, die Bälge blasen,
Als gält es, Felsen zu verglasen.

Des Wassers und des Feuers Kraft
Verbündet sieht man hier,
Das Mühlrad von der Flut geraft,
Umwälzt sich für und für.
Die Werke klappern Nacht und Tag,
Im Takte pocht der Hämmer Schlag,
Und bildsam von den mächtgen Streichen
Muß selbst das Eisen sich erweichen.

Und zwoen Knechten winket er,
Bedeutet sie und sagt:
Den ersten, den ich sende her,
Und der euch also fragt:
„Habt ihr befolgt des Herren Wort?"
Den werft mir in die Hölle dort,
Daß er zu Asche gleich vergehe,
Und ihn mein Aug nicht weiter sehe.

105 Des freut sich das entmenschte Paar
Mit roher Henkerslust.
Denn fühllos wie das Eisen war
Das Herz in ihrer Brust.
Und frischer mit der Bälge Hauch
110 Erhitzen sie des Ofens Bauch,
Und schicken sich mit Mordverlangen
Das Todesopfer zu empfangen.

Drauf Robert zum Gesellen spricht
Mit falschem Heuchelschein:
115 Frisch auf Gesell und säume nicht,
Der Herr begehret dein.
Der Herr, der spricht zu Fridolin:
Must gleich zum Eisenhammer hin,
Und frage mir die Knechte dorten,
120 Ob sie gethan nach meinen Worten?

Und jener spricht: es soll geschehn,
Und macht sich flugs bereit.
Doch sinnend bleibt er plötzlich stehn:
,,Ob Sie mir nichts gebeut?"
125 Und vor die Gräfin stellt er sich:
Hinaus zum Hammer schickt man mich,
So sag, was kann ich dir verrichten?
Denn dir gehören meine Pflichten.

Darauf die Dame von Saverne
130 Versetzt mit sanftem Ton:
Die heilge Messe hört ich gern,
Doch liegt mir krank der Sohn.
So gehe denn mein Kind und sprich
In Andacht ein Gebet für mich,
135 Und denkst du reuig deiner Sünden,
So laß auch mich die Gnade finden.

Und froh der vielwillkommnen Pflicht,
Macht er im Flug sich auf,
Hat noch des Dorfes Ende nicht
140 Erreicht in schnellem Lauf,

Da tönt ihm von dem Glockenstrang
Hellschlagend des Geläutes Klang,
Das alle Sünder, hochbegnadet,
Zum Sakramente festlich ladet.

,,Dem lieben Gotte weich nicht aus, 145
Findst du ihn auf dem Weg! —"
Er sprichts und tritt ins Gotteshaus,
Kein Laut ist hier noch reg'.
Denn um die Aerndte wars, und heiß
Im Felde glüht' der Schnitter Fleiß, 150
Kein Chorgehilfe war erschienen,
Die Messe kundig zu bedienen.

Entschlossen ist er alsobald,
Und macht den Sacristan.
Das, spricht er, ist kein Aufenthalt, 155
Was fördert himmelan.
Die Stola und das Cingulum
Hängt er dem Priester dienend um,
Bereitet hurtig die Gefäße,
Geheiliget zum Dienst der Messe. 160

Und als er dieß mit Fleiß gethan,
Tritt er als Ministrant
Dem Priester zum Altar voran,
Das Meßbuch in der Hand,
Und knieet rechts und knieet links, 165
Und ist gewärtig jedes Winks,
Und als des Sanctus Worte kamen
Da schellt er dreimal bei dem Nahmen.

Drauf als der Priester fromm sich neigt
Und, zum Altar gewandt, 170
Den Gott, den gegenwärtgen, zeigt,
In hocherhabner Hand,
Da kündet es der Sacristan
Mit hellem Glöcklein klingend an,
Und alles kniet und schlägt die Brüste, 175
Sich fromm bekreuzend vor dem Christe.

So übt er jedes pünktlich aus,
Mit schnell gewandtem Sinn,
Was Brauch ist in dem Gotteshaus,
Er hat es alles inn,
Und wird nicht müde bis zum Schluß,
Bis beim **Vobiscum Dominus**
Der Priester zur Gemein' sich wendet,
Die heilge Handlung segnend endet.

Da stellt er jedes wiederum
In Ordnung säuberlich,
Erst reinigt er das Heiligthum,
Und dann entfernt er sich,
Und eilt in des Gewissens Ruh
Den Eisenhütten heiter zu,
Spricht unterwegs, die Zahl zu füllen,
Zwölf Paternoster noch im Stillen.

Und als er rauchen sieht den Schlot,
Und sieht die Knechte stehn,
Da ruft er: Was der Graf gebot,
Ihr Knechte, ists geschehn?
Und grinzend zerren sie den Mund,
Und deuten in des Ofens Schlund:
„Der ist besorgt und aufgehoben,
Der Graf wird seine Diener loben."

Die Antwort bringt er seinem Herrn
In schnellem Lauf zurück.
Als der ihn kommen sieht von fern,
Kaum traut er seinem Blick.
Unglücklicher! wo kommst du her?
„Vom Eisenhammer" — Nimmermehr!
So hast du dich im Lauf verspätet?
„Herr, nur so lang, bis ich gebetet."

„Denn als von eurem Angesicht
Ich heute ging, verzeiht,
Da fragt ich erst, nach meiner Pflicht,
Bei der, die mir gebeut.

Die Messe, Herr, befahl sie mir
Zu hören, gern gehorcht' ich ihr,
Und sprach der Rosenkränze viere 215
Für euer Heil und für das ihre.

In tiefes Staunen sinket hier
Der Graf, entsetzet sich.
Und welche Antwort wurde dir
Am Eisenhammer? Sprich! 220
,,Herr, dunkel war der Rede Sinn,
Zum Ofen wies man lachend hin:
Der ist besorgt und aufgehoben,
Der Graf wird seine Diener loben."

Und Robert? fällt der Graf ihm ein, 225
Wird glühend und wird blaß.
Sollt er dir nicht begegnet seyn,
Ich sandt ihn doch die Straß'!
,,Herr, nicht im Wald, nicht in der Flur
Fand ich von Robert eine Spur —" 230
Nun, ruft der Graf und steht vernichtet,
Gott selbst im Himmel hat gerichtet!

Und gütig, wie er nie gepflegt,
Nimmt er des Dieners Hand,
Bringt ihn der Gattin, tiefbewegt, 235
Die nichts davon verstand.
Dieß Kind, kein Engel ist so rein,
Laßts eurer Huld empfohlen seyn,
Wie schlimm wir auch berathen waren,
Mit dem ist Gott und seine Schaaren. 240

DIE HOREN

1797

HOFNUNG

Es reden und träumen die Menschen viel
   Von bessern künftigen Tagen,
Nach einem glüklichen goldenen Ziel
   Sieht man sie rennen und jagen,
Die Welt wird alt und wird wieder jung,
Doch der Mensch hoft immer Verbesserung!

Die Hofnung führt ihn ins Leben ein,
   Sie umflattert den fröhlichen Knaben,
Den Jüngling begeistert ihr Zauberschein,
   Sie wird mit dem Greis nicht begraben,
Denn beschließt er im Grabe den müden Lauf,
Noch am Grabe pflanzt er — die Hofnung auf.

Es ist kein leerer schmeichelnder Wahn,
   Erzeugt im Gehirne des Thoren.
Im Herzen kündet es laut sich an,
   Zu was besserm sind wir gebohren,
Und was die innere Stimme spricht,
Das täuscht die hoffende Seele nicht.

DIE BEGEGNUNG

Noch sah ich sie, umringt von ihren Frauen,
Die herrlichste von allen stand sie da,
Wie eine Sonne war sie anzuschauen,
Ich stand von fern und wagte mich nicht nah,
Es faßte mich mit wollustvollem Grauen, 5
Als ich den Glanz vor mir verbreitet sah,
Doch schnell, als hätten Flügel mich getragen,
Ergriff es mich, die Saiten anzuschlagen.

Was ich in jenem Augenblik empfunden,
Und was ich sang, vergebens sinn' ich nach, 10
Ein neu Organ hatt' ich in mir gefunden,
Das meines Herzens heilge Regung sprach,
Die Seele wars, die Jahre lang gebunden,
Durch alle Fesseln jezt auf einmal brach,
Und Töne fand in ihren tiefsten Tiefen, 15
Die ungeahnt und göttlich in ihr schliefen.

Und als die Saiten lange schon geschwiegen,
Die Seele endlich mir zurüke kam,
Da sah ich in den engelgleichen Zügen
Die Liebe ringen mit der holden Schaam, 20
Und alle Himmel glaubt' ich zu erfliegen,
Als ich das leise süsse Wort vernahm —
O droben nur in selger Geister Chören
Werd ich des Tones Wohllaut wieder hören!

Das treue Herz, das trostlos sich verzehrt, 25
Und still bescheiden nie gewagt zu sprechen,
Ich kenne den ihm selbst verborgnen Werth,
Am rohen Glük will ich das Edle rächen.
Dem Armen sey das schönste Loos bescheert,
Nur Liebe darf der Liebe Blume brechen. 30
Der schönste Schaz gehört dem Herzen an,
Das ihn erwiedern und empfinden kann.

GELEGENHEITSGEDICHTE

1797

ZUM GEBURTSTAG DER FRAU GRIESBACH

In Karl Schillers Namen

Mach auf, Frau Griesbach; ich bin da,
    Und klopf' an deine Thüre.
Mich schickt Papa und die Mama,
    Daß ich dir gratulire.

Ich bringe nichts als ein Gedicht
    Zu deines Tages Feier;
Denn Alles, wie die Mutter spricht,
    Ist so entsetzlich theuer.

Sag selbst, was ich dir wünschen soll;
    Ich weiß nichts zu erdenken.
Du hast ja Küch' und Keller voll,
    Nichts fehlt in deinen Schränken.

Es wachsen fast dir auf den Tisch
    Die Spargel und die Schoten;
Die Stachelbeeren blühen frisch,
    Und so die Renegloten.

Bei Stachelbeeren fällt mir ein,
    Die schmecken gar zu süße;
Und wenn sie werden zeitig sein,
    So sorge, daß ich's wisse.

Viel fette Schweine mästest du,
    Und gibst den Hühnern Futter;
Die Kuh im Stalle ruft muh! muh!
    Und gibt dir Milch und Butter.

Es haben Alle dich so gern,
    Die Alten und die Jungen,
Und deinem lieben, braven Herrn
    Ist Alles wohl gelungen.

Du bist wohl auf; Gott Lob und Dank!
   Mußt's auch fein immer bleiben;
Ja, höre! werde ja nicht krank,
   Daß sie dir nichts verschreiben.

Nun lebe wohl! ich sag' Ade.
   Gelt? ich war heut bescheiden.
Doch könntest du mir, eh ich geh',
   'ne Butterbemme schneiden.

AN DEMOISELLE SLEVOIGT

bey Ihrer Verbindung mit Herrn D. Sturm am 10ten October 1797.
von einer mütterlichen und fünf schwesterlichen Freundinnen

Zieh holde Braut, mit unserm Segen,
Zieh hin auf Hymens Blumenwegen!
Wir sahen mit entzücktem Blick
Der Seele Anmuth sich entfalten,
Die jungen Reize sich gestalten 5
Und blühen für der Liebe Glück.
Dein schönes Loos, Du hasts gefunden,
Es weicht die Freundschaft ohne Schmerz
Dem süssen Gott, der Dich gebunden;
Er will, er hat Dein ganzes Herz. 10

Zu theuren Pflichten, zarten Sorgen,
Dem jungen Busen noch verborgen,
Ruft Dich des Kranzes ernste Zier.
Der Kindheit tändelnde Gefühle,
Der freyen Jugend flücht'ge Spiele 15
Sie bleiben fliehend hinter Dir;
Und Hymens ernste Fessel bindet,
Wo Amor leicht und flatternd hüpft.
Doch für ein Herz, das schön empfindet,
Ist sie aus Blumen nur geknüpft. 20

Und willst Du das Geheimniß wissen,
Das immer grün und unzerrissen
Den hochzeitlichen Kranz bewahrt?
Es ist des Herzens reine Güte,
Der Anmuth unverwelkte Blüthe, 25
Die mit der holden Schaam sich paart,
Die, gleich dem heitern Sonnenbilde,
In alle Herzen Wonne lacht,
Es ist der sanfte Blick der Milde,
Und Würde, die sich selbst bewacht. 30

MUSENALMANACH FÜR DAS JAHR 1799

DAS GLÜCK

Selig, welchen die Götter, die gnädigen, vor der Geburt schon
　　Liebten, welchen als Kind Venus im Arme gewiegt,
Welchem Phöbus die Augen, die Lippen Hermes gelöset,
　　Und das Siegel der Macht Zeus auf die Stirne gedrückt!
5　Ein erhabenes Loos, ein göttliches, ist ihm gefallen,
　　Schon vor des Kampfes Beginn sind ihm die Schläfe bekränzt.
Eh er es lebte, ist ihm das volle Leben gerechnet,
　　Eh er die Mühe bestand hat er die Charis erlangt.
Groß zwar nenn ich den Mann, der sein eigner Bildner
　　　　　　　　　　　　　　　　und Schöpfer
10　Durch der Tugend Gewalt selber die Parce bezwingt,
Aber nicht erzwingt er das Glück und was ihm die Charis
　　Neidisch geweigert, erringt nimmer der strebende Muth.
Vor unwürdigem kann dich der Wille, der ernste, bewahren,
　　Alles Höchste, es kommt frei von den Göttern herab.
15　Wie die Geliebte dich liebt, so kommen die himmlischen Gaben,
　　Oben in Jupiters Reich herrscht wie in Amors die Gunst.
Neigungen haben die Götter, sie lieben der grünenden Jugend
　　Lockigte Scheitel, es zieht Freude die Fröhlichen an.
Nicht der Sehende wird von ihrer Erscheinung beseligt,
20　Ihrer Herrlichkeit Glanz hat nur der Blinde geschaut,
Gern erwählen sie sich der Einfalt kindliche Seele,
　　In das bescheidne Gefäß schließen sie göttliches ein.
Ungehofft sind sie da, und täuschen die stolze Erwartung,
　　Keines Bannes Gewalt zwinget die Freyen herab.
25　Wem er geneigt, dem sendet der Vater der Menschen und
　　　　　　　　　　　　　　　　　　Götter
　　Seinen Adler herab, trägt ihn zu seinem Olimp,
Unter die Menge greift er mit Eigenwillen und welches
　　Haupt ihm gefället, um das flicht er mit liebender Hand
Jetzt den Lorbeer und jetzt die Herrschaftgebende Binde,
30　Krönte doch selber den Gott nur das gewogene Glück.
Vor dem Glücklichen her tritt Phöbus der pythische Sieger
　　Und der die Herzen bezwingt, Amor, der lächelnde Gott.

Vor ihm ebnet Poseidon das Meer, sanft gleitet des Schiffes
    Kiel, das den Cäsar führt und sein allmächtiges Glück,
Ihm gehorchen die wilden Gemüther, das brausende Delphin   35
    Steigt aus den Tiefen und fromm beut es den Rücken
                                ihm an.
Ein gebohrener Herrscher ist alles Schöne und sieget
    Durch sein ruhiges Nahn wie ein unsterblicher Gott.
Zürne dem Glücklichen nicht daß den leichten Sieg ihm
                          die Götter
Schenken, daß aus der Schlacht Venus den Liebling entrückt,   40
Ihn, den die lächelnde rettet, den Göttergeliebten beneid ich,
    Jenen nicht, dem sie mit Nacht deckt den verdunkelten
                                Blick.
War er weniger herrlich Achilles, weil ihm Hephästos
    Selbst geschmiedet den Schild und das verderbliche
                                Schwerdt,
Weil um den sterblichen Mann der große Olimp sich beweget?   45
    Das verherrlichet ihn, daß ihn die Götter geliebt,
Daß sie sein Zürnen geehrt, und Ruhm dem Liebling zu geben,
    Hellas bestes Geschlecht stürzten zum Orkus hinab.
Um den heiligen Heerd stritt Hektor, aber der Fromme
    Sank dem Beglückten, denn ihm waren die Götter nicht hold.   50
Zürne der Schönheit nicht, daß sie schön ist, daß sie
                          verdienstlos
    Wie der Lilie Kelch prangt durch der Venus Geschenk,
Laß sie die glückliche seyn, du schaust sie, du bist der
                                Beglückte.
    Wie sie ohne Verdienst glänzt, so entzücket sie dich.
Freue dich, daß die Gabe des Lieds vom Himmel herabkommt,   55
    Daß der Sänger dir singt, was ihn die Muse gelehrt,
Weil der Gott ihn beseelt, so wird er dem Hörer zum Gotte,
    Weil er der glückliche ist, kannst du der selige seyn.
Auf dem geschäftigen Markt da führe Themis die Wage,
    Und es messe der Lohn streng an der Mühe sich ab,   60
Aber die Freude ruft nur ein Gott auf sterbliche Wangen,
    Wo kein Wunder geschieht, ist kein Beglückter zu sehn.
Alles menschliche muß erst werden und wachsen und reifen
    Und von Gestalt zu Gestalt führt es die bildende Zeit,

65 Aber das glückliche siehest du nicht, das Schöne nicht werden,
   Fertig von Ewigkeit her steht es vollendet vor dir.
   Jede irrdische Venus steigt wie die erste des Himmels
   Eine dunkle Geburt aus dem unendlichen Meer,
   Wie die erste Minerva so tritt mit der Aegis gerüstet
70   Aus des Donnerers Haupt jeder Gedanke des Lichts,
   Aber du nennest es Glück, und deiner eigenen Blindheit
   Zeihst du verwegen den Gott, den dein Begriff nicht begreift.

DER KAMPF MIT DEM DRACHEN
Romanze

Was rennt das Volk, was wälzt sich dort
Die langen Gassen brausend fort?
Stürzt Rhodus unter Feuers Flammen?
Es rottet sich im Sturm zusammen,
Und einen Ritter, hoch zu Roß,　　　　　　　　5
Gewahr' ich aus dem Menschentroß,
Und hinter ihm, welch Abentheuer!
Bringt man geschleppt ein Ungeheuer,
Ein Drache scheint es von Gestalt,
Mit weitem Krokodilesrachen,　　　　　　　　10
Und alles blickt verwundert bald
Den Ritter an und bald den Drachen.

Und tausend Stimmen werden laut,
Das ist der Lindwurm, kommt und schaut!
Der Hirt und Heerden uns verschlungen,　　　15
Das ist der Held, der ihn bezwungen!
Viel andre zogen vor ihm aus
Zu wagen den gewaltgen Strauß,
Doch keinen sah man wiederkehren,
Den kühnen Ritter soll man ehren!　　　　　 20
Und zum Pallaste geht der Zug,
Wo Sankt Johanns des Täufers Orden,
Die Ritter des Spitals im Flug
Zu Rathe sind versammelt worden.

Und vor den edeln Meister tritt　　　　　　　25
Der Großkreuz mit bescheidnem Schritt,
Nachdrängt das Volk, mit wildem Rufen,
Erfüllend des Geländers Stuffen.
Und jener nimmt das Wort und spricht:
Ich hab' erfüllt die Ritterpflicht,　　　　　　30
Der Drache der das Land verödet,
Er liegt von meiner Hand getödtet,

Frei ist dem Wanderer der Weg,
Der Hirte treibe ins Gefilde,
Froh walle auf dem Felsensteg
Der Pilgrim zu dem Gnadenbilde.

Doch strenge blickt der Fürst ihn an
Und spricht: Du hast als Held gethan,
Der Muth ists, der den Ritter ehret,
Du hast den kühnen Geist bewähret.
Doch sprich! Was ist die erste Pflicht
Des Ritters, der für Christum ficht,
Sich schmücket mit des Kreutzes Zeichen?
Und alle rings herum erbleichen.
Doch er, mit edelm Anstand, spricht,
Indem er sich erröthend neiget.
Gehorsam ist die erste Pflicht,
Die ihn des Schmuckes würdig zeiget.

Und diese Pflicht, mein Sohn, versetzt
Der Meister, hast du frech verletzt,
Den Kampf, den das Gesetz versaget,
Hast du mit frevlem Muth gewaget! —
,,Herr, richte wenn du alles weißt,
Spricht jener mit gesetztem Geist,
Denn des Gesetzes Sinn und Willen
Vermeint ich treulich zu erfüllen,
Nicht unbedachtsam zog ich hin,
Das Ungeheuer zu bekriegen,
Durch List und kluggewandten Sinn
Versucht ich's, in dem Kampf zu siegen.

Fünf unsers Ordens waren schon,
Die Zierden der Religion,
Des kühnen Muthes Opfer worden,
Da wehrtest du den Kampf dem Orden.
Doch an dem Herzen nagte mir
Der Unmuth und die Streitbegier,

Ja selbst im Traum der stillen Nächte
Fand ich mich keuchend im Gefechte,
Und wenn der Morgen dämmernd kam,
Und Kunde gab von neuen Plagen, 70
Da faßte mich ein wilder Gram
Und ich beschloß, es frisch zu wagen.

Und zu mir selber sprach ich dann:
Was schmückt den Jüngling, ehrt den Mann,
Was leisteten die tapfern Helden 75
Von denen uns die Lieder melden?
Die zu der Götter Glanz und Ruhm
Erhub das blinde Heidenthum?
Sie reinigten von Ungeheuern
Die Welt in kühnen Abentheuern, 80
Begegneten im Kampf dem Leu'n
Und rangen mit dem Minotauren,
Die armen Opfer zu befrein,
Und ließen sich das Blut nicht dauren.

Ist nur der Saracen es werth, 85
Daß ihn bekämpft des Christen Schwerdt?
Bekriegt er nur die falschen Götter?
Gesandt ist er der Welt zum Retter,
Von jeder Noth und jedem Harm
Befreien muß sein starker Arm, 90
Doch seinen Muth muß Weißheit leiten
Und List muß mit der Stärke streiten.
So sprach ich oft und zog allein,
Des Raubthiers Fährte zu erkunden,
Da flößte mir der Geist es ein, 95
Froh rief ich aus, ich hab's gefunden.

Und trat zu dir und sprach dieß Wort:
„Mich zieht es nach der Heimat fort"
Du Herr willfahrtest meinen Bitten
Und glücklich war das Meer durchschnitten. 100

DER KAMPF MIT DEM DRACHEN

Kaum stieg ich aus am heimschen Strand,
Gleich ließ ich durch des Künstlers Hand
Getreu den wohlbemerkten Zügen
Ein Drachenbild zusammenfügen.
Auf kurzen Füßen wird die Last
Des langen Leibes aufgethürmet,
Ein schuppicht Panzerhemd umfaßt
Den Rücken, den es furchtbar schirmet.

Lang strecket sich der Hals hervor,
Und gräßlich wie ein Höllenthor
Als schnappt es gierig nach der Beute,
Eröfnet sich des Rachens Weite,
Und aus dem schwarzen Schlunde dräun
Der Zähne stachelichte Reihn,
Die Zunge gleicht des Schwerdtes Spitze,
Die kleinen Augen sprühen Blitze,
In einer Schlange endigt sich
Des Rückens ungeheure Länge
Rollt um sich selber fürchterlich,
Daß es um Mann und Roß sich schlänge.

Und alles bild ich nach, genau,
Und kleid es in ein scheußlich Grau,
Halb Wurm erschiens, halb Molch und Drache,
Gezeuget in der giftgen Lache,
Und als das Bild vollendet war,
Erwähl' ich mir ein Dockenpaar,
Gewaltig, schnell, von flinken Läufen,
Gewohnt den wilden Uhr zu greifen,
Die hetz ich auf den Lindwurm an,
Erhitze sie zu wildem Grimme,
Zu fassen ihn mit scharfem Zahn,
Und lenke sie mit meiner Stimme.

Und wo des Bauches weiches Vließ
Den scharfen Bissen Blöße ließ,
Da reiz ich sie den Wurm zu packen,
Die spitzen Zähne einzuhacken.

Ich selbst, bewaffnet mit Geschoß
Besteige mein arabisch Roß,
Von adelicher Zucht entstammet,
Und als ich seinen Zorn entflammet, 140
Rasch auf den Drachen spreng ich's los,
Und stachl' es mit den scharfen Sporen,
Und werfe zielend mein Geschoß,
Als wollt' ich die Gestalt durchbohren.

Ob auch das Roß sich grauend bäumt 145
Und knirrscht und in den Zügel schäumt,
Und meine Docken ängstlich stöhnen,
Nicht rast ich, bis sie sich gewöhnen.
So üb ichs aus mit Emsigkeit,
Bis dreimal sich der Mond erneut, 150
Und als sie jedes recht begriffen,
Führ ich sie her auf schnellen Schiffen.
Der dritte Morgen ist es nun,
Daß mirs gelungen hier zu landen,
Den Gliedern gönnt ich kaum zu ruhn, 155
Bis ich das große Werk bestanden.

Denn heiß erregte mir das Herz
Des Landes frisch erneuter Schmerz,
Zerrissen fand man jüngst die Hirten,
Die nach dem Sumpfe sich verirrten, 160
Und ich beschließe rasch die That,
Nur von dem Herzen nehm ich Rath.
Flugs unterricht ich meine Knappen,
Besteige den versuchten Rappen,
Und von dem edeln Dockenpaar 165
Begleitet, auf geheimen Wegen,
Wo meiner That kein Zeuge war,
Reit ich dem Feinde frisch entgegen.

Das Kirchlein kennst du Herr, das hoch
Auf eines Felsenberges Joch 170
Der weit die Insel überschauet,
Des Meisters kühner Geist erbauet.

DER KAMPF MIT DEM DRACHEN

Verächtlich scheint es, arm und klein,
Doch ein Mirakel schließt es ein,
Die Mutter mit dem Jesusknaben,
Den die drey Könige begaben.
Auf dreimal dreißig Stuffen steigt
Der Pilgrim nach der steilen Höhe,
Doch hat er schwindelnd sie erreicht,
Erquickt ihn seines Heilands Nähe.

Tief in den Fels, auf dem es hängt,
Ist eine Grotte eingesprengt,
Vom Thau des nahen Moors befeuchtet,
Wohin des Himmels Strahl nicht leuchtet,
Hier hausete der Wurm und lag
Den Raub erspähend Nacht und Tag,
So hielt er wie der Höllendrache
Am Fuß des Gotteshauses Wache,
Und kam der Pilgrim hergewallt,
Und lenkte in die Unglücksstraße,
Hervorbrach aus dem Hinterhalt
Der Feind und trug ihn fort zum Fraße.

Den Felsen-stieg ich jezt hinan,
Eh ich den schweren Strauß begann,
Hin kniet' ich vor dem Christuskinde,
Und reinigte mein Herz von Sünde,
Drauf gürt' ich mir im Heiligthum
Den blanken Schmuck der Waffen um,
Bewehre mit dem Spieß die Rechte,
Und nieder steig ich zum Gefechte.
Zurücke bleibt der Knappen Troß,
Ich gebe scheidend die Befehle,
Und schwinge mich behend aufs Roß
Und Gott empfehl ich meine Seele.

Kaum seh ich mich im ebnen Plan,
Flugs schlagen meine Docken an,
Und bang beginnt das Roß zu keuchen,
Und bäumet sich und will nicht weichen,

Denn nahe liegt, zum Knäul geballt,
Des Feindes scheußliche Gestalt,
Und sonnet sich auf warmem Grunde,
Auf jagen ihn die flinken Hunde,
Doch wenden sie sich pfeilgeschwind
Als es den Rachen gähnend theilet,
Und von sich haucht den giftgen Wind,
Und winselnd wie der Schakal heulet.

Doch schnell erfrisch ich ihren Muth,
Sie fassen ihren Feind mit Wuth,
Indem ich nach des Thieres Lende
Aus starker Faust den Speer versende,
Doch machtlos wie ein dünner Stab
Prallt er vom Schuppenpanzer ab,
Und eh ich meinen Wurf erneuet,
Da bäumet sich mein Roß und scheuet
An seinem Basiliskenblick
Und seines Athems giftgem Wehen,
Und mit Entsetzen springts zurück,
Und jetzo wars um mich geschehen —

Da schwing ich mich behend vom Roß,
Schnell ist des Schwerdtes Schneide bloß,
Doch alle Streiche sind verloren,
Den Felsenharnisch zu durchbohren,
Und wüthend mit des Schweifes Kraft
Hat es zur Erde mich gerafft,
Schon seh ich seinen Rachen gähnen,
Es haut nach mir mit grimmen Zähnen,
Als meine Hunde wuthentbrannt
An seinen Bauch mit grimmgen Bissen
Sich warfen, daß es heulend stand,
Von ungeheurem Schmerz zerrissen.

Und eh es ihren Bissen sich
Entwindet, rasch erheb ich mich,
Erspähe mir des Feindes Blöße,
Und stoße tief ihm ins Gekröse

Nachbohrend bis ans Heft den Stahl,
Schwarzquellend springt des Blutes Strahl,
Hin sinkt es und begräbt im Falle
Mich mit des Leibes Riesenballe,
Daß schnell die Sinne mir vergehn,
Und als ich neugestärkt erwache,
Seh ich die Knappen um mich stehn,
Und todt im Blute liegt der Drache." —

Des Beifalls lang gehemmte Lust
Befreit jezt aller Hörer Brust,
So wie der Ritter dieß gesprochen,
Und zehnfach am Gewölb gebrochen
Wälzt der vermischten Stimmen Schall
Sich brausend fort im Wiederhall,
Laut fodern selbst des Ordens Söhne,
Daß man die Heldenstirne kröne,
Und dankbar im Triumphgepräng
Will ihn das Volk dem Volke zeigen,
Da faltet seine Stirne streng
Der Meister und gebietet Schweigen.

Und spricht: Den Drachen, der dieß Land
Verheert, schlugst du mit tapfrer Hand,
Ein Gott bist du dem Volke worden,
Ein Feind kommst du zurück dem Orden,
Und einen schlimmern Wurm gebahr
Dein Herz, als dieser Drache war.
Die Schlange, die das Herz vergiftet,
Die Zwietracht und Verderben stiftet,
Das ist der widerspenstge Geist,
Der gegen Zucht sich frech empöret,
Der Ordnung heilig Band zerreißt,
Denn der ists, der die Welt zerstöret.

Muth zeiget auch der Mameluk,
Gehorsam ist des Christen Schmuck;
Denn wo der Herr in seiner Größe
Gewandelt hat in Knechtes Blöße,

Da stifteten, auf heilgem Grund,
Die Väter dieses Ordens Bund,
Der Pflichten schwerste zu erfüllen,
Zu bändigen den eignen Willen!
Dich hat der eitle Ruhm bewegt, 285
Drum wende dich aus meinen Blicken,
Denn wer des Herren Joch nicht trägt,
Darf sich mit seinem Kreuz nicht schmücken.

Da bricht die Menge tobend aus,
Gewaltger Sturm bewegt das Haus, 290
Um Gnade flehen alle Brüder,
Doch schweigend blickt der Jüngling nieder,
Still legt er von sich das Gewand
Und küßt des Meisters strenge Hand
Und geht. Der folgt ihm mit dem Blicke, 295
Dann ruft er liebend ihn zurücke
Und spricht: Umarme mich mein Sohn!
Dir ist der härtre Kampf gelungen.
Nimm dieses Kreuz, es ist der Lohn
Der Demuth, die sich selbst bezwungen. 300

DIE BÜRGSCHAFT

Zu Dionys dem Tirannen schlich
Möros, den Dolch im Gewande,
Ihn schlugen die Häscher in Bande.
Was wolltest du mit dem Dolche, sprich!
Entgegnet ihm finster der Wütherich.
„Die Stadt vom Tyrannen befreien!"
Das sollst du am Kreutze bereuen.

Ich bin, spricht jener, zu sterben bereit,
Und bitte nicht um mein Leben,
Doch willst du Gnade mir geben,
Ich flehe dich um drey Tage Zeit,
Bis ich die Schwester dem Gatten gefreit,
Ich lasse den Freund dir als Bürgen,
Ihn magst du, entrinn ich, erwürgen.

Da lächelt der König mit arger List,
Und spricht nach kurzem Bedenken:
Drey Tage will ich dir schenken.
Doch wisse! Wenn sie verstrichen die Frist,
Eh du zurück mir gegeben bist,
So muß er statt deiner erblassen,
Doch dir ist die Strafe erlassen.

Und er kommt zum Freunde: „der König gebeut,
Daß ich am Kreutz mit dem Leben
Bezahle das frevelnde Streben,
Doch will er mir gönnen drey Tage Zeit,
Bis ich die Schwester dem Gatten gefreit,
So bleib du dem König zum Pfande,
Bis ich komme, zu lösen die Bande."

Und schweigend umarmt ihn der treue Freund,
Und liefert sich aus dem Tyrannen, 30
Der andere ziehet von dannen.
Und ehe das dritte Morgenroth scheint,
Hat er schnell mit dem Gatten die Schwester vereint,
Eilt heim mit sorgender Seele,
Damit er die Frist nicht verfehle. 35

Da gießt unendlicher Regen herab,
Von den Bergen stürzen die Quellen,
Und die Bäche, die Ströme schwellen.
Und er kommt an's Ufer mit wanderndem Stab,
Da reisset die Brücke der Strudel hinab, 40
Und donnernd sprengen die Wogen
Des Gewölbes krachenden Bogen.

Und trostlos irrt er an Ufers Rand,
Wie weit er auch spähet und blicket
Und die Stimme, die rufende, schicket; 45
Da stößet kein Nachen vom sichern Strand,
Der ihn setze an das gewünschte Land,
Kein Schiffer lenket die Fähre,
Und der wilde Strom wird zum Meere.

Da sinkt er ans Ufer und weint und fleht, 50
Die Hände zum Zeus erhoben:
O hemme des Stromes Toben!
Es eilen die Stunden, im Mittag steht
Die Sonne und wenn sie niedergeht,
Und ich kann die Stadt nicht erreichen, 55
So muß der Freund mir erbleichen.

Doch wachsend erneut sich des Stromes Wuth,
Und Welle auf Welle zerrinnet,
Und Stunde an Stunde entrinnet,

60 Da treibet die Angst ihn, da faßt er sich Muth
Und wirft sich hinein in die brausende Flut,
Und theilt mit gewaltigen Armen
Den Strom, und ein Gott hat Erbarmen.

Und gewinnt das Ufer und eilet fort,
65 Und danket dem rettenden Gotte,
Da stürzet die raubende Rotte
Hervor aus des Waldes nächtlichem Ort,
Den Pfad ihm sperrend, und schnaubet Mord
Und hemmet des Wanderers Eile
70 Mit drohend geschwungener Keule.

Was wollt ihr? ruft er für Schrecken bleich,
Ich habe nichts als mein Leben,
Das muß ich dem Könige geben!
Und entreißt die Keule dem nächsten gleich:
75 Um des Freundes Willen erbarmet euch!
Und drey, mit gewaltigen Streichen,
Erlegt er, die andern entweichen.

Und die Sonne versendet glühenden Brand
Und von der unendlichen Mühe
80 Ermattet sinken die Knie:
O hast du mich gnädig aus Räubershand,
Aus dem Strom mich gerettet ans heilige Land,
Und soll hier verschmachtend verderben,
Und der Freund mir, der liebende, sterben!

85 Und horch! da sprudelt es silberhell
Ganz nahe, wie rieselndes Rauschen,
Und stille hält er zu lauschen,
Und sieh, aus dem Felsen, geschwätzig, schnell,
Springt murmelnd hervor ein lebendiger Quell,
90 Und freudig bückt er sich nieder,
Und erfrischet die brennenden Glieder.

Und die Sonne blickt durch der Zweige Grün,
Und mahlt auf den glänzenden Matten
Der Bäume gigantische Schatten,
Und zwey Wanderer sieht er die Straße ziehn, 95
Will eilenden Laufes vorüber fliehn,
Da hört er die Worte sie sagen:
Jetzt wird er ans Kreutz geschlagen.

Und die Angst beflügelt den eilenden Fuß,
Ihn jagen der Sorge Qualen, 100
Da schimmern in Abendroths Strahlen
Von ferne die Zinnen von Syrakus,
Und entgegen kommt ihm Philostratus,
Des Hauses redlicher Hüter,
Der erkennet entsetzt den Gebieter: 105

Zurück! du rettest den Freund nicht mehr,
So rette das eigene Leben!
Den Tod erleidet er eben.
Von Stunde zu Stunde gewartet' er
Mit hoffender Seele der Wiederkehr, 110
Ihm konnte den muthigen Glauben
Der Hohn des Tirannen nicht rauben.

Und ist es zu spät, und kann ich ihm nicht
Ein Retter willkommen erscheinen,
So soll mich der Tod ihm vereinen. 115
Deß rühme der blutge Tirann sich nicht,
Daß der Freund dem Freunde gebrochen die Pflicht,
Er schlachte der Opfer zweye,
Und glaube an Liebe und Treue.

Und die Sonne geht unter, da steht er am Thor 120
Und sieht das Kreutz schon erhöhet,
Das die Menge gaffend umstehet,
An dem Seile schon zieht man den Freund empor,
Da zertrennt er gewaltig den dichten Chor:
„Mich Henker! ruft er, erwürget, 125
Da bin ich, für den er gebürget!"

Und Erstaunen ergreifet das Volk umher,
In den Armen liegen sich beide,
Und weinen für Schmerzen und Freude.
130 Da sieht man kein Auge thränenleer,
Und zum Könige bringt man die Wundermähr,
Der fühlt ein menschliches Rühren,
Läßt schnell vor den Thron sie führen.

Und blicket sie lange verwundert an,
135 Drauf spricht er: Es ist euch gelungen,
Ihr habt das Herz mir bezwungen,
Und die Treue, sie ist doch kein leerer Wahn,
So nehmet auch mich zum Genossen an,
Ich sey, gewährt mir die Bitte,
140 In eurem Bunde der dritte.

BÜRGERLIED

Windet zum Kranze die goldenen Aehren,
Flechtet auch blaue Cyanen hinein,
Freude soll jedes Auge verklären,
Denn die Königin ziehet ein,
Die Bezähmerin wilder Sitten,
Die den Menschen zum Menschen gesellt,
Und in friedliche feste Hütten
Wandelte das bewegliche Zelt.

Scheu in des Gebürges Klüften
Barg der Troglodyte sich,
Der Nomade ließ die Triften
Wüste liegen wo er strich,
Mit dem Wurfspieß, mit dem Bogen
Schritt der Jäger durch das Land.
Weh dem Fremdling den die Wogen
Warfen an den Unglücksstrand!

Und auf ihrem Pfad begrüßte
Irrend nach des Kindes Spur,
Ceres die verlaßne Küste,
Ach, da grünte keine Flur!
Daß sie hier vertraulich weile,
Ist kein Obdach ihr gewährt,
Keines Tempels heitre Säule
Zeuget, daß man Götter ehrt.

Keine Frucht der süßen Aehren
Lädt zum reinen Mahl sie ein,
Nur auf gräßlichen Altären
Dorret menschliches Gebein.
Ja, so weit sie wandernd kreiste,
Fand sie Elend überall,
Und in ihrem großen Geiste
Jammert sie des Menschen Fall.

Find ich so den Menschen wieder,
Dem wir unser Bild geliehn,
Dessen schöngestalte Glieder
Droben im Olympus blühn?
Gaben wir ihm zum Besitze
Nicht der Erde Götterschooß,
Und auf seinem Königsitze
Schweift er elend, heimatlos?

Fühlt kein Gott mit ihm Erbarmen,
Keiner aus der Selgen Chor
Hebet ihn mit Wunderarmen
Aus der tiefen Schmach empor?
In des Himmels selgen Höhen
Rühret sie nicht fremder Schmerz,
Doch der Menschheit Angst und Wehen
Fühlet mein gequältes Herz.

Daß der Mensch zum Menschen werde,
Stift er einen ewgen Bund
Glaubig mit der frommen Erde,
Seinem mütterlichen Grund,
Ehre das Gesetz der Zeiten
Und der Monde heilgen Gang,
Welche still gemessen schreiten
Im melodischen Gesang.

Und den Nebel theilt sie leise
Der den Blicken sie verhüllt,
Plötzlich in der Wilden Kreise
Steht sie da, ein Götterbild.
Schwelgend bei dem Siegesmahle
Findet sie die rohe Schaar,
Und die Blutgefüllte Schaale
Bringt man ihr zum Opfer dar.

Aber schaudernd, mit Entsetzen,
Wendet sie sich weg und spricht:

Blutge Tigermahle netzen
Eines Gottes Lippen nicht.
Reine Opfer will er haben,
Früchte, die der Herbst bescheert,   70
Mit des Feldes frommen Gaben
Wird der Heilige verehrt.

Und sie nimmt die Wucht des Speeres
Aus des Jägers rauher Hand,
Mit dem Schaft des Mordgewehres   75
Furchet sie den leichten Sand,
Nimmt von ihres Kranzes Spitze
Einen Kern, mit Kraft gefüllt,
Senkt ihn in die zarte Ritze,
Und der Trieb des Keimes schwillt —   80

Und mit grünen Halmen schmücket
Sich der Boden alsobald,
Und so weit das Auge blicket
Wogt es wie ein goldner Wald.
Lächelnd segnet sie die Erde,   85
Flicht der ersten Garbe Bund,
Wählt den Feldstein sich zum Heerde,
Und so spricht der Göttinn Mund:

Vater Zeus, der über alle
Götter herrscht in Aethers Höhn!   90
Daß dieß Opfer dir gefalle,
Laß ein Zeichen jetzt geschehn!
Und dem unglückselgen Volke,
Das dich Hoher! noch nicht nennt,
Nimm hinweg des Auges Wolke,   95
Daß es seinen Gott erkennt!

Und es hört der Schwester Flehen
Zeus auf seinem hohen Sitz,
Donnernd aus den blauen Höhen
Wirft er den gezackten Blitz.   100

Prasselnd fängt es an zu lohen,
Hebt sich wirbelnd vom Altar,
Und darüber schwebt in hohen
Kreisen sein geschwinder Aar.

105 Und gerührt zu der Herrscherin Füßen
Stürzt sich der Menge freudig Gewühl,
Und die rohen Seelen zerfließen
In der Menschlichkeit erstem Gefühl,
Werfen von sich die blutige Wehre,
110 Oeffnen den düstergebundenen Sinn,
Und empfangen die göttliche Lehre
Aus dem Munde der Königin.

Und von ihren Thronen steigen
Alle Himmlischen herab,
115 Themis selber führt den Reigen,
Und mit dem gerechten Stab
Mißt sie jedem seine Rechte,
Setzet selbst der Grenze Stein,
Und des Styx verborgne Mächte
120 Ladet sie zu Zeugen ein.

Und es kommt der Gott der Esse,
Zeus erfindungsreicher Sohn,
Bildner künstlicher Gefäße,
Hochgelehrt in Erzt und Thon.
125 Und er lehrt die Kunst der Zange
Und der Blasebälge Zug,
Unter seines Hammers Zwange
Bildet sich zuerst der Pflug.

Und Minerva, hoch vor allen
130 Ragend mit gewichtgem Speer,
Läßt die Stimme mächtig schallen
Und gebeut dem Götterheer.

Feste Mauren will sie gründen,
Jedem Schutz und Schirm zu seyn,
Die zerstreute Welt zu binden 135
In vertraulichem Verein.

Und sie lenkt die Herrscherschritte
Durch des Feldes weiten Plan,
Und an ihres Fußes Tritte
Heftet sich der Grenzgott an, 140
Messend führet sie die Kette
Um des Hügels grünen Saum,
Auch des wilden Stromes Bette
Schließt sie in den heilgen Raum.

Alle Nymphen, Oreaden, 145
Die der schnellen Artemis
Folgen auf des Berges Pfaden,
Schwingend ihren Jägerspieß,
Alle kommen, alle legen
Hände an, der Jubel schallt, 150
Und von ihrer Aexte Schlägen
Krachend stürzt der Fichtenwald.

Auch aus seiner grünen Welle
Steigt der Schilfbekränzte Gott,
Wälzt den schweren Floß zur Stelle 155
Auf der Göttinn Machtgebot,
Und die leichtgeschürzten Stunden
Fliegen ans Geschäft, gewandt,
Und die rauhen Stämme runden
Zierlich sich in ihrer Hand. 160

Auch den Meergott sieht man eilen,
Rasch mit des Tridentes Stoß,
Bricht er die granitnen Säulen
Aus dem Erdgerippe los,

165 Schwingt sie in gewaltgen Händen
Hoch wie einen leichten Ball,
Und mit Hermes dem behenden
Thürmet er der Mauren Wall.

Aber aus den goldnen Saiten
170 Lockt Apoll die Harmonie,
Und das holde Maaß der Zeiten
Und die Macht der Melodie.
Mit neunstimmigem Gesange
Fallen die Kamönen ein,
175 Leise nach des Liedes Klange
Füget sich der Stein zum Stein.

Und der Thore weite Flügel
Setzet mit erfahrner Hand
Cybele und fügt die Riegel
180 Und der Schlösser festes Band,
Schnell durch rasche Götterhände
Ist der Wunderbau vollbracht,
Und der Tempel heitre Wände
Glänzen schon in Festes Pracht.

185 Und mit einem Kranz von Myrten
Naht die Götterkönigin,
Und sie führt den schönsten Hirten
Zu der schönsten Hirtin hin.
Venus mit dem holden Knaben
190 Schmücket selbst das erste Paar,
Alle Götter bringen Gaben,
Reiche, den Vermählten dar.

Und die neuen Bürger ziehen,
195 Von der Götter selgem Chor
Eingeführt, mit Harmonieen
In das gastlich ofne Thor.

Und das Priesteramt verwaltet
Ceres am Altar des Zeus,
Segnend ihre Hand gefaltet
Spricht sie zu des Volkes Kreis. 200

Freiheit liebt das Thier der Wüste,
Frei im Aether herrscht der Gott,
Ihrer Brust gewaltge Lüste
Zähmet das Naturgebot,
Doch der Mensch, in ihrer Mitte, 205
Soll sich an den Menschen reihn,
Und allein durch seine Sitte
Kann er frei und mächtig seyn.

Windet zum Kranze die goldenen Aehren,
Flechtet auch blaue Cyanen hinein, 210
Freude soll jedes Auge verklären,
Denn die Königin ziehet ein,
Die uns die süße Heimat gegeben,
Die den Menschen zum Menschen gesellt,
Unser Gesang soll sie festlich erheben, 215
Die beglückende Mutter der Welt.

POESIE DES LEBENS
An ***

„Wer möchte sich an Schattenbildern weiden,
Die mit erborgtem Schein das Wesen überkleiden,
Mit trügrischem Besitz die Hofnung hintergehn?
Entblößt muß ich die Wahrheit sehn.
5 Soll gleich mit meinem Wahn mein ganzer Himmel schwinden,
Soll gleich den freien Geist, den der erhabne Flug
Ins grenzenlose Reich der Möglichkeiten trug,
Die Gegenwart mit strengen Fesseln binden,
Er lernt sich selber überwinden,
10 Ihn wird das heilige Gebot
Der Pflicht, das furchtbare der Noth
Nur desto unterwürfger finden,
Wer schon der Wahrheit milde Herrschaft scheut,
Wie trägt er die Nothwendigkeit?"

15 So rufst du aus und blickst, mein strenger Freund,
Aus der Erfahrung sicherm Porte
Verwerfend hin auf alles, was nur scheint.
Erschreckt von deinem ernsten Worte
Entflieht der Liebesgötter Schaar,
20 Der Musen Spiel verstummt, es ruhn der Horen Tänze,
Still traurend nehmen ihre Kränze
Die Schwester Göttinnen vom schön gelockten Haar,
Apoll zerbricht die goldne Leyer,
Und Hermes seinen Wunderstab,
25 Des Traumes rosenfarbner Schleyer
Fällt von des Lebens bleichem Antlitz ab.
Die Welt scheint was sie ist, ein Grab.
Von seinen Augen nimmt die zauberische Binde
Cytherens Sohn, die Liebe sieht,
30 Sie sieht in ihrem Götterkinde
Den Sterblichen, erschrickt und flieht,
Der Schönheit Jugendbild veraltet,
Auf deinen Lippen selbst erkaltet
Der Liebe Kuß und in der Freude Schwung
35 Ergreift dich die Versteinerung.

DES MÄDCHENS KLAGE

Der Eichwald brauset,
Die Wolken ziehn,
Das Mägdlein sitzet
An Ufers Grün,
Es bricht sich die Welle mit Macht, mit Macht,
Und sie seufzt hinaus in die finstre Nacht,
Das Auge von Weinen getrübet.

„Das Herz ist gestorben,
Die Welt ist leer,
Und weiter giebt sie
Dem Wunsche nichts mehr.
Du Heilige rufe dein Kind zurück,
Ich habe genossen das irdische Glück,
Ich habe gelebt und geliebet!"

Es rinnet der Thränen
Vergeblicher Lauf,
Die Klage sie wecket
Die Todten nicht auf,
Doch nenne, was tröstet und heilet die Brust
Nach der süßen Liebe verschwundener Lust,
Ich, die himmlische, wills nicht versagen.

„Laß rinnen der Thränen
Vergeblichen Lauf,
Es wecke die Klage
Den Todten nicht auf,
Das süßeste Glück für die traurende Brust,
Nach der schönen Liebe verschwundener Lust,
Sind der Liebe Schmerzen und Klagen."

INHALTSVERZEICHNIS
des ersten Bandes

INHALT

OS MAGNA SONATURUM	
1776—1780 1	
Der Abend 3	
Der Eroberer 6	
Aus „Selim und Sangir". . 10	
Aufschriften für ein Hoffest . 10	
Empfindungen der Dankbarkeit 11	
Die Gruft der Könige . . . 14	
Triumphgesang der Hölle . 14	
Der Venuswagen 15	
Die Entzükung an Laura . 23	

STAMMBUCHBLÄTTER
1776—1781 25
Für Ferdinand Moser . . . 26
Für Immanuel Elwert . . . 26
Für Heinrich Friedrich Ludwig Orth 27
Für Johann Christian Wekherlin 27
Einem ausgezeichneten Esser 27
Für Karl Philipp Conz . . 28
Für einen Unbekannten . . 28

TRAUERGEDICHTE
1780—1782 29
Trauer-Ode auf den Todt des Hauptmanns Wiltmaister . 31
Elegie auf den frühzeitigen Tod Johann Christian Weckerlins 33
Todenfeyer am Grabe Philipp Friderich von Riegers . . 37

ANTHOLOGIE AUF DAS JAHR 1782 40
Die Journalisten und Minos . 43
Fantasie an Laura 46

Bacchus im Triller 49
An die Sonne 51
Laura am Klavier 53
Die Herrlichkeit der Schöpfung 55
Elegie auf den Tod eines Jünglings 57
Roußeau 61
Die seeligen Augenblike . . 64
Spinoza 65
Die Kindsmörderin 66
In einer Bataille 70
An die Parzen 73
Der Triumf der Liebe . . . 75
Klopstok und Wieland . . . 81
Gespräch 81
Vergleichung 82
Die Rache der Musen . . . 83
Das Glück und die Weisheit 85
An einen Moralisten 86
Grabschrift eines gewissen — Physiognomen 87
Eine Leichenfantasie 88
Aktäon 91
Zuversicht der Unsterblichkeit 91
Vorwurf an Laura 92
Ein Vater an seinen Sohn . 95
Die Messiade 95
Kastraten und Männer . . . 96
An den Frühling 100
Hymne an den Unendlichen 101
Die Gröse der Welt 102
Meine Blumen 103
Das Geheimniß der Reminiszenz 104
Gruppe aus dem Tartarus . 109
Die Freundschaft 110
Der Wirtemberger 112

INHALT

Melancholie an Laura	112	WEIMAR, RUDOLSTADT, VOLKSTEDT	
Die Pest	116		
Das Muttermal	116	1787—1788	181
Monument Moors des Räubers	117	An Caroline Schmidt	183
Morgenfantasie	119	Prolog	184
An Minna	120	Die Priesterinnen der Sonne	186
Elisium	122	In das Stammbuch Charlottens von Lengefeld	189
Quirl	123		
Die schlimmen Monarchen	124	Die Götter Griechenlandes	190
Graf Eberhard der Greiner von Wirtemberg	128	In die Holy Bible für Frau von Lengefeld	196
Baurenständchen	131	Die berühmte Frau	196
Die Winternacht	133	Die Künstler	201

AUF DER FLUCHT
1782—1783 135

Aus „Teufel Amor" 136
Hochzeitgedicht 137
Wunderseltsame Historia . . 142
Prolog 147

STAMMBUCHBLÄTTER
UND GELEGENHEITS-
GEDICHTE
1784—1786 149

Für Rahbek 150
Für Spangenberg 150
An Körner 150
Unserm theuren Körner . . 151
An Körner 153
Am 7. August 1785 158
Unterthänigstes Pro Memoria 159

THALIA 1786 161

Freigeisterei der Leidenschaft 163
Resignation 166
An die Freude 169
Die unüberwindliche Flotte . 173

DRESDEN 1787 175

Ein Wechselgesang 177
An Elisabeth Henriette von Arnim 179

STAMMBUCHBLÄTTER
1790—1797 215

Für Karl Graß 217
Für Jens Baggesen 217
Für Johannes Groß 218
Für Behaghel von Adlerskron 218
Für Franz Paul v. Herbert (?) 219
Für Georg Friedrich Creuzer 219
Für Karl Wilhelm Justi . . 219
Für H. v. T. 220
Für Sophie Nösselt 220
Für einen Kunstfreund . . 221
Für Friederike Brun 221
Für F. C. J. Bodemann . . . 221

MUSENALMANACH FÜR
DAS JAHR 1796 222

Die Macht des Gesanges . . 225
Das Kind in der Wiege . . 227
Odysseus 227
Das Unwandelbare 227
Zevs zu Herkules 227
Der Tanz 228
Spruch des Confucius . . . 229
Würden 229
Deutschland und seine Fürsten 229
Pegasus in der Dienstbarkeit 230
Der spielende Knabe . . . 233
Die Ritter des Spitals zu Jerusalem 233

Der Sämann	233	Pompeji und Herkulanum	276
Die zwei Tugendwege	234	Politische Lehre	278
Die Ideale	234	Die beste Staatsverfassung	278
Der Kaufmann	237	An die Gesetzgeber	278
Ein Wort an die Proselytenmacher	238	Würde des Menschen	278
Der beste Staat	238	Majestas populi	278
Der Abend	238	Das Ehrwürdige	278
Der Metaphysiker	239	Klage der Ceres	279
Columbus	239	Jetzige Generation	283
Würde der Frauen	240	Falscher Studiertrieb	283
Stanzen an den Leser	244	Jugend	283
		Quelle der Verjüngung	283
DIE HOREN 1795—1796	245	Der Aufpasser	283
Das Reich der Schatten	247	Die Geschlechter	284
Natur und Schule	252	Der Naturkreis	285
Das verschleierte Bild zu Sais	254	Der epische Hexameter	285
Der philosophische Egoist	257	Das Distichon	285
Die Antike an einen Wanderer aus Norden	257	Die achtzeilige Stanze	285
		Das Geschenk	285
Deutsche Treue	258	Grabschrift	285
Weißheit und Klugheit	258	Der Homeruskopf als Siegel	285
An einen Weltverbesserer	259	Der Genius mit der umgekehrten Fackel	286
Das Höchste	259	Macht des Weibes	286
Ilias	259	Tugend des Weibes	286
Unsterblichkeit	259	Weibliches Urtheil	286
Elegie	260	Forum des Weibes	286
Die Theilung der Erde	267	Das weibliche Ideal	287
Die Thaten der Philosophen	268	Die schönste Erscheinung	287
Theophanie	269	An die Astronomen	287
Einem jungen Freund	270	Innerer Werth und äußere Erscheinung	287
Archimedes und der Schüler	270	Freund und Feind	288
Menschliches Wissen	271	Der griechische Genius	288
Die Dichter der alten und neuen Welt	271	Erwartung und Erfüllung	288
Schön und erhaben	272	Das gemeinsame Schicksal	288
Der Skrupel	272	Menschliches Wirken	288
Karthago	272	Der Vater	288
Ausgang aus dem Leben	272	Der Besuch	289
Der Dichter an seine Kunstrichterin	272	Liebe und Begierde	290
		Güte und Größe	290
MUSENALMANACH FÜR DAS JAHR 1797	273	Der Fuchs und der Kranich	290
		Die Sachmänner	290
		Tabulae Votivae	291
Das Mädchen aus der Fremde	275	Vielen	305

INHALT

Einer	307
Xenien	309

MUSENALMANACH FÜR
DAS JAHR 1798 361

Der Ring des Polykrates	363
Der Handschuh	366
Ritter Toggenburg	368
Elegie an Emma	371
Der Taucher	372
Reiterlied	377
Die Urne und das Skelet	378
Das Regiment	378
Die Worte des Glaubens	379
Nadowessische Todtenklage	380
Der Obelisk	382
Der Triumphbogen	382
Die schöne Brücke	382
Das Thor	382
Die Peterskirche	382
Licht und Wärme	383
Breite und Tiefe	384
Die Kraniche des Ibycus	385
Das Geheimniß	391
Der Gang nach dem Eisenhammer	392

DIE HOREN 1797 399

Hofnung	401
Die Begegnung	402

GELEGENHEITSGEDICHTE 1797 403

Zum Geburtstag der Frau Griesbach	404
An Demoiselle Slevoigt	406

MUSENALMANACH FÜR
DAS JAHR 1799 407

Das Glück	409
Der Kampf mit dem Drachen	412
Die Bürgschaft	421
Bürgerlied	426
Poesie des Lebens	433
Des Mädchens Klage	434